Buwch ar y Lein

(Detholiad o Ddyddiaduron Llundain 1957-1964)

Hafina Clwyd

HONNO
Caerdydd
1987

Cyhoeddwyd gan HONNO Cyf., Ailsa Craig, Heol y Cawl,
  Dinas Powys, De Morgannwg,
© Hafina Clwyd, 1987 ⓗ

Manylion Catalogio (CIP) y Llyfrgell Brydeinig
Clwyd, Hafina
  Buwch ar y lein.
  1. Llundain (Lloegr) — Bywyd cymdeithasol ac
  arferion — 20fed ganrif
  I. Teitl
  942. 1085'5092'4 DA688

ISBN 1-870206-01-0

Cysodwyd gan Geiriad, 1-3 Pendist, Caernarfon, Gwynedd
Argraffwyd gan Inline Print, Caerdydd

I hen gyfeillion blynyddoedd
bythgofiadwy'r 'Llysgenhadaeth'
Angharad, Gwyneth, Ann, Elaine, Wyn a Marjorie
ac er cof am Irene.

Rhagair

Bûm yn cadw dyddiadur er pan oeddwn yn saith oed. Mae'r rhai cynnar yn llawn o gofnodion difyr am y tywydd, buwch yn dod â llo a thestun y bregeth!

Detholiad yw'r gyfrol hon o'r blynyddoedd 1957-64 pan adewais y Coleg Normal ym Mangor a chael fy nhaflu i'r dwfn yn rhan fechan o fyddin fawr Pwyllgor Addysg Llundain. Yr adeg honno dywedid bod 70% o athrawon Llundain yn Gymry ac oherwydd hynny yr oedd y bywyd Cymraeg yn un byrlymus, allweddol, ac yn wrthrych eiddigedd i'r genedl adawyd ar ôl yn 'yr hen wlad'. Hon yn wir oedd Oes Aur Cymry Llundain!

Yn ystod y 1950au ni fu neb yn ddigon gonest na darbodus i'n cynghori nad oedd gwaith inni yn ein gwlad ein hunain. Twyllwyd ni a bu rhaid inni fudo fesul ein miloedd i Lerpwl, Birmingham a Llundain, gwastraff pechadurus o genhedlaeth o Gymry Cymraeg a fu'n rhan o ddiboblogi cefn gwlad Cymru. Aeth yr athrawon gorau i ddinasoedd Lloegr oherwydd bod yr awdurdodau Seisnig yn sylweddoli bod gennym rywbeth i'w gynnig. Cafodd y cynffonwyr, plant y rhai oedd yn 'nabod rhywun' waith yng Nghymru: er mawr afles i blant Cymru. Nid oes arnaf gywilydd dweud nad wyf byth wedi maddau i Awdurdod Addysg Sir Ddinbych am fy ngwrthod: yn arbennig wrth sylwi i blant y sir 'gael rhywbeth arall da i ddim' chwedl yr hen hysbyseb. Chwarter canrif yn ddiweddarach y maent yn medi'r corwynt.

Ond nid wyf yn edifar. Bu blynyddoedd Llundain yn bair o weithgaredd ac yn gyfle i gydweithio a chyd-chwarae â rhai a gyfrannodd yn fawr i Gymru maes o law: rhai fel Rhydderch a Ryan, Gwenlyn a Ray Smith, Dafydd Wigley ac Emlyn Evans. Yr oedd yn wastraff adnoddau ond ni fu'n gwbl ofer.

Rhag i neb fy nghyhuddo o arddull sathredig prysuraf i egluro mai detholiad o'r dyddiaduron sydd yn y gyfrol hon ac o reidrwydd bu rhaid cwtogi, didol a chadw'n fwriadol at iaith lafar a geirfa beriffrastig. Bu'n hollol amhosib' cyfleu'r hwyl a gafwyd, yr egni oedd ynom yn y dyddiau hynny pan oedd bywyd Cymreig Llundain ar ei anterth, y gymdeithas glòs a'r gofal am ein gilydd, holl weithgareddau di-ben-draw cyd-fyw mewn fflat. Hyderaf fy mod wedi llwyddo i bortreadu 'sut yr oedd hi' chwarter canrif yn ôl yn oes y Beatles a John F. Kennedy a Llwyd o'r Bryn. Dichon y bydd plant yr 1980au yn sylweddoli pa mor anffodus o ffodus y maent!

Hafina Clwyd
Rhuthun, 1986

Cynnwys

1

1957: I le anghysbell

Tynnu at ddiwedd y tymor yn y Coleg Normal ym Mangor ac Angharad a minnau mewn rhyw bicil beunydd: cael ein dal i lawr yn y dre pan ddylem fod yn astudio at ein harholiadau terfynol; cael ein gweld yn sleifio i mewn i *'Jimmy's'* am sesiwn o roc a rôl a chael andros o row; rhuthro i lawr y 'Simne' i osgoi Nasser, myfyriwr o Irac. (Cawsom bunt ganddo wythnosau'n ôl i wau gwasgod iddo fo. Welodd o byth mo'i bunt na'i wasgod!) Methu teimlo'n rhy euog chwaith gan fod y criw yma o Iran ac Irac a llefydd tebyg yn rhai cefnog dros ben ac y mae punt yn golygu pedwar pryd o fwyd inni ein dwy! 'Doeddem ni ddim wedi bwriadu ei dwyllo fo, chwarae teg, ond mi lithrodd y peth rywsut rhwng popeth, a byth oddi ar hynny buom yn ei osgoi fel pe bai'n wahanglwyf. Am ffordd wirion o fyw!

Heddiw cael te yng nghartre'r Parch R.H. Hughes (y Rev Bach ar lafar) ym Mhorthaethwy. Mwynhau p'nawn hamddenol a thynnu lluniau yn yr ardd ar lannau'r Fenai. Lle delfrydol i fyw ynddo. Mae o wedi bod yn garedig tu hwnt efo ni ac 'roeddwn yn ddiolchgar iawn mai fo oedd yn gofalu amdanaf ar yr Ymarfer Dysgu yn Ysgol Dyffryn Ogwen. 'Roedd o bob amser yn amyneddgar a chlên. Un felly ydi o. Mi fuasai'n loes calon iddo fo orfod rhoi marc du i unrhyw stiwdent, waeth pa mor ddi-glem fyddai hwnnw! Diolch am hynny . . .

Anodd credu fod y darlithiau i gyd ar ben a bod tair blynedd wedi diflannu i'r gwynt. Mae hi'n anodd ffarwelio. Wedi mwynhau pob eiliad yma ac wedi gwneud cyfeillion a bery am byth a dyma ni rŵan yn barod i wynebu'r Byd Mawr Creulon . . . O! iechyd, nac ydw wir! 'Rydw i eisiau aros yma am byth; plentyn ysgol wyf i o hyd a tydw i ddim yn barod nac yn abal i sefyll ar yr ochr arall i'r ddesg. Bu ffarwelio lleddf y noson o'r blaen efo bechgyn Bala-Bangor. Beth fydd dyfodol y rhain tybed? Anodd meddwl am rai ohonyn nhw'n mynd yn weinidogion! Anodd meddwl am rai o'n criw ni'n mynd yn athrawon, o ran hynny. Yn enwedig rhai o'r bechgyn, rhai di-sut iawn ydi llawer ohonyn nhw, yn flêr a di-ddal ac anaeddfed. Efallai y calliwn i gyd fel y daw problemau Byw (efo B fawr) ar ein gwarthaf a rhoi shegfa go lew inni.

Clywed heddiw mai Mairwen Lewis gafodd y Goron yn Eisteddfod yr

Urdd yn Rhydaman. O na chawn fod yno yn hytrach na gorfod wynebu arholiadau . . .

Mehefin 15

Diwrnod Mabolgampau ar ddolydd y *George*. Neu, chwedl pawb, *Ponkey Banks*. Bechgyn y Rhos roddodd yr enw rhyddieithol yna ar y caeau chwarae, medden nhw. Mae'n siŵr fod miloedd o blant y Rhos wedi mynd drwy'r hen goleg 'ma er pan agorodd: maen nhw fel mawion ar hyd y wlad. Ceir traddodiad fod athrawon yn tyfu ar y coed yno! Un peth amdanyn nhw - maen nhw'n driw iawn i'w gilydd, ond ar y llaw arall, oes raid iddyn nhw gredu eu bod nhw mor blwmin arbennig?

Diwrnod crasboeth. Cael te yn hostel y *George* ac nid yn aml y cawn ni'r merched fynd i'r Cysegr Sancteiddiolaf hwnnw! Llwyddo i gael dau de drwy symud o un stafell i'r llall. Afraid dweud na wnes i ddim ennill yr un râs! Dair blynedd yn ôl yn yr ysgol mi redwn ac mi branciwn fel un o loi Libanus ond erbyn hyn 'rwyf ddwy stôn yn drymach. O wae! Wyth pwys ar hugain, pedwar ar ddeg o bacedi siwgr i'w cario . . . Rhaid beio'r bwyd a gawn yma, stoj a stwnsh a starj. Neis iawn! Bwyteais sacheidiau o *CB buns* mewn tair blynedd (teisennau arbennig yn y *'Central Block'* - ystafell fwyta'r Coleg). Ar y llaw arall rhoddais y gorau i gymryd siwgr mewn te am fod y bowlen mor hir yn cyrraedd pen y bwrdd.

Dawns heno a cherdded efo cwmni diddan ar y traeth o dan y bont, yr awel yn gynnes a chusanau'r tonnau yn lleddf a llipa. Teimlo'n isel-ysbryd wrth sylweddoli 'mod i'n gwneud pethau am y 'tro olaf'. Addo cariad bythol yn yr awyrgylch dwyllodrus o dan yr 'uchelgaer uwch y weilgi'.

Mehefin 17

Wythnos swotio yn dechrau a'r haul yw'r gelyn pennaf. 'Rydym dan ormes un o'r hafau poethaf ers talwm ac nid yw'n deg ein bod yn gorfod meddwl am arholiadau. Nid yw'n deg! Onid gwell fyddai bod yn benrhydd a chael crwydro glannau'r Fenai a thorheulo yn Siliwen, na gorfod pendroni uwchben nodiadau sydd, fel rhai Wil Bryan, yn amhosib i'w datrys? Cael andros o hwb i'r galon amser cinio pan ddaeth Dewi Mach (Dewi Machreth Ellis) ataf a dweud ei fod newydd glywed ar y radio fy mod yn ail am y Gadair yn y 'Steddfod ym Mrynaman. Wel! tawn i'n smecs, chwedl Alec ar Gari Tryfan. Wedi anghofio'n lân 'mod i wedi anfon cerdd i mewn. *Y Frwydr* oedd y testun ac fe'i gyrrais i mewn i gadw Menai Williams yn ddistaw. Bu'n dannod fy niogi ers hydoedd. Bendith ar ei phen melyn. Dic Jones o Flaenporth yn cael y gadair am y pedwerydd tro. Mae o'n medru cynganeddu fel hen gant ac nid oes gobaith i rai fel fi sy'n gwneud dim heblaw rhyw fustachu efo'r wers rydd.

Mehefin 19

Ar y *pier* drwy'r dydd yn llosgi yn yr haul a smalio gweithio. Ow! mae hi'n anodd. Ac i roi halen ar y briw y mae giang y Brifysgol yn swagro o gwmpas ac wedi gorffen eu gwaith. A dyma ninnau yn y fan hon fel pelicaniaid yn yr anialwch yn dal i chwysu a Dydd y Farn yn bygwth ar y gorwel fel cwmwl gwenwynig.

Cael fy nhemtio i roi'r ffidil yn y to. Wedi'r cwbwl mi ges fy nhystysgrif dysgu llynedd ac nid oes ots os methaf eleni . . . wneith o ddim gwahaniaeth . . . ac wrth syllu i ddyfnderoedd gwyrdd yr hen Fenai a synhwyro trwch coed Mynydd Bangor yn gwgu y tu ôl i mi, syrthio i berlewyg. Pe bawn yn methu fuasai dim byd ofnadwy yn digwydd. Heblaw gorfod edrych yn llygad Menai arall (nid yr afon), fy nhad yn fy saethu, Mam yn distewi mewn siom, Taid yn dweud y drefn . . .

A bu rhaid dadebru o'r breuddwyd a cheisio cofio ym mha ddull ac ym mha fodd y dylanwadodd Antioches Epiffanes ar awdur Llyfr Daniel . . .

Mehefin 20

Wedi gweithio'n hwyr neithiwr a methu codi i frecwast a chael pregeth gan Menai Williams nes oeddwn yn stond. Ew! mae hi'n medru troi min weithiau. Taro arni wedyn yn y dre pan oedd hi'n sgwrsio efo gwraig y gweinidog Wesle (cyfnither i Mam) a dyma hi'n dweud yn goeglyd: 'Dyma hi! Ail am y Gadair a chodwr bore heb ei bath!' Cael nerth a gras, cochi a gwenu'n wirion. Fuo nhw erioed yn ugain oed? A'r gwely mor glyd â nyth cwningen. Diolch fod llygedyn o wên yn llygaid y ddwy. Dyma'r math o athrawes yr hoffwn fod - medru dweud y caswir ond heb ddal dig.

Dawns diwedd tymor heno yn Neuadd Pritchard Jones a minnau wedi mynd dros ben llestri a phrynu gwisg newydd am £2/19/9. Gobeithio y bydd yn werth y gost.

Mehefin 25

Coblyn o helynt yn Neuadd Môn am fod chwech wedi cael eu dal yn mynd allan drwy'r ffenest i'r ddawns y noson o'r blaen. Bygwth eu gyrru adre cyn gorffen eu harholiadau! 'Does ryfedd fod y merched druan yn teimlo'n filain oherwydd cafodd Angharad a minnau aros tan y diwedd. Chwarae teg i bawb, maent wedi bod yn deyrngar iawn er ein bod ni'n cael tragwyddol heol am ein bod mewn *digs* yn hytrach nag mewn hostel. Ddaru neb ein bradychu ni er eu bod yn teimlo'n wenwynllyd iawn yn aml.

Anti-cleimacs oedd y ddawns, beth bynnag. Y lle'n hanner gwag a'r bechgyn yn chwil beipen. Mor ddigywilydd! Yn disgwyl inni ddawnsio efo nhw yn ein dillad crand a hwythau'n methu sefyll ar eu traed heb sôn am wneud siâp ar ddawnsio. Er hynny 'roeddwn yn swp sentimental ar y terras efo Ger am hanner nos. Yr awel yn ferfaidd, y ddinas ynghwsg islaw, a'r ffarwelio'n dyner.

Mehefin 27

Papur olaf heddiw. Winc lydan gan y Rev Bach yn codi 'nghalon wrth i mi gerdded i mewn i ffau'r llewod. Bûm yn llym iawn ar Sant Paul wrth ateb un cwestiwn a'i ddisgrifio fel hen feri-ann ag arno ofn cysgod unrhyw wraig. Beth oedd yn bod ar ei libido fo tybed? Rhoi'r bai ar ferched am ei ffaeleddau ei hun wnaeth yntau. Fel llawer dyn byr arall. Ys gwn i beth ddywed yr arholwr wrth ddarllen y fath gabledd a'r fath seicoleg sigledig? P'run bynnag, mae gen i gŵyn arall yn erbyn Paul, arno fo mae'r bai 'mod i'n cael blas tafod gan Nain am fynd i'r capel heb het! Mae llawer o arferion y synagog yn dal mewn bri yng Nghymru o hyd.

Allan i ddathlu heno. Daeth rhyw ddynes fudr ac aflêr atom ar y stryd wrth yr ysbyty i fegera sigaret ac yn bygwth mynd â Billy Butlin i lys barn. 'Roedd hi hefyd yn taeru mai ar gefn beic yr aeth Mair a Joseff i Fethlehem ac mai yn Sir Fôn y mae Bethlehem. Mi wyddwn nad oedd hi'n gywir gan fy mod newydd orffen blwyddyn gron gyfan o astudio Ysgrythur ac wedi eistedd chwe phapur arholiad . . . Bu raid i Roy Thomas eistedd i lawr ar y pafin a'i ben yn ei ddwylo gan ei fod yn chwerthin cymaint. Trodd hithau arno a'i flagardio nes oedd wynebau'r ddau yn biws. Yna 'sgidadlodd i lawr y stryd i gyfeiriad yr orsaf gan chwythu bygythion a chelanedd a'r bacsiau am ei thraed yn gwneud sŵn fel melin wynt ddrylliog yn Llangristiolus. P.C. 123 yn dod fel huddug i botes i weld beth oedd ystyr yr holl randibŵ a ninnau'n carlamu ar hyd Ffordd y Coleg fel merlod mynydd, ein sodlau'n clopian a'n gwalltiau yn y gwynt.

Gorffennaf 1

Adre ers deuddydd ac yn teimlo'n ddigalon iawn. Cael fy mhenblwydd heddiw. Ddim yn teimlo fel gwneud dim na dweud dim na gweld neb. Mam yn dweud fy mod yn edrych fel pe bawn wedi bwyta gwellt fy ngwely. Neb yn deall! Diwedd dyddiau mebyd. Pen ar yr amser ysgafala. Cloi pennod anghyfrifoldeb. Ond mi gododd fy nghalon yn rhyfeddol pan ddaeth gwahoddiad i fynd i ddawns y Ffermwyr Ifanc yn Llanfair a ffwrdd â fi fel ci lladd defaid. Hwyl ansbarthol. Beth sydd well ffisig at y felan na dawnsio. A Ffermwyr Ifanc.

Gorffennaf 6

I'r Ganolfan Waith yn y dre a'r unig swydd a gefais ei chynnig oedd gwaith y tu ôl i'r bar yn y Castell. Chwerthin yn lloerig wrth ddychmygu beth a ddywedai 'Nhad a 'Nhaid a'r gweinidog a f'ewythr Harri pe bawn yn derbyn! Mi fyddai acw le garw.

Am dro heno i chwilio am y freichled a gollais nos Sadwrn wrth chwifio 'mreichiau mewn trafodaeth wyllt wrth eglwys Llanychan. Mi chwiliais yn ddyfal y noson honno a'r cwbl a gefais am fy nhrafferth oedd sgryffiniad ar draws fy wyneb gan fiaren. Heno, mi'i gwelais hi'n syth yn crogi ar gangen ac yn sgleinio yn y machlud. Cofio rhyw bennill o'r ysgol gynradd am y 'Lle Bach Tlws' gan T. Gwynn Jones, lle'r oedd mwclis yn tyfu ar y coed. Eistedd am oriau'n sgwrsio ar y stand laeth a 'Nhad yn gweiddi arnom i fynd i'r tŷ cyn iddo ddod i'n nôl. Cerdded heibio'r ywen ac ar draws y lawnt yn hamddenol. Ond yn barod i redeg.

Pincyn Llus yn edrych yn agos heno. Mi ddaw yn law.

Gorffennaf 8 - Awst 3

I Landudno i weithio fel morwyn-lofft, morwyn-gegin, morwyn-stafell-fwyta a morwyn-tyrd-yma'r-munud-'ma, mewn gwesty. Efo Olwen o Landdoged. Y dre'n llawn o fyfyrwyr yn gweithio am geiniog neu ddwy i gadw corff ac enaid efo'i gilydd. Cofio Taid yn hyrddio chwerthin am ben rhyw stori ddywedais wrtho am y trempyn yn curo'r drws a gofyn i wraig y tŷ am rywbeth i gadw corff ac enaid efo'i gilydd. Hithau'n cynnig seffti-pin iddo! Un da am chwerthin ydi Taid ac y mae wrth ei fodd yn clywed ei wyresau'n dweud stori wrtho. Mae'n tynnu ar ei getyn ac yn siglo'n ddistaw gan edrych i lygad y tân ac ailadrodd y jôc.

Cefais drafferth i berswadio 'Nhad i adael i mi ddod yma. 'Doedd o ddim yn gweld yr angen o gwbl a digon o waith i mi adre yn y cynhaeaf a sut y medrwn iselhau fy hun yn gweithio mewn gwesty. 'Hen bethe comon sy fanno, cofia,' medde fo. 'Weles i rioed rytsiwn beth,' medde fo wedyn. Minnau'n meiddio dweud wrtho nad ydi o'n talu'n ddigon da am ddiwrnod yn yr ŷd: 'Mi gei dy gadw, mechan i' arthiodd yntau. Tydi o ddim yn dallt . . .

Y peth cyntaf wnaeth Olwen a minnau oedd mynd i ddawnsio i'r *Winter Gardens* ac yr oedd yr un fath yn union â cherdded i mewn i *hop* y coleg: 'nabod pawb! Olwen yn rhuthro ataf yn gyffro i gyd ar ganol y ddawns a dweud: 'Dwi wedi bod yn dawnsio efo Hitler!' Erbyn edrych, yr oedd yr un ffunud.

Gweithio'n galed iawn am dair wythnos ac ar shifft hwyr yn ffodus os gwelwn fy ngwely cyn dau y bore. (Ew! mi fase Dad yn 'i d'eud hi.) Carlamu i fyny ac i lawr grisiau, cario llestri, glanhau tai bach, tynnu llwch, golchi lloriau, cyweirio gwelyau, nes gweld y bliws. Mwynhau bywyd i'r eithaf ar ein p'nawniau a'n nosweithiau rhydd. Er bod y bechgyn ar y staff, porteri, bwtleri (yn rhy ddi-lun i haeddu'r enw trulliaid) yn ennill mwy o gyflog na ni (oherwydd damwain fiolegol ugain mlynedd yn ôl) y mae'r pencwn yn disgwyl inni olchi a smwddio eu dillad. Yr hen fabis! Ninnau'n ddigon gwirion i wneud.

Ffraeo parhaus efo'r Bos sydd yn hen deyrn cegog gwrth-Gymreig. Mae o'n erbyn inni siarad Cymraeg o gwmpas y gwesty. Rhag cythruddo'r bobl ddieithr, meddai. Y gwir yw mai oherwydd nad yw ef yn medru ein deall y mae o'n erbyn inni siarad iaith y nefoedd. Y bobl ddieithr wrth eu bodd. Minnau'n ceisio egluro mewn geiriau unsill nad wyf yn medru llawer iawn o Saesneg. P'run bynnag, credaf ein bod yn llawer rhy weithgar a chydwybodol i gael y sac gan y cyfflar wyneb-galed. Mae o'n gas ddychrynllyd efo Alice sydd yn gwneud dim drwy'r dydd heblaw golchi llestri. Corrach ydi hi ac y mae'n gorfod sefyll ar ben stôl er mwyn cyrraedd y sinc. 'Dyw hi ddim cweit llawn pen llathen. Ond mae hi'n annwyl ac yn glên. Fedra i ddim dioddef gweld y Bos yn arthio arni rownd y rîl. Dyma fi'n dweud hynny wrtho a dyna lle bu'r ddau ohonom yn ysgythru ar ein gilydd yn y gegin ac Alice, gwrthrych y cweryla, yn gwenu'n serchog arnom o'i gorseddfainc a'i breichiau'n gochion hyd ei chesail.

Olwen yn cael ei phenblwydd a chawsom ein dal yn ein llofft ganol nos wedi benthyca llestri a gwydrau o'i gegin o, bara o'i fwtri fo, a dau westai o'i lofftydd o. Heb ganiatâd. Ac yn mwynhau siew go lew. Bytheiriodd a blagardiodd y Bos. Cythruddodd a chythreulodd. Chwerthin? Iechyd do! Wn i ddim pam bod cymaint o reolau ym mhob man: yn yr ysgol, yn y coleg, ar yr aelwyd, yn y gwesty . . . Cyn hir byddaf innau yn ei lordio hi o flaen dosbarthiadau o blant ac yn gosod y ddeddf i lawr. O hec!

Potied o fyniawyd y bugail ar drofa'r grisiau yn fy nghludo'n ôl i dŷ Nain bob tro y byddaf yn clywed ei ogle. Anodd credu na chaf ei gweld byth eto ac na chaf fynd i aros ati i'r Green Isa a chlywed y trên yn taranu heibio ar ei ffordd i'r Rhyl o Ddinbych. Dim mwy o chwilota drwy ei chypyrddau oedd yn drysorfa i blentyn darllengar: droriau a chistiau yn llawn o hen gylchgronau, Y Cenhadwr, Trysorfa'r Plant, Y Gymraes, Yr Aelwyd: pentyrrau o hen luniau a thystysgrifau, llythyrau a chardiau claddu. Pwy 'di hon? Anti Sinah - 'roedd ar dy fam ei hofn hi . . . Pwy 'di hwn? Yncl Cardiff, tipyn o fardd . . .

Oriau lawer yn diflannu wrth fynd trwyddynt, lluniau anhygoel o blant croenddu, modrwyog, a'u llygaid yn ddwys o eisiau eu Cristioneiddio: plant croenwyn a'u gwalltiau'n dorchau yn marw'n ifanc ac yn cerdded drwy byrth y nefoedd dan barablu adnodau. Taid yn gofyn i mi ddarllen y

'Diddanion' iddo oddi ar glawr cefn *Trysorfa'r Plant*. Nain yn urddasol a serchog.

Cofio amdani'n gweiddi'n sydyn: 'Brysiwch! Styriwch! Ma' ne fuwch ar y lein!' Rhaid oedd hel traed os oedd hi'n amser trên. Cŵn yn carthu eu gyddfau, hwyaid yn cyffroi, Taid yn eger, f'ewythr Hywel yn rhedeg am ei ffon fugail a'r plant yn gorfoleddu - ac yn gobeithio am ddamwain fawr, gofiadwy. Nain yn dawel. Rhedeg y fuwch oddi ar y lein nerth crwmp a'i phwrs yn siglo o un ochr i'r llall fel pendil blewog a phawb yn gweiddi. Eistedd ar ben y giât wedyn i godi llaw ar y gyrrwr a'i deithwyr - rhes o bobl mewn hetiau na wyddent eu bod newydd gael eu harbed rhag damwain liwgar, lachar.

Mae Nain wedi marw ers tri mis, yn ddynes ifanc. Mae arnaf hiraeth amdani - am ei herian a'i charedigrwydd, ei straeon a'i dywediadau. Cofio am Jo Philpin, yr hen gardotyn Gwyddelig, yn dod ar ei rawd ac yn meddwl fod Nain yn rêl brenhines. Hi gafodd ei holl docynnau-dillad drwy gydol y rhyfel. Hithau'n gwneud te trempyn iddo fo neu hyd yn oed frywes i'w frecwast pan oedd o'n cysgu yn y 'sgubor pan fyddai Taid wedi'i achub o'r rheinws yn Ninbych wedi i Jo achosi terfysg meddw ar ben-dre.

Yr oedd y bobl grwydrol yn gadael arwyddion ar byst giatiau i ddweud wrth y gweddill fod 'lle da fan hyn' neu 'hen sopen sy fan yma'. Mae'n siŵr fod postyn giât Nain fel Nodwydd Cleopatra, yn arwyddion cyfrin canmoliaethus o'i fôn i'w gorun. Byddai Dick Dunn a Llwyd y Gwrych hefyd yn galw'n achlysurol.

Mynd i'r opera efo Arnold, bachgen o Glasgow sy'n aros yn y gwesty. Fy opera gyntaf. Cwmni Cenedlaethol Cymru'n perfformio *Tosca*. Y canu'n burion ond ni allaf yn fy myw weld rhinwedd mewn rigmarôl o'r fath; mae rhywbeth yn chwerthinllyd mewn gweld pobl mewn oed yn cymryd arnynt eu bod yn marw ac yn canu'i hochr hi wrth wneud. Victoria Elliott oedd y brif gantores ac yr oedd ganddi lais fel y môr. Cyrraedd adre'n hwyr wedi bod yn cerdded ar hyd y traeth a'r Bos yn holi'n wawdlyd os mai drwy Lanrwst y daethom!

Heb gael cystal haf ers talwm, dydd ar ôl dydd o haul poeth. Clywed 'mod i wedi llwyddo yn yr arholiadau ac fe achoswyd ton flaen-llanw enfawr i dorri ar draeth Llandudno yng ngrym yr ochenaid fawr o ryddhad a gyniweiriodd drwy'r dref. Cryn hanner dwsin wedi methu ac yn gorfod cychwyn ar eu gyrfa ar hanner cyflog. Un ohonyn nhw'n ŵr priod. Bydd yn amhosib iddo ddod i ben ar £200 y flwyddyn. Ymddengys yn system od ar y naw! Mae'n ddigon da i'w roi mewn dosbarth llawn o blant ond nid yn ddigon da i'w dalu'n llawn! Druan o'r plant . . .

Cael fy nghyflog drwy drwyn y Bos, £6 yr wythnos a llond pwrs o gil-dyrnau wrth lwc. Fforddio medru mynd i'r Eisteddfod a byw am fis yn

Llundain cyn y daw fy nghyflog cyntaf yno. Gobeithio! Wedi dysgu llawer yn y swydd hon: yn enwedig pryd i gau fy ngheg. Llawer munud o gynddaredd wrth weld diffygion y byd gwestyol sydd yn honni rhoi gwasanaeth i bobl ar wyliau. Dysgu sut i gario pyramid o lestri heb lyfu'r llawr a sut i osgoi tywallt cawl berwedig i arffed y gwesteion mwyaf haerllug. Dysgu ymgreinio a hel esgusion a phalu celwyddau am ffaeleddau'r fwydlen. Sylweddoli hefyd 'mod i'n andros o *snob* gan fy mod yn gwneud yn siŵr fod pob un yn gwybod mai *athrawes* wyf i - nid *waitress*!

Bu'r cyfan yn agoriad llygad.

Awst 5

Llangefni yw prifddinas Cymru am yr wythnos, yr unig un sydd gennym wedi'r cyfan. Gwaetha'r modd. Mynd i Noson Lawen Cymry Llundain tan oriau mân y bore a llygadrythu ar y bobl soffistigedig hyn a meddwl: Nefi! byddaf yn un ohonyn nhw ymhen y mis! Janet Evans, Miss Cymry Llundain, yn ein croesawu, Twm a Morien yn canu, Eifion Powell a'i griw o Fala-Bangor yn gwneud bwrlesg aflywodraethus ar 'Hei ho hei di ho/ Myfi yw sipsi fach y fro' nes ysigo'r nenbrennau. A llencyn o'r enw Rhydderch Jones yn dweud straeon ac yn tynnu'r lle i lawr. Wn i ddim pwy yw ond mae o'n medru trin cynulleidfa, beth bynnag. Caradog Prichard, y bardd, yn eistedd yn y sedd flaen efo'i wraig a'i bwdl a hwnnw'n cyfarth yn wallgof bob tro yr oedd rhywun yn chwerthin. Ac yr oedd hynny'n aml.

Awst 6

Dyfnallt Morgan o'r BBC yn ennill y Goron am 'sgwennu drama fydryddol wedi'i lleoli yn Hong Kong, o bob man. Difyr iawn. Noson Lawen Plaid Cymru heno a Trefor Edwards, Llanuwchllyn, yn darllen pennod o nofel newydd Islwyn Ffowc Elis am ei weledigaeth o Gymru ymhen can mlynedd ac am farwolaeth yr iaith ar wefusau hen wraig yn y Bala. Medrai Trefor wneud gwyrth efo llyfr rhifau ffôn ond efo'r darn hwn yr oedd yn wefreiddiol a sodrwyd pawb i'w sedd pan orffennodd efo'r geiriau, 'Gwelais â'm llygaid fy hun farwolaeth yr iaith Gymraeg'. Teimlo gwayw yn mynd drwy'r gynulleidfa a dagrau'n pigo y tu ôl i'm hamrannau. Ai proffwyd yw'r nofelydd?

Nid yw fy nghenhedlaeth i, yn y fro lle magwyd fi, erioed wedi meddwl rhyw lawer am dranc yr iaith. Uniaith fu ein magwraeth. Prin y clywais air o Saesneg nes i garcharorion rhyfel ddod i weithio ar y fferm a chyn hir yr oedd llawer o'r rheiny'n brith-siarad Cymraeg beth bynnag.

Cofio am un Almaenwr yn gwylltio'n gaclwm efo Bryn, fy mrawd, pan oedd yn dechrau siarad. Cododd Bryn ei fraich yn y buarth un bore a dweud, 'Haul!' Meddyliodd y tramorwr truan mai '*Heil!*' oedd y crwt yn 'i ddweud ac aeth i ffit o dymer brawychus. Ni allem yn ein byw ei berswadio mai plentyn bach wedi dysgu gair Cymraeg newydd diniwed oedd achos y camddealltwriaeth. Fy mam druan oedd yn gorfod dal pen rheswm, a phrin oedd ei Saesneg hithau, i geisio egluro peth mor astrus! Ond mi chwarddodd Helmut yn braf ar ôl deall a chlywsom ef y noson honno yn dweud yr hanes wrth ei gyd-wladwyr yn y gegin a bu hwyl a miri mawr, curo cefnau a 'Ho ho' fawr.

Y Dr Tudur Jones a dorrodd ar benstandod pawb ohonom yn y noson lawen wrth gyhoeddi na fydd Henry Brooke, yr Ysgrifennydd Gwladol, yn dod i'r 'Steddfod fory, ei fod wedi troi yn ei garn, yr hen gachgi. Bloedd ac adfloedd - nid yw 'Harri'r Nant' yn boblogaidd a dweud y lleiaf. Yr oedd angen rhywbeth i lacio cortynnau ein teimladau erbyn hyn ac fe'i cafwyd pan ganodd Aled Lloyd Davies barodi ar 'Anfon y Nico' am Gwm Tryweryn a gogleisio pawb.

Awst 8

Y tywydd yn parhau'n fendigedig a maes yr Ŵyl yn grimp. Menai o Abergwyngregyn (a'r Coleg Normal!) yn ennill Gwobr Osborne Roberts, y Rhuban Glas dan 25, gyda chanmoliaeth uchel gan Meirion Williams, ac yr oedd Leila Megane ar y llwyfan yn ystod y seremoni. Wyddwn i ddim ei bod yn dal yn fyw! Y beirniaid yn cwyno am ddiffyg cyfleusterau yng Nghymru i hyfforddi cantorion a bod llawer yn gorfod mynd i Lundain at athrawon llais sy'n difetha eu lleisiau pur ac yn Seisnigeiddio eu hynganu.

Gwilym R. Tilsley yn ennill y Gadair am awdl i 'Gwm Carnedd'. Rhywun yn dweud mai yng Nghwm Penmachno y mae'r fro a ddarlunir yn yr awdl. Dyma shegfa arall i ni'r rhai difeind. Ai dyma fydd diwedd pob cwm? 'Dim ond Saeson, hinon ha.' Bydd rhaid bod yn effro - ond nid yw'r Cymry yn enwog am hynny.

Tocynnau Noson Lawen UCAC wedi mynd i gyd a'r unig ffordd y medrais fynd i mewn oedd drwy addo perfformio! Atgyfodi 'Beti Bwt', rhyw bregeth fwrlesg a fu'n llwyddiant yn y coleg ac yn Nyffryn Clwyd wrth fynd o le i le efo Parti Hafal. Lwc nad oedd pwdl Caradog Prichard yno neu buasai wedi cyfarth o'r dechrau i'r diwedd!

Awst 9

Wel, dyna helynt fu neithiwr. Erbyn dod allan o'r Noson Lawen yr oedd y glaw yn pistyllio a'n hostel ninnau filltiroedd allan o'r dre. (Os haedda'r enw 'hostel' - hen ysgol laith ac oer.) Wrth lwc, cawsom lifft ar ôl ffawdheglu am ryw filltir neu ddwy, gan ryw fachgen oedd yr un ffunud â physgodyn ac atal-dweud mawr arno. Bronwen (Lloyd) a minnau yn ein dyblau. Methu peidio er mawr gywilydd inni . . . Wedyn dyna gythgam o bregeth gan y warden, cloben flonegog o'r De, ar y testun 'Dod adre'n hwyr'. Dim ond chwarter i bedwar oedd hi! Ffrwydro chwerthin a chael ein galw y merched 'Mwia harllig wi wedi gwrdd ariôd'. 'Roedd ganddi eirfa doreithiog a thafod fel gwiber. Erbyn y bore 'roedd y dŵr yn llifo i lawr y waliau y tu mewn a'n dillad oedd yn hongian o gwmpas yr ystafell (fel pe taem mewn basâr ym Morocco) yn wlyb diferol. Pob man ym Mhorthaethwy dan ddŵr. Morfudd Maesaleg yn pryderu am ei thelyn.

Awst 11

Wedi bod mewn dillad gwlyb am ddau ddiwrnod ac yn crynu fel dail a phesychu· fel lloi efo'r hych. Bydd Mam yn chwarae'r Hen . . . Cofio'n sydyn am Clwydydd. Pregethwr â chrwb ar ei war oedd o a Nain bob amser yn dweud mai wedi cael gwely tamp yr oedd o. Dechrau hel meddyliau. Nid yw'r LCC *(London County Council)* yn derbyn neb â nam corfforol, neb efo llygaid gwan neu draed chwaden neu'r fogfa. Ac yn sicr, neb â chrwb ar ei war. Maen Nhw, pobl Llundain, eisiau athrawon perffaith! Ddim yr un fath â Sir Ddinbych - sydd eisiau athrawon sy'n blant i dadau sy'n rhywun . . . Twt! teimlo'n chwerw wyf i am eu bod Nhw yn Neuadd y Sir yn Rhuthun wedi fy ngwrthod. Wfft a dwbl wfft.

Adre ar y trên o Fangor i'r Rhyl yn y fan wartheg a'n dillad yn stemio.

Awst 12

Cysgu fel gwaren o wningod. Mam yn dweud, wedi gweld ein hwynebau llwyd yn cyrraedd adre, 'Pe bai'r Steddfod yn parhau am bythefnos, mi fyddech ar eich penne yn Llangwyfan.' Y Sanitoriwm yw Llangwyfan. Ni feiddiais ddweud mai rhyw awr o gwsg a gawsom bob nos a hynny mewn ysgoldy drafftiog a thamp. Y drwg wrth ddweud yr hollwir wrth bobl yw eu bod yn gosod llyffetheiriau arnoch yn syth.

Mynd yn ôl i'r gwesty yn Llandudno a darganfod 'mod i wedi cael y sac yn f'absenoldeb: yr Unben wedi cael llond bol ar fy musnesa Sosialaidd! ('Roedd hyn yn sarhad i ferch a fagwyd ar aelwyd Ryddfrydol.) Nid oedd chwaith yn gorfoleddu am fy mod wedi cymryd wythnos i ffwrdd i fynd i *'bloody peasant jamboree'*. Cafodd arddangosfa o pam mai Draig Goch yw baner y Cymry pan ddaeth fflamau o'm ffroenau wrth ei roi yn ei le ac euthum adre yn fy nghythrel ac ysgwyd llwch halogedig y lle oddi ar fy sandalau.

Pawb yn brysur yn yr ŷd er bod peth o'r gwair yn dal ar lawr ac yn wlyb fel tail. Cael lifft o'r dre mewn lorri lwcosêd a chael trafferth i ddarbwyllo'r gyrrwr nad oedd angen parcio am egwyl wrth eglwys Llanychan. Perfformiad arall o'r Ddraig Goch . . . Beth sydd yn bod ar ddynion? Newydd fod yn sôn am ei blant yr oedd o, mor falch ohonyn nhw ac yn y blaen . . .

Awst 15

Taid yma heddiw. Yn fy holi'n dwll. Eisiau gwybod yn hollol ym mha ran o Lundain y mae Chelsea ac a oes capel yno. 'Roedd o'n flin am fod rhyw frân wen wedi dweud wrtho fod Angharad a minnau yn gywilydd i'n gweld ym Mangor ryw bnawn Sadwrn, yn baent i gyd. Plant Satan! Ceisio'i ddarbwyllo mai achlysur arbennig yr Ŵyl Rag oedd hi, ein bod wedi ein peintio'n fwriadol ddi-chwaeth! Choeliai o fawr. 'Ti a'r hen eneth arall ene yn bob lliw dan haul, 'run fath â Jesebel.' Ys gwn i pryd y byddaf yn rhy hen i gael fy nwrdio?

Awst 21

Llythyrau yn y post yn lliniaru tipyn ar loes y gwahanu. Proffwydo problemau wrth sylweddoli ei bod yn bosib i Huw a Ger ac Arnold a . . . i gyd benderfynu dod i Lundain i 'ngweld yr un pryd! Bydd rhaid torri cwys ofalus.

Daeth rhyw Miss Lloyd o'r Wyddgrug yma heddiw i weld ei hen gartref; ganwyd hi yma yn y ganrif ddiwethaf! Wyddai hi ddim o hanes y tŷ er bod traddodiad yn dweud mai yma y ganwyd y Lloyd a fu'n gyfrifol am gychwyn banc o'r un enw yn Llundain. Hen fynachdy yw'r tŷ ac y mae ywen hynafol ar y lawnt. O fesur troedfedd am bob canrif o gwmpas ei bôn gellir amcangyfrif ei bod yn bum canmlwydd oed. Lawer gwaith y buom yn blant yn chwilio am y twnel sydd, yn ôl y sôn, yn dirwyn o'r seler i Blas Ashpool yn ymyl Bodffari. Lleiandy oedd hwnnw! Y mae enw'r fferm (Rhydonnen) ar fap 1320 o diroedd perthynol i'r Arglwydd de Grey, Rhuthun. Efallai y caf gyfle rywdro i olrhain yr hanes yn iawn.

Y tywydd wedi gwella ac yr ydym dan *strict orders* nad ydym i galifantio nes bydd yr ŷd yn y gadles dan do. Dechrau cario Tir Tlodion. A monni am fy mod i gyfarfod â 'rhywun' yn y dre ac ni chefais fynd. Sgwrs ddiddorol heno am enwau caeau gan ein bod wrthi yn y Tir Tlodion drwy'r dydd. Mae'n siŵr mai sinach o dir oedd yno yn y Canol Oesoedd at ddefnydd y tlodion. Mae Cae Eroplên yn enw newydd ar y cae yr ochr arall i'r ffordd gan i awyren Almaenig ddisgyn yno yn ystod y Rhyfel. Mae yma Gae Llwybr sy'n parhau yn llwybr cyhoeddus - yn wir, y mae'r llwybr yn mynd drwy'r gegin. Ŵyr neb beth yw ystyr Cae Glol na pham y galwyd un arall yn Barc Wil. Pwy oedd Wil?

Awst 23

Y Parch J.D. Jones, Llangaffo, yn pregethu yma heddiw a bu yma i swper. Mae o'n perthyn o bell - ei dad yn hanner-brawd i fy hen-daid! John Jones, Llannerch Gron ger Pwllglas, oedd fy hen-daid. Ganwyd ef yn Tyddyn Ucha, Llanelidan yn 1835 a bu farw yn 1916. Fy nhaid, Benjamin, oedd y degfed o'r deuddeg plentyn. Elinor oedd enw'i wraig ac yr oedd yn ferch Gwrych Bedw, Llanelidan. Yr hen-daid adeiladodd y tai coch, hardd, ym mhentref y Rhiw, Pwllglas, ac ef hefyd a gododd y cwrs golffio. Dyna cyn belled ag y gwn ar hyn o bryd. Mae gennyf flys mawr olrhain yr achau ond nid wyf yn gwybod ym mhle i gychwyn.

Pa ryfedd felly i'r pregethwr heno ddweud na ddylid poeni amdanaf yn Llundain gan fod haearn yn fy ngwaed. Minnau'n brathu 'nhafod rhag dweud bod haearn yn rhydu weithiau! Chwarae teg iddo: fo yw'r unig un sydd wedi dweud wrthyf am fynd i ffwrdd oddi cartref a mwynhau fy hun. Mae pawb arall yn bygwth a rhincian dannedd, cynghori ac ochneidio, bradychu diffyg ymddiriedaeth affwysol yn fy magwraeth gadarn! Mae hyd yn oed Taid, sydd fel arfer mor hwyliog, yn methu deall pam fy mod am fynd i le mor anghysbell i weithio. Y Ddiod yw'r Gelyn Mawr na fyn Tafod mo'i Yngan. Does dim angen poeni, neno'r Tad. Unwaith erioed y bûm mewn tŷ tafarn ac ni fedrwn ymlacio yno gan fy mod ar bigau'r drain rhag ofn i ryw frân wen fy ngweld.

Awst 26

Rhedeg ar garlam i Hendrerwydd i brynu'r papur am fod canlyniadau lefel O allan heddiw a gweld er mawr lawenydd fod Helen, fy chwaer, wedi llwyddo mewn deg pwnc. Dyma fi'n chwarae hen dric budr efo hi a cherdded yn ddidaro i lawr Cae Tŷ ac edrych yn ddigalon, coegio, gan wybod y byddai hi'n aros amdanaf wrth yr hen gastanwydden wrth y giât. Pan welodd fy wyneb hir diflannodd y goleuni o'i llygaid mawr glas a daeth gwewyr i'w hwyneb. Ni allwn ddal yn hwy a dyma fi'n gweiddi nes oedd fy llais yn atseinio ar draws y dyffryn: 'Rwyt ti wedi cael y cwbl!' bloeddiais a daeth yr heulwen yn ôl i'w llygaid. 'Hwre-re-re-re' meddai'r hen garreg ateb ar dalcen y 'sgubor. Ew! yr oeddwn yn falch o'm chwaer fach.

Bydd yn fwy chwith hebddi hi na neb. Wedi cael cymaint o hwyl efo'n gilydd ar hyd y blynyddoedd, tynnu ei choes, palu celwyddau wrthi, chwarae triciau. Cofio dweud wrthi 'mod i'n medru darllen yn y tywyllwch ond 'mod i'n gweld y darnau gwyn yn hytrach na'r du. Hithau'n methu deall pam na allai hi wneud yr un peth! Y fath chwerthin a chwarae, crwydro a hel cnau, cuddio yn y cowlasau a'r bingiau, rhuthro fel Jehu yn y tryciau hôm-mêd efo olwynion pram i lawr at y tŷ ac unrhyw un a fethai'r tro yn disgyn yn blastar i'r danadl poethion. Cofio darllen *Luned Bengoch* iddi yn bedair oed a hithau'n eistedd fel delw ar goll yn y stori. 'Yr Alban i'r Adwy' darllenais gydag arddeliad. 'Oedd 'ne ddefed yno?' meddai'r fechan. Wedi hir holi daeth goleuni. Yr unig adwy y gwyddai hi amdani oedd un mewn gwrych i adael i'r defaid fynd o un cae i'r llall.

A dyma'r bwt fechan honno a wylodd uwch ben helyntion Luned, a wirionodd ar Wil Cwac Cwac, a deimlodd i'r byw o golli Eiry fach Nant Oer, heddiw yn berchen hyd braich o lwyddiant ysgolheigaidd. Teimlo oerni fel pe bai gwrthban o eira wedi disgyn arnaf wrth sylweddoli na fydd dim byd yr un fath byth eto. Dyma fi ar fin hedfan o'r nyth a gadael tri o gywion yng nghlydwch y plu. Clywais gnul y gwahanu'n oernadu yn fy nghlustiau.

Pawb yn falch o lwyddiant Helen er na ddywedodd Dad ddim llawer. Pechod marwol yw canmol eich plant eich hun yn ei olwg ef! Cwestiwn cyntaf Taid oedd: 'Ddaru rhywun dy guro di?' Naddo! Ond mi ddaru Roland, Tŷ'n Llanfair ddod yn gydradd!

Awst 29

Sioe Flodau Rhuthun ac Alan, y brawd arall, yn ennill gwobr efo'i fangyls! Y teulu yn heidio fel gwenyn. Dyma babell flynyddol y cyfarfod. Pan oeddem yn fân dyma pryd y byddem yn cychwyn ar ein 'holide' i dŷ Nain neu at Modryb Megan i'r Gaerddinen. Dod adre wedyn o Sioe Dinbych ymhen pythefnos. Taid wrth ei fodd heddiw yn gwylio'r cŵn defaid yn gweithio ac yn ymfalchïo yn ei nai, Meirion, sydd yn dechrau dilyn llwybr ei dad yn y treialon. 'Roedd enw brawd Taid, John Jones, Tan y Gaer, yn ddihareb oherwydd ei allu neilltuol efo cŵn defaid, ac yr oedd ei gefnder, Thomas Roberts, Plas Bonwm, Corwen, hefyd yn giamstar. Ys gwn i ai rhywbeth yn y gwaed yw gallu o'r fath? Mae Dad yn ddewin dŵr ond nid yw ei blant wedi etifeddu'r gallu rhyfedd hwn. Bu galw mawr amdano i fynd o gwmpas y wlad i ddarganfod dŵr ac ni fethodd erioed er bod y dŵr ambell waith yn rhy ddwfn i'w gloddio ac felly'n rhy gostus i'w bibellu. Mae o wedi rhoi'r gorau iddi erbyn hyn am ei fod yn effeithio ar ei stumog. Beth sydd yn ei gorff o sy'n wahanol i'r rhelyw o'r teulu tybed? Fforch gollen ddefnyddiai gan gerdded yn ôl ac ymlaen ac wrth rywsut 'synhwyro' fod dŵr islaw byddai'r ffon gollen yn troi a'i wyneb yntau'n dirdynnu.

Pawb yn y Sioe yn ddigon o bla yn cynnig cyfarwyddyd ar sut y dylwn wrthsefyll temtasiynau fil a chadw ar y llwybr cul ym Mabylonia Fawr. Y Ddiod, Hapchwarae a Phaganiaid - dyna'r prif fwganod.

Dau beth yn unig sy'n fy mhoeni i. Nid oes neb yn sôn am y rheiny, sef diffyg arian i fyw am fis cyn y daw'r cyflog cyntaf (gweriais f'arian o'r gwesty yn Llangefni) a sut ar y ddaear yr ydw i'n mynd i lwyddo i siarad Saesneg drwy'r dydd? 'Does gen i ddim digon o eiriau i lenwi mwy nag awr. Ac i goroni'r cwbl 'does gan Angharad a minnau ddim lle i fyw hyd yn hyn. Pwy gafodd y syniad lloerig o fynd yn athrawes? Pwy gafodd y syniad hurtiach o fynd i Lundain? Dechrau cydweld efo Taid: *mae* o'n lle anghysbell!

Awst 31

Trip cymdeithas y capel i Windermere a mwynhau pangfeydd y dipar mawr a'r octopws. Mynd i gael dweud fy ffortiwn a'r sipsi'n dweud wrthyf y byddaf yn priodi'n fuan efo rhywun mewn côt wen a phensil y tu ôl i'w glust. Fferyllydd? Cigydd? Mae'n siŵr fod pobl Morecambe yn meddwl ein bod yn hollol wallgof. Gorwedd chwerthin wrth weld y bechgyn yn rholio eu trowsusau i fyny ar y traeth a'u coesau yn anllad o welw ac esgyrnog. Ac yr oedd un â'i wythiennau faricos fel map o Brydain ar hyd ei goesau.

Medi 1

Ffarwelio yn y capel a rhibidires o rybuddion. Mynd i weld Taid arall (Ben Jones) yn yr ysbyty yn Wrecsam. Mae o wedi colli'i goes oherwydd esgeulustod a datblygodd doluriau-gwely yn gangrin. Adroddodd lathenni o Hwfa Môn! Mae ei gof yn eithriadol - am rai pethau. Rhyw fore mi ddaeth dyn ato fo ar ben-dre Rhuthun ac wedi sgwrsio am ryw ddeng munud dyma Taid yn dweud, 'Ydw i *fod* i'ch nabod chi, dwch?' Siarad ag un o'i feibion ei hun yr oedd o! Ond medrai adrodd 'Dinistr Jerusalem' drwyddi. Bu'n ddarllenwr mawr a chariodd sacheidiau o lyfrau ar ei gefn ar ôl eu prynu mewn arwerthiannau. Dyn swil iawn. Fe briododd mewn swyddfa am ei fod yn rhy swil i wneud y ffordd arall. Mae'n gas gen i ei weld yn yr ysbyty efo ciang o hen bobl yn slefrian ac yn methu siarad Cymraeg. Ni wyddant y gwahaniaeth rhwng Hwfa Môn a glanhawr carped.

Methu cysgu. Trio ymarfer Saesneg yn fy mhen drwy'r nos. Cagio bob gafael. Caniad ar y ffôn i Angharad ac y mae hithau'n teimlo yr un mor nerfus. Ond y mae ei thad wedi llwyddo i gael lle inni aros yn Winchmore Hill. Ni wn i ba gyfeiriad y mae hwnnw o Chelsea.

Medi 8

Daeth Dydd y Farn a minnau'n hollol 'anaddas iddaw'. Derek a Gwenllian, dau o Gymry Llundain, yn ein cyfarfod yn Paddington ac yn ein rhoi ar ben ein ffordd i Victoria. Mae'r bobl sy'n rhentu ystafell inni ar eu gwyliau 'ddyliwn, ac felly rhaid aros mewn YWCA am ychydig. 'Roeddem ar ein cythlwng ond methu cael hyd i le bwyta.

Y ddwy ohonom yn chwerthin drwy ein dagrau ac yn diolch fod gennym iaith wahanol er mwyn medru cyfathrebu'n ddiddeall i neb arall. Chwibanu yn y tywyllwch yw ein chwerthin hysterig. Yr un pryd â'r ofnau, yr oedd fy nghalon yn curo'n llawn cyffro. Bwm bwm. Rydw i yma! Mae sŵn y ddinas fawr yn fy nghlustiau a rheolau caeth y cartref a'r coleg ymhell, bell.

Medi 9

Gwawriodd y dydd. Byddaf yn ei gofio am byth.

Daeth Angharad at yr ysgol efo fi (nid yw hi'n cychwyn tan fory) a chawsom haint wrth weld y fath honglied o le. Adeilad Fictoraidd anghynnes a digroeso gyda'i furiau uchel a bariau ar eu hyd, ffenestri culion, buarth chwarae ar y to. Y tu cefn i Neuadd y Dref yn Chelsea y mae'r ysgol - Kingsley School, Glebe Place, SW3 - meddai'r bwrdd o flaen y drws. Cerdded ar draws yr iard a 'nghoesau'n gwegian a sylwi ar fechgyn anferth yn lolian yn erbyn y waliau ac ni wnaeth yr un ohonynt unrhyw ymdrech i guddio'i sigarennau. Wrth gerdded i fyny'r grisiau at y drws clywais chwibaniad yn hollti'r awyr ac wedi troi 'mhen mi welais reng o grymffastiau gwallt hir mewn llodrau cul ac esgidiau pigfain yn edrych arnaf gyda rhyw olau rhyfedd yn eu llygaid. Ceisiais eu trywanu gydag un edrychiad mileinig ond cododd storm arall o fanllefau a chwiban a dyma fi'n penderfynu diflannu i berfeddion yr ysgol.

Y tu mewn, yn hanner cuddio wrth y drws, yr oedd tri llanc a'u llygaid yn tynnu amdanaf.

'Ewch â fi at y Brifathrawes, os gwelwch yn dda' meddwn yn sgŵl-farmaidd.

'Be' gawn ni am wneud?' holodd un.

'Begio'ch pardwn?' medde fi.

'Aw! c'mon Miss. You wasn't born yesterday,' meddai un arall . . .

Ac ymysg crechwen fe sleifiodd y tri allan i'r buarth gan fy ngadael i dreulio eu hawgrymiadau. Dilyn fy nhrwyn a cherdded ar hyd coridoriau oer a chul nes o'r diwedd gyrraedd drws, tebyg i ddrws Colditz, a'r geiriau Prifathrawes arno. Curo. *'Enter!'* taranodd llais fel pelydr laser o'r tu mewn. Ystafell fechan gyda chlamp o ddesg a honno'n un pentwr o bapur. Yna sioc! Cael ar ddeall fy mod i ddysgu Saesneg i'r dosbarthiadau isaf a Cherddoriaeth drwy'r ysgol.

Crebachodd fy nerfau a sychodd fy ngheg. Sut y medrwn egluro i'r ddynes aristocrataidd, imperialaidd hon nad wyf yn prin fedru siarad Saesneg ac mai dim ond sol-ffa, a ddysgais gan Gomer Roberts yng nghapel Cefn y Wern, a ddarllenaf? Mae hi'n disgwyl cyngerdd erbyn y Nadolig! Mae hi'n disgwyl i mi roi gwersi piano a . . . a . . . phob math o bethau. Teimlo fel nadu dros y lle. Cerdded allan o'r swyddfa wysg fy nghefn megis o ŵydd brenhines gan ategu ei 'Bore Da' gyda rhyw sŵn fel dafad yn cyfogi.

Sylwi ar y geiriau aflednais yn glwstwr ar y waliau. Cyrraedd ystafell yr athrawon lle'r oedd hanner dwsin yn sefyll o gwmpas cylch nwy yn ceisio hudo tegell i ferwi. Ystafell lwyd, carped brau, cadeiriau sathredig. Bwrdd mawr ar y canol o'r golwg dan lwyth o lyfrau, esgidiau, peli, papur; ffenest fechan heb lenni, parddu ar bopeth; un gadair freichiau a'i pherfedd allan, cwpanau yn y sinc ers y tymor cynt. A'r tu allan 'roedd stryd ffasiynol *King's Road* yn byrlymu o fywyd bohemaidd ac artistig, siopau drud a bariau coffi moethus. '*Here comes another poor old cow . . .*' oedd y geiriau a'm croesawodd.

Diflannodd y dydd mewn mwrllwch o wynebau dieithr a gelyniaethus, llond pob man o ffurflenni, clychau a rhegfeydd. Heno mynd am dro i Ilford i fflat criw o ferched adawodd y Normal llynedd a synnu at eu hunan-hyder dinesig o'i gymharu â'r llancesi penchwiban a adwaenwn flwyddyn yn ôl. Hwythau'n ceisio fy mherswadio i beidio pryderu cymaint, am gymryd pethau yn fy mhwysau, byddaf yn rêl bôi ymhen dim, mae pawb yr un fath ar y dechrau. Medden nhw. Teimlo'n fethiant llwyr. Fedra i ddim wynebu'r ysgol fory, na meiddio siarad efo'r Brif., sydd yn dychryn pawb. 'Dwyf i ddim yn 'nabod neb yno ac y mae pob un mor hunan-feddiannol ac yn parablu'n fân ac yn fuan fel na allaf wneud na rhych na rhawn o'u sgwrs.

Eisiau mynd adre! Warden yr hostel yn gwrthod credu mai Cymry ydym ni gan nad ydym yn swnio'n ddim byd tebyg i Gladys Morgan. Pwy ydi honno? Oedd hi yn y Normal?

Medi 10

Bryn yn 13 oed a minnau'n torri 'nghalon yn y twll lle 'ma ac wedi methu cael hyd i swyddfa bost i yrru cerdyn iddo fo. Neithiwr 'roeddwn yn berffaith siŵr mai ddoe oedd y diwrnod gwaethaf yn fy mywyd. Yr oeddwn ar fai. Wyddwn i ddim fod heddiw rownd y gornel yn crechwenu. Mae'r plant yn gegog, fedra i ddim deall yr un gair maen nhw'n ei ddweud, 'does gen i ddim rhaglen waith, mae'r stoc lyfrau yn yr Adran Gerdd i gyd mewn Hen Nodiant (sydd megis Groeg i mi) a chawsom gyfarfod athrawon tan chwech o'r gloch. Y Brif. yn rhestru'r *do's* a'r *don'ts* i'r athrawon ifanc fel pe baem yn hil ar wahân. Mae gennym lai o ryddid na'r Chweched Dosbarth! Cyrraedd adre'n rhy hwyr i gael te (a minnau wedi talu amdano) a dyma fi'n dwyn peint o lefrith a mynd i'r gwely. O'r holl gynghorion a gefais cyn gadael cartref, freuddwydiodd neb am ddweud wrthyf am beidio â dwyn! A dyna oedd fy mhechod cyntaf ar ôl dod yma. Methu teimlo'n euog.

Dyma fi wedi landio mewn ysgol lle mae rheolau draconaidd i'r plant a rhai gwaeth i'r athrawon. '*LFA's*' y cawn ein galw - sef *London First*

Appointments. Rhyw fodau is-raddol. Mae'n amlwg nad oes llawer o ryddid i'w gael yn y ddinas 'ma wedi'r cwbl. Rhaid cofio dweud wrth Dad fod warden yr YWCA a'r Brifathrawes rhyngddynt yn siŵr o ofalu na chaf gyfle i wyro o'r llwybr cul. A phwy sy'n gyfrifol am ledaenu'r stori mai Saesneg a siaredir yn Llundain?

Methu cysgu. Y tu allan y mae dwndwr di-baid y ceir a'r tacsis yn gweryru, breciau'n gwichian, gorsaf dan-ddaear Victoria yn taranu 'mhell o dan y ddaear ac yn ysgwyd fy ngwely bob pedwar munud wrth i drên ddirwyn ei daith. Tawelwch Cymru ymhell iawn heno. Rhoddwn y byd am glywed sgrech tylluan neu gyfarthiad llwynog ar ei hynt. Yr oedd fy ngwely fel nyth 'sguthan a'r gobennydd yn lwmp caled dan fy mhen. Huwcyn Cwsg yn gwrthod yn lân â'm helpu . . . Ceisio cyfrif defaid ond yr oedd y rheiny yn mynnu eistedd mewn desgiau res ar ôl rhes a brefu yn Saesneg. Teimlo fel codi a chicio Angharad yn ddidrugaredd am feiddio cysgu mor drwm a minnau yn y fath wewyr. Y mae hi'n ymddangos yn hollol hapus yn ei hysgol ac wedi dechrau gwneud ffrindiau. Be' sy'n bod arnaf na allaf gynefino?

Medi 11

Daeth yr Arolygydd i 'ngweld. Bron iddo gael apoplecsi pan welodd 'mod i'n dysgu sol-ffa capel Cefn y Wern i'r plant a chollfarnodd y system fel un hollol aneffeithiol. Bron na ddywedodd mai Gwyddor y Diafol ydyw. 'Mae cenedlaethau o blant Cymru wedi dod yn gantorion da efo'r system hon' mentrais sibrwd â 'nghorn gwddf yn llawn o boer. Edrychodd arnaf fel pe bai gen i gyrn ar fy mhen.

'Peidiwch â phoeni' meddai'n llym. Fel petai hynny o ryw gysur. Dywedodd wrthyf am ddysgu caneuon gwerin iddyn nhw. Beth? Am flwyddyn? Nid wyf yn gwybod digon . . . Llwyn Onn, Hen Ferchetan, Mi fûm yn gweini tymor, O angau pa le mae dy golyn? . . .

I'r Clwb Cymraeg yn Gray's Inn Road heno. Diolch am hafan. Criw o'r coleg yno a sôn am siarad a chwyno a thuchan. Dwynwen yn eu plith yn eiddigeddus ohonof (rhaid griddfan) am fy mod yn dysgu Cerdd oherwydd dyna'i phwnc hi. Mae hi'n gorfod dysgu Ysgrythur - a dyna 'mhwnc i. Tybed fuasai unrhyw un yn sylwi pe baem yn newid drosodd?

Medi 12

Un o'r dyddiau nesaf bwriadaf neidio o chweched llawr yr ysgol i'r afon islaw.

Medi 13

Llythyrau yn cyrraedd oddi wrth rieni sy'n awyddus i'w plant gael gwersi piano a ffidil. Yr unig ffidil y gwn i amdani yw honno sydd adre i hau hadyd. Mae fy mhres bron â mynd i gyd gan nad oes pryd min nos i'w gael yn yr hostel ac aethom i'r *Capri* unwaith eto am sbageti ac y mae'n ddeuswllt y tro. Criw o Ffrancesau'n cysgu yma heno a buom yn ceisio boddi eu clegar trwynol gyda thipyn o iaith Sir Ddinbych.

Medi 14

Mynd efo criw o'r hostel (un Ffrances, un o Hong Kong, un o'r Almaen ac un o'r India) i'r *Expresso Bar* (coffi!) am ŵy a sglodion. Gorfoleddu wrth sylwi mai Heol Dinbych yw enw'r stryd a bron i mi daflu fy hun ar y pafin a chusanu'r meini.

Cysgu ar lawr heno gan mai dim ond am wythnos yr oeddem i fod yma ond nid yw ein 'digs' yn barod tan fory. Cysgu'n iawn. Wedi blino cymaint erbyn hyn wrth ymlafnio yn yr ysgol nes y medrwn gysgu ar lein ddillad a phegiau yn fy nghlustiau. Un o'r pethau casaf gennyf yw dyletswydd amser chwarae am na cheir cyfle i gael paned ac y mae rhai o'r bechgyn yn ceisio fy nghythruddo drwy awgrymu pethau anweddus a chodi fy sgert a phethau felly. 'Dwyf i ddim yn gwybod sut i ddelio â sefyllfa o'r fath. Ni soniwyd erioed am y fath bosibilrwydd yn y darlithiau coleg. Mae'r plant yma o blaned wahanol i rai Amlwch, Caergybi a Bethesda - lle bûm yn nyddiau 'gwynfydedig' y Sgŵl Prac! Pan gofiaf am yr holl duchan a chwyno a wnaem yn ystod y cyfnod hwnnw y sylweddolaf na wyddem ein geni.

Medi 16

Erbyn hyn dyma ni yn ein fflat. Dim byd tebyg i'r hyn a ddychmygem. Un stafell a honno'n llawn o wely heb le i newid meddwl na 'sanau, ac un cylch bychan trydan i goginio. Yn waeth na hynny, y mae ardal Winchmore Hill yr ochr arall i Lundain ac yr wyf yn gorfod codi cyn cŵn Caer. Mewn ysgol nos y dylwn weithio. Nid yw bywyd yn deg ag adar y nos. Er nad wyf wedi cael llawer o gyfle i fod yn aderyn y nos hyd yn hyn, rhaid cyfaddef, ond 'rwy'n byw mewn gobaith y daw pethau'n well!

Mae'n amlwg erbyn hyn nad problem unochrog ydi deall Saesneg oherwydd mi ofynnodd un o'r plant i mi heddiw os mai Pwyles wyf i. Minnau'n gwadu. 'Dene chi,' meddai hithau wrth y lleill, 'mi ddywedes i mai Gwyddeles ydi hi.' Ffasiwn newydd yn ysgubo drwy Lundain ac wedi cael gafael ar ferched y pumed dosbarth - y Sach. Gwisg hollol ddi-siâp a'i godre'n gulach na'i gwasg a'r enw'n gweddu iddi. *Billet doux* gan y Brif. i ddweud nad yw'r athrawon i wisgo Sach ar unrhyw gyfrif.

Euthum i'w gweld. 'Rwyf ar ben fy nhennyn. Yr oedd yn llawn gofid wrth glywed am awgrymiadau rhywiol y bechgyn a dywedodd fy mod yn edrych yn rhy ifanc. Dyna'r broblem. Dylwn fynd i dorri 'ngwallt, meddai. Felly, i ffwrdd â mi fel gafr ar daranau i ryw le yn Sloane Square ac am hanner coron collais lathen ohonof fy hun. Teimlo'n noethlymun a 'ngwar yn oer. Gynt mi fedrwn eistedd ar fy ngwallt a'i wisgo fel cynffon merlen. Drwy ryw darth mi'i gwelais o yn bentwr fflamgoch ar y llawr ac yn cael ei rawio yn ddiseremoni i'r sbwriel. Bydd Mam yn dweud y drefn - mi dorrodd hi ei gwallt i ddilyn ffasiwn yn y dau-ddegau, ac edifarhau. Mae hi'n edrych yn aml ar y cudynnau melyn fel sofren wedi'u lapio mewn papur sidan yn y drôr wrth y gwely. Ffarwel yr hen fwng!

Oedd yr hen Unbennes yn gywir tybed wrth ddweud y byddai cael gwared ohono yn datrys problemau? Ond 'rwy'n fodlon aberthu fy ngwallt am dipyn o lonydd.

Medi 20

Diolch am ddydd Gwener. Wedi blino'n ddychrynllyd. Prif elyn athrawon (heblaw am blant) wedi cael ei grafangau ynof sef dolur gwddf. Wedi amau'n gryf nad yw'r trên-twrch-daear yna yn un iach iawn efo pawb yn teithio fel sardiniau ac yn pesychu a thisian ar draws ac ar hyd. Mae pais wen yn ddu erbyn diwedd y dydd a gyddfau pawb yn býg gyda rhimyn o groen du uwch ben y goler a'r llewys.

Parti heddiw yn Neuadd y Sir yn Westminster i groesawu holl athrawon newydd Llundain ac yr oedd cannoedd ohonom. Er 'mod i'n teimlo fel dau chwech am swllt mi euthum er mwyn cael pnawn i ffwrdd o'r ysgol! Teimlo'n falch 'mod i wedi gwneud yr ymdrech gan ei fod y nesaf peth i aduniad myfyrwyr y Coleg Normal. 'Roedd yno hen ysgwyd llaw a sut-wyteiddio. Mae dros 60% o athrawon Llundain yn Gymry, ebe'r boi a'n croesawodd. Erbyn deall, fo yw'r Cyfarwyddwr Addysg, William Houghton. Ei enw fo oedd ar waelod y llythyr erfyniodd yn daer arnaf i roi fy ngwasanaeth a rhannu fy noethineb â phlant Chelsea. Fo ddywedodd fod Llundain yn lle cyffrous a llawn bywyd. Medrwn ei dagu am fod y fath gelwyddgi. Yr unig gyffro welais i oedd plant yn paffio, dolur gwddf, cur pen, parddu yn fy ngwallt, tlodi, newyn a phandimoniwm cyffredinol.

'Roedd fel ffair wyddau yno a braf oedd cael cyfarfod eraill sydd gymaint ar goll â minnau, yn fflowndro o ddydd i ddydd, ac yn dal i chwilio am y palmant aur. Bu sgrech uwch adsgrech pan ddywedodd Nansi fod 'Hannah' (Miss Hannah Williams) wedi prynu car modur a'i bod yn chwyrnellu drwy Fangor Uchaf fel pe bai cŵn Annwn ar ei gwarthaf! Methu coelio. Meddwl am yr helynt a gafodd efo ni pan oedd hi'n warden Neuadd Aethwy a ninnau mor anystywallt. 'Does ryfedd iddi gyrraedd pen ei thennyn. Erbyn hyn 'rwy'n deall beth yw anobaith llwyr wrth geisio cadw trefn ar griw glasoed. Mi fu hi'n garedig iawn efo ni er gwaethaf ein misdimanars. Ddaru torri fy ngwallt wneud *dim* gwahaniaeth . . . Codi calon heddiw yn sŵn yr 'Wyt ti'n cofio . . .?'

Medi 22

Cyfarfod Arnold wrth golofn Eros a mynd am dro drwy Barc Sant James. Rhyfeddu wrth weld y fath le gogoneddus yng nghanol Llundain, mae fel bod allan yn y wlad, yn llawn llwyni a blodau ac yn berwi o adar. Dotio ar yr hwyaid ar y llyn, rhai o bob math yn sgleinio yn yr haul yn biws a gwyrdd a phorffor a symudliw ac yn sgwrsio'n ddiddig efo'i gilydd wrth blymio i ddyfnderoedd y dŵr bob hyn a hyn, a'u pen-olau bach manbluog fel rhesi o bincysod ar wyneb y llyn. Maent mor fodlon eu byd a'u sŵn yn union fel babi'n sgwrsio yn ei grud. A gwelais aderyn anhygoel - y pelican - erthyl o beth na fedrwn dynnu fy llygaid oddi arno. Rhaid cofio dweud wrth y plant 'mod i wedi'i weld ac adrodd y pennill:

> A strange bird is the pelican
> His beak holds more than his belly can.

Wedi dod adre heno bûm yn chwilota am dipyn o hanes y Parc a darganfod ei fod wedi bod yn eiddo i dri brenin oedd â diddordeb mawr mewn natur, llwyni, blodau ac adar. Harri'r 8fed oedd y cyntaf a'i waith pennaf oedd draenio'r ardal er mwyn creu coedwig i hela'r hydd. Siarl y 1af oedd yr un a osododd y llwybrau ac yn wir fe gerddodd ar hyd y llwybrau drwy'r Parc ar ei daith olaf i'r Neuadd Fawr yn San Steffan lle y cafodd ei ddienyddio. Ond i'w fab, Siarl yr 2il y mae ein diolch am y Parc fel y mae heddiw gan iddo gyflogi'r garddwr enwog o Ffrainc, Le Nôtre, a chyflenwi'r fan â hwyaid, pelicaniaid a gwyddau. Ar ddisgynyddion yr adar yma y bûm i'n gwirioni heddiw.

Arnold eisiau clywed tipyn o hanes y bywyd cyffrous a gaf yma. Egluro nad yw'n gyffrous iawn er ei fod yn bell, bell, o'r dyddiau hafaidd rheiny yn y gwesty yn Llandudno lle cwrddais ag ef.

I'r theatr heno am y tro cyntaf a gweld Kathleen Harrison a Michael Wilding yn y cnawd mewn drama o'r enw *Nude with Violin*. Neb yn noeth. Neb yn ffidlo. Ond yr argien! *This is the life!* Fel hyn y dylai fod yn hytrach na'r frwydr ddyddiol a'r poeni diddiwedd am y wers nesaf a'r diffyg arian.

Pan ddywedodd Arnold uwch platied o sbageti yn y *Grotto* y bydd yn dathlu'r flwyddyn newydd ddydd Gwener nesaf, edrychais arno'n hurt. 'Doeddwn i ddim wedi sylweddoli mai Iddew ydi o! Yntau'n dweud ei fod wedi cymryd yn ganiataol 'mod i'n gwybod. Sut y medrwn i? Welais i erioed un o'r blaen. Am wn i. Daeth ei daid o Rwsia a'i nain o wlad Pŵyl adeg yr erlid mawr. I'r America yr oeddynt yn bwriadu mynd ond pan gyrhaeddodd y llong Dundee dywedodd y criw wrth y llond dwrn o Iddewon *This is America. Get out!* ac allan â nhw! Mae'i fam yn cadw cegin *kosher* ond nid yw ef yn poeni'n ormodol er nad yw erioed wedi bwyta mochyn. Wrth gofio am sosej cartre Nain, meddyliais y fath golled a gaiff!

Medi 28

Holi ynglŷn â chael tocyn-tymor ar y trên tiwb gan y byddai hynny'n arbed ciwio yn y boreau ac yn golygu cael teithio arno yn y min nosau hefyd. Ond y mae'r tocyn yn costio £7 am fis a bu raid anghofio'r peth. Mynd i Gornel Hyde Park heno i ganu ac yr oedd yno gannoedd o Gymry yn ei morio hi a Tawe Griffiths yn arwain. Wrth ei fodd. Y tro diwethaf i mi ei weld oedd yn llywio'r canu ar Sgwâr Llangefni yn yr haf. Mi synnais pan ddywedodd, 'Ma' lodesi Dyffryn Clwyd wedi cyrraedd.'

Y papurau dyddiol yn frith o luniau Mona, Ty'n Ffridd, sydd wedi hedfan i'r America ar ôl cael ei dewis yn Frenhines Llaeth Prydain. Dyna brofiad i ferch fach o gefn gwlad.

Hydref 1

Hwre a haleliwia! Cael fy nghyflog cyntaf - £27/5/10. Fûm i erioed mor gyfoethog. Rhuthro i'r banc yn y King's Road i godi llyfr sieciau. Ei anwylo. Rŵan am sbri. Ond ara' deg. Mae pris stamp yn codi heddiw i dair ceiniog a minnau'n dibynnu ar sgwennu llythyrau i gadw fy Nghymraeg yn ystwyth a rhag gwallgofi. 'Rwyf wedi anfon dwsinau o lythyrau at dylwyth a chyfeillion ond ychydig iawn ohonyn nhw sy'n trafferthu i ateb. Pe baen nhw'n gwybod bod llythyr yn gymaint o ymgeledd mi fydden' yn anfon rhag blaen . . . ond na, maen nhw'n byw yn eu byd bach eu hunain . . .

Gofyn i'r dosbarth heddiw am air yn dechrau efo'r llythyren *a* sy'n golygu *am byth* gan ddisgwyl yr ateb *always*. Amen oedd yr ateb sydyn. Mynd i hela fflatiau heno. Wedi hen alaru ar y lle hwn; mae o mor bell o bobman a heb le i chwythu na gwneud pryd o fwyd na golchi. Mae tri phlentyn yn y tŷ a ninnau'n gorfod cerdded ar flaenau ein traed ar ôl saith o'r gloch rhag amharu ar gwsg y diawliaid bach.

Hydref 4

Newyddion mawr heddiw yw bod Rwsia wedi llwyddo i anfon lloeren i'r gofod a threiddio drwy'r ionosffer, ble bynnag mae hwnnw, ac yn teithio bum milltir yr eiliad. Un munud uwch ben Rhuthun a'r munud nesaf uwch ben Rhufain! Pawb yn llawn diddordeb. Campwaith, meddai rhai. Ddaw dim da o hyn, meddai eraill, nid yw'n naturiol.

Hydref 8

Llawer o'r athrawon yn absennol, rhyw hen chwiw o gwmpas a minnau'n gorfod dysgu dosbarthiadau dwbl, heb ddigon o le iddynt eistedd a'r trychfilod bach yn manteisio ar fy mlinder a'm rhwystredigaeth ac yn gwneud ati i gamfihafio. Bu rhaid cadw un penci i mewn ar ôl yr ysgol a chael fy nal yn y jam ar y trên yng nghanol yr awr frys. Mae anifeiliaid yn cael gwell triniaeth, myn diân i. Pe bawn yn cerdded i stafell neu sinema a gwasgu rhywun ataf, cawn f'arestio. Ond ar y tiwb nid oes neb yn meddwl eilwaith 'am fod mor glòs at bobl eraill! Ceir dynion sy'n manteisio ar y sefyllfa ac yn aml iawn byddaf yn sylweddoli'n chwyslyd fod dyn y tu ôl i mi yn ymddwyn yn be-chi'n-galw ac yn rhwbio'i hun yn f'erbyn a minnau'n methu symud llaw na gewyn.

Meddwl o ddifri am fynd i chwilio am waith gwahanol. Mae digon o swyddi i'w cael - gwaith gwesty efallai (mae gen i brofiad . . .) Dysgu plant yw'r gwaith mwyaf blinedig a wnes erioed - mae'r blinder yn cychwyn yn y fferau, yn parlysu'r corff yn raddol, y llygaid yn llosgi, y pen yn troi, y llais yn gryg, a'r ffynnon yn agos i'r wyneb drwy'r amser. Dosbarth yn dod i mewn, deg munud i geisio eu cael i eistedd, deg munud arall i'w distewi, a deg munud arall i geisio eu perswadio yn erbyn eu hewyllys fod medru darllen a sgwennu yn bwysig. Dwrdio, gwylltio, marcio, dadlau, ochneidio, dosbarth arall i mewn, rownd y rîl.

Cyrraedd adre heno wedi ymlâdd a llythyr gan Taid yn fy nisgwyl efo papur punt ynddo! Hefyd copi o lyfr *Cymry Llundain Ddoe a Heddiw* yn llawn manylion am wahanol gymdeithasau a chapeli. Ei gwestiwn mawr oedd, 'Wyt ti'n mynd i'r capel?' Nag ydw, Taid druan. 'Rydw i wedi blino a 'dw i eisiau mynd adre.

Hydref 11

Robert Skinner fel y diafol ymgorfforedig heddiw a rhaid i mi'i gadw i mewn eto. Mi lladda'i o ryw ddiwrnod. Wedi blino ar seicoleg, dim ots gen i os yw ei dad y 'tu mewn' a'i fam 'ar y stryd'. Mae hi'n ennill mwy na fi ac yn cael mwy o hwyl. 'Doedd dim sôn yn y darlithoedd nac yn llyfrau seicoleg yr annwyl Percy Nunn ar sut i ddelio efo plant sy'n lluchio cadair at yr athrawes a'i chicio a malu llyfrau plant eraill, yn rhegi'n bedair sillafog a phoeri - y cyfan yr un pryd. A'r iaith! Mae'n ddigon ag ysigo Al Capone!

32

Gweld yn y papur heddiw fod Dic Tom (Prifathro Richard Thomas, y Coleg Normal) yn ymddeol. Ew! 'roedd arnom ei ofn o. Cofio'r bregeth a gawsom ganddo pan gafodd Angharad a minnau ein dal pan landiodd pâr o esgidiau wrth ei draed fel yr oedd yn cerdded heibio'r hostel. Safodd yn stond a'i fys ar ei wegil ac edrych arnom fel eryr. Ein hwynebau ninnau fel top llawr. Diflannodd rownd y gornel ac wedyn - dyna chwerthin. Credai ef ein bod wedi gwneud y peth yn fwriadol, efallai, ond damwain erchyll oedd hi. Parhau i chwerthin heno wrth gofio. Ond ein cosb fwyaf oedd iddo beidio â'n cosbi oherwydd buom mewn gwewyr am ddyddiau yn aros iddo ein galw i'w ystafell ond - ni ddaeth galwad. Dyna i chi sadydd!

Wedi darganfod fod Smith's yn Sloane Square yn gwerthu'r *Daily Post (Welsh Edition)* a byddaf yn ei gael yno bob bore. Y mae'n rhyfedd gymaint o wahaniaeth y mae hyn wedi'i wneud i mi - byddaf yn ei ddarllen yn awchus amser chwarae. Feddyliais i erioed y byddai'r *Post* yn gymaint o gysur.

Hela fflatiau eto heno. Mynd ar hyd Holloway Road i Manor House a Wood Green heb unrhyw lwc. Y rhai gorau'n mynd yn y bore pan ddaw'r papurau allan a'r unig rai ar ôl i ni yw rhai sy'n debycach i gytiau moch. Ni welais erioed dai butrach a mwy anniddos yn fy myw. Rhai yn drwch o faw a braster, yn drewi fel burgynnod, yn ddigarped, ddilenni, ddiddodrefn, ddirentadwy. Waliau yn fapiau o leithder a madarch, sosbenni wedi ystumio'n dal dŵr yn y llofftydd a thai bach yn byrlymu o drychfilod.

Hydref 18

Rhyw fethiant ar y trên y bore 'ma a chyrraedd yr ysgol yn hwyr. Y Dirprwy yn sefyll fel Gabriel wrth y pyrth a'i lyfr bach yn ei law ac yn dweud efo rasel yn ei lais, '*Darling! you're beautiful but you're late.*' Y dwrn dur yn y faneg felfed. Cochais, gwelwais a duais ac ni chefais gyfle i egluro. O leiaf mi fyddaf yn gwrando eglurhad y plant cyn penderfynu beth i'w wneud. Ond dim ond rhyw bwt o athrawes wyf i . . .

I fod i gael te yn fflat Ella (cyfnither) heno ond gwnêud camgymeriad gwirion a mynd i orsaf West Hampstead yn hytrach na Hampstead a dyna lle buom yn sefyll fel nionod. Pwy ddaeth heibio ar wib wyllt ond Nasser, yr Iracwr a gollodd ei bunt a'i wasgod. Rhedeg i'w osgoi. Fe'n gwelodd ac yr oedd uwch ben ei ddigon. Ni soniodd air am ei ddiffyg gwasgodrwydd.

Hydref 21

Wedi blino cerdded tai a dringo grisiau i chwilio am rywle i fyw ac yr ydym wedi penderfynu taflu ein hunain i afon Tafwys ein dwy.

Hydref 22

Ni fydd raid inni. Cael hanes fflat yn Haringay; llofft a chegin ar wahân. Ac yn cynnwys dillad gwely a llestri am chwe gini yr wythnos (cyflog wythnos bron!) Cael ias o siom pan ddywedodd y wraig na chaem ddod ag ymwelwyr i'r tŷ - heblaw perthnasau - fel pe baem yn edrych y teip i lusgo pob Tom a Dic a Harri i'n canlyn. Go fflamio! Tybed wneith hi gredu fod gen i ugeiniau o gefndryd a dwsinau o gyfyrdyr? Perchnogion fflat arall y buom yn ei golwg yn gadael inni wybod na allwn ei chael am eu bod yn meddwl bod y rhent yn ormod i athrawon a'u bod, mewn gwirionedd, yn gwneud ffafr â ni.

Peth cas yw cael ein hatgoffa am ein tlodi byth a beunydd.

Hydref 28

Adre dros hanner tymor a chael cysgu mewn tawelwch a'r awel iach yn fy nharo fel gordd. Dad yn dweud y drefn am fy mod yn methu codi. Mwynhau gweld pawb a phobl y capel yn dweud 'mod i wedi mynd yn 'rêl Londoner'. Beth, mewn dau fis? Pe gwyddent y fath fywyd rhinweddol, syrffedlyd a gaf. Taid yn dod am dro ac eisiau gwybod os wyf wedi bod yn Epping Forest. 'Wn i ddim ble mae'r fan honno' meddwn. 'Wel, yn syth i lawr stryd Llunden' oedd ei ateb. Neb arall yn gweld y peth yn ddoniol. Bu ef yno lawer gwaith yn prynu defaid.

Ys gwn i beth wnaeth iddyn nhw ddweud 'mod i'n 'rêl Londoner'? Ni allaf ddychmygu. Nid wyf yn meddwl 'mod i wedi newid dim.

Tachwedd 4

Yn ôl â 'nhraed yn y siglen a hwyl hanner tymor wedi diflannu fel breuddwyd. Tân gwyllt yw'r unig beth ar feddwl y plant 'ma ar hyn o bryd. Ble maen nhw'n cael y fath arian, ni wn.

Rwsia wedi anfon lloeren arall i'r gofod a'r tro hwn yn cario gast o'r enw Leika a bu protestio mawr y tu allan i'r Llysgenhadaeth gan rai sy'n credu fod hyn yn greulon. Onid oes yna bobl od yn y byd 'ma? Y sbwtnic yn pwyso hanner tunnell ac yn cylchu'r ddaear 930 milltir uwch ein pennau, 18,000 milltir yr awr. Llawer yn meddwl na ddaw hi'n ôl ac y bydd Leika, leicio neu beidio, yn mynd i ebargofiant, i'r Cennel Mawr yn yr Awyr. Clywed y blip-blip yn brofiad newydd a chyffrous ac yn gorfodi un i sefyll a meddwl am y fath antur wyrthiol ac am ryfeddodau'r cread. Teimlo ein bod ar drothwy byd o ddarganfyddiadau gwyddonol y tu hwnt i ddychymyg. Cymdeithas y Ddaear Wastad yn wfftio at ein hygoeledd. Ail gyflog wedi cyrraedd!

Tachwedd 5

I Sgwâr Trafalgar lle mae myfyrwyr yn arfer ymgynnull ar Noson Tân Gwyllt. Ac mi 'roedd hi'n wyllt hefyd. Miloedd ar filoedd yno a'r lle'n dra pheryglus. Angharad yn sgrechian yn orffwyll pan ddisgynnodd roced ar ei throed. Dyna angau i bâr arall o 'sanau. 'Restiwyd dros ddau gant. Llawer yn ymdrochi yn y ffynhonnau ac eraill yn marchogaeth ar y llewod mawr wrth droed colofn Nelson. Gweiddi a chanu a chylch enfawr ohonom yn breichio a gwneud y *conga* o gwmpas y Sgwâr yn un teulu mawr llawen. Gorfod f'atgoffa fy hun mai fi oedd hon yn mwynhau fy hun ac yn ymuno yn un o ddathliadau mawr dinas Llundain. 'Rwy'n dechrau dirnad pam y mae gan y Llundeiniwr gymaint o feddwl o'i ddinas. Mae rhywbeth gwir arbennig yn yr awyrgylch, rhyw deimlad ein bod yng nghanol y byd.

Taro ar Jean (Morris) a'r criw a mynd i far coffi yn Soho i le o'r enw *Macabre*. Enw addas gan ei fod yn llawn o ysgerbydau'n crogi o'r nenfwd a'r byrddau coffi i gyd ar ffurf eirch a dim ond llygedyn o olau yno. Tremio ar ein gilydd drwy'r gwyll a chymharu profiadau. Pob un yn casáu'r gwaith ysgol ond yn fodlon hanner cyfaddef ein bod ar fin cynefino yma.

Tachwedd 6

Symud i'r fflat newydd o'r diwedd yn Rosebery Avenue y tu ôl i arena Haringay. Lle mae cŵn yn rasio. Teimlo'n ffŵl gwirion heno. Gofyn i'r landledi os oedd ambell i 'sgwarnog yn dianc o'r arena ambell waith. Hithau'n egluro i mi fel pe bai'n siarad â hanner pan mai rhai ffug ydyn nhw, yn cael eu tynnu ar wifren drydan o gwmpas y trac a'r cŵn yn rhedeg ar eu holau. Alla i ddim credu bod cŵn yn gallu bod mor hurt. Mae cathod yn gallach, fel y gŵyr pawb. Allai unrhyw un ddychmygu cath yn rhuthro ar ôl llygoden ffug ar ddarn o weiar? O dan ffrwd-oleuadau a phobl yn hwrjio? Byddai cath wedi codi ei thrwyn a'i chynffon a martsio allan yn fawreddog.

Er hynny, mi deimlwn yn dwp. Newydd ddarganfod yr wyf nad rhedeg at y postyn ennill ac yna yn ôl i'r dechrau yw ystyr *each way* mewn râs geffylau. Mae gwybodaeth fydol plant yr ysgol yn gwneud i mi wegian yn aml. Medrant fy llorio â manylion am fetio a bywyd cras y strydoedd cefn, drwg-weithredwyr a phuteiniaid, sêr y sgrîn a'r byd pop a ffasiwn.

Y fflat newydd yn reit gysurus ac yn drewi o gŵyr dodrefn. Groegwr yw gŵr y tŷ sy'n gweithio mewn gwesty yn Soho, lle o'r enw *Quo Vadis*. Rhaid inni fod i mewn erbyn hanner nos a'r ddwy ohonom yn fodlon addo unrhyw beth ond heb feiddio edrych ar ein gilydd.

Tachwedd 7

Am dro i Dŷ'r Cyffredin. Dadrithiad arall. Bob amser wedi arfer meddwl fod pob aelod seneddol yn eistedd fel pe baent mewn capel, yn rhesi y tu ôl i'w gilydd, y Cabinet mewn math o Sêt Fawr, a phob un yn dringo i ryw fath o bulpud i siarad! Synnu eu gweld yn wynebu ei gilydd, y Llywodraeth ar y dde i'r Llefarydd, a'r Wrthblaid i'r chwith. Yn y seddau lledr gwyrdd yn yr Oriel Wrando y mae tyllau crynion lle medrir clywed pob gair yn glir.

Sylwi'n arbennig ar lawr amryliw hardd y Lobi Ganol ac ar faner Dewi Sant uwch y brif fynedfa i'r Siambr lle mae plismyn arbennig sy'n adnabod pob aelod gerfydd ei enw. Wrth lenwi cerdyn gwyrdd ag enw pa bynnag aelod yr hoffech ei weld yno y mae negesydd yn mynd i bob twll a chornel yn y Tŷ nes dod o hyd iddo. Pan wêl y plismon yr aelod hwnnw'n dod i lawr y corridor y mae'n gweiddi ei enw.

Pum myfyriwr yn cychwyn ar ymarfer dysgu yn yr ysgol heddiw ac y mae un yn cymryd chwech o 'ngwersi Saesneg i. Dyna system anhygoel! Dyma lle'r wyf yn dal i ymbalfalu ar ôl prin hanner tymor a heb syniad beth wyf yn ei wneud, bron iawn â rhoi'r ffidil yn y to, a'r creadur stiwdent hwn yn dibynnu arnaf am gymorth a chyngor a chysur. Os yw o hefyd - mae o'n hŷn na mi. Un tal, barfog du. Ar ganol sgwennu llyfr, medde fo. Edrych arno gyda diddordeb ac euogrwydd wrth gofio swcwr Miss Menai Williams wrth i mi adael Bangor, 'Daliwch i sgwennu!' Amau 'mod i wedi creu f'ysgrif olaf . . .

Tachwedd 9

Codi'n fore er mwyn cael lle wrth Eglwys Sant Paul i weld Sioe'r Arglwydd Faer. Cael golygfa wych ac yr oedd yn werth i'w weld. Miloedd yno a phlant dan draed yn chwifio baneri. 'Argraffu' oedd y thema ac yr oedd pymtheg band milwrol yn gorymdeithio, yn cael eu dilyn gan lu o droliau efo gwahanol dablo arnynt, William Caxton a hen beiriannau a diawl y wasg a phosteri. Y Maer mewn cerbyd aur a'r ceffylau'n symud fel un. Medrem glywed eu clip-clopian am strydoedd yn sŵn banllefau a chlychau. Pasiantri moethus, nodweddiadol o ddinas Llundain. Ychydig iawn o bobl sy'n byw yn y ddinas ei hun, dim ond rhyw ychydig gannoedd, ond y maent yn ymwybodol iawn o'u harbenigrwydd.

Tachwedd 12

Y fflat yn oer a'r tân trydan yn cael ei ddogni a'i reoli gan gloc a gofala hwnnw mai ond am ddwyawr y noson y cawn wres. Ni soniwyd am hyn wrthym cyn inni symud i mewn. Crwmpio yn y gegin mewn menyg a mwffler ac yfed paned sydyn cyn mynd i'r Albert Hall. Mae'r Brifathrawes wedi fy syfrdanu a 'ngwahodd efo hi i gyngerdd. Efallai ei bod hi wedi hen alaru ar glywed sŵn traed Gwŷr Harlech yn martsio drwy'r ysgol bob gwers Gerdd (a hynny mewn sol-ffa) ac am i mi ddysgu rhywbeth arall!

Profiad newydd oedd cerdded i mewn i'r neuadd enwog hon. Y mae'n enfawr! Ac yn edrych yn debyg iawn i deisen briodas or-addurnedig. Mi fuasai eistedd yn yr oriel uchaf yn rhoi'r bendro i mi. Ond y mae gan y Brif. ei bocs ei hun a'i henw ar y drws! Dyma beth *yw* bod yn bwysig! Yr Arglwyddes Mountbatten yn eistedd nid nepell, dynes bropor iawn. Yr organ yn hardd ac yn fwy na chapel Gellifor. Rhaid cofio dweud wrth Taid. Mae o'n mwynhau cael ei synnu.

'Roeddwn ar binnau ac am unwaith cyrhaeddais o flaen y Brif. a phrynu rhaglen iddi. Pan ddaeth hithau fel llong yn llawn hwyliau, yr oedd yn amlwg fy mod wedi gwneud ponsh maip a chefais ddarlith ar warineb ac éticet nes yr oeddwn yn teimlo fel rêl hen gyntri-lymp. Mae ganddi lygaid miniog, iasoer, a medr barlysu ei staff a'i disgyblion fel gwenci gydag un edrychiad, ei haeliau yn cyrlio fel parddu rownd ei sbectol aur a pheri iddi edrych yr un ffunud â yak. Y cwbl allaf ei wneud yn ei chwmni yw llyncu poer. Malcolm Sargent oedd yn arwain a Clive Lythgoe yn unawdydd piano.

Yn ystod yr egwyl, pan ddaeth dynes i mewn i'r bocs efo hambwrdd o goffi inni, yr oedd y Brif. eisiau fy marn ar y symffoni. Blerais rywbeth ond 'doedd gen i ddim gobaith ei thwyllo. Mi fuasai wedi bod yn ddoethach i mi gyfaddef wrthi'n syth na wn y gwahaniaeth rhwng symffoni a swahili. Wrth lwc, mae ganddi ddiddordeb mawr mewn canu gwerin a chefais fwy o hyder wrth geisio esbonio Cerdd Dant iddi. *'Fascinating'* meddai.

Yn ystod yr ail hanner perfformiwyd Consierto yn B Leiaf Tchaikovsky. Hwre! yr oeddwn yn 'nabod yr alaw a symudodd fy nghorff gyda'r miwsig urddasol. Gwenodd y Brif. yn glên. Ychydig a wyddai mai'r unig reswm pam yr oeddwn yn gyfarwydd â nodau'r darn oedd am mai fel 'Cân SOS Gari Tryfan' y gwyddwn amdani! Yn wir, 'roeddwn wedi arfer meddwl mai yn un swydd ar gais Idwal Jones y cyfansoddwyd y darn. Gari Tryfan i'r adwy eto.

Talodd y Brif. am fy nhaith adre ar y tiwb a diolchodd i mi am fod yn gwmni diddan. Dywedodd hefyd fy mod yn dod ymlaen yn dda yn yr ysgol ac mai dyna pam y rhoddodd stiwdent dan fy ngofal. Mynd adre â 'mhen yn y cymylau. Efallai nad yw'r hen Falcyri ddim mor ddrwg wedi'r cyfan.

Tachwedd 13

Gwenu'n serchog ar y Brif. yn y gwasanaeth boreol. Edrychodd arnaf fel eryr heb arlliw o adnabyddiaeth.

I Dŷ'r Cyffredin i wrando ar ddadl ar y raddfa banc a mwynhau bwrlwm carlamus y lle. Sgwrs efo rhai o aelodau Cymru. Cledwyn Hughes yn apelio'n arbennig am ei agosatrwydd. Daeth Winston Churchill i mewn yn simsan fel oen newydd anedig a disgyn yn glatsh i'w sedd. Rhywun wedi dweud bod ei wyneb yn debyg i wyneb babi. Rhywun arall wedi ategu drwy ddweud bod pob babi'n debyg i Churchill. Hollol wir. Eisiau chwerthin yn yr Oriel wrth ei weld ond fiw inni symud blewyn neu bydd y beili'n ein llusgo allan.

Tachwedd 16

I orsaf Waterloo i gyfarfod Ger sydd am dro o Aldershot lle mae o'n gwneud ei wasanaeth milwrol cenedlaethol. Mae'n edrych yn ddeniadol yn ei lifrai. Cerdded i lawr Whitehall a Stryd y Fflyd a theimlo'n hen law wrth ddangos y rhyfeddodau iddo; y dafarn lle'r oedd y Gwyneddigion yn cyfarfod, lle'r oedd Dickens yn byw, ac arwydd yn uchel uwch ben y stryd yn datgan Swyddfa Baher ac Amserau Cymru. Bob tro yr af i lawr Stryd y Fflyd byddaf yn sefyll ac yn syllu'n hir, nid ar swyddfeydd y *Telegraph* neu'r *Mirror*, ond *Y Faner*. Nid oes dim byd gwell i roi min ar hiraeth!

Ni wn pa bryd y caf weld Ger eto gan ei fod ar fin cychwyn am Ogledd Iwerddon. Nid yw'n edrych ymlaen gan ei fod wedi gobeithio cael ei anfon i wlad dramor a chael gweld tipyn ar y byd.

Cael noson hunllefus. Smyglo Ger i mewn i'r fflat am baned cyn mynd i'r sinema. Y landledi allan ar y pryd . . . ond cyn inni gael cyfle i sleifio allan, dyma hi'n ei hôl. Drws y gegin ar waelod y grisiau yn llydan agored. Hithau'n picio ôl a blaen rhwng y gegin a'r parlwr, i'r sbens, at y drws, at y ffôn, fel gwenynen o brysur. Ac yn gwylio'r grisiau fel pry copyn yn gwylio'i we rhag ofn inni wneud rhywbeth anghydnaws â'i deddfau hi. Hollol amhosib cael Ger allan o'r tŷ er inni sefyll ar ein *starting blocks* am oriau. Fedrwn i ddim dweud wrthi ei fod yn gefnder i mi am fy mod wedi bod mor ddifeddwl â gadael iddi wybod fy mod yn mynd 'i gyfarfod fy nghariad sy'n y fyddin'.

Dyna lle'r oedd yn ei holl ogoniant iwnifformaidd wedi edrych ymlaen at beintio'r dref yn goch. Dal ein gwynt, cychwyn i lawr y grisiau, trio bod fel llygod, troi yn ein holau wrth glywed smic o'r gegin, giglo, ochneidio. Ffrwydro chwerthin bob yn ail â chalon-guro. Be wnawn ni? Gwrando'n astud. Ydi hi wedi cau'r drws bellach? Naddo. Eistedd yn swp anfoddog, edifaru a syrffedu a bu farw'r sgwrs. Methu cael gwared o'r creadur ddaru ni a bu raid iddo gysgu ar lawr ac Angharad a minnau'n rhyw hanner hepian rhwng pyliau o chwerthin a llawer o regi. Fûm i erioed mor falch o weld cefn neb. Llwyddo i snecian allan yn y bore bach a'n calonnau yn ein . . . gyddfau a charlamu fel bytheiaid i lawr y stryd a chwerthin yn ein dyblau ar ôl troi'r gornel i Green Lanes. Geiriau olaf Ger, 'O'n i'n meddwl y basa'r ddwy ohonoch wedi callio erbyn hyn . . .'

Sylweddoli pam nad wyf wedi cael llawer o lwyddiant efo'r gwersi geiriadur - nid yw'r plant yn gwybod yr wyddor! Mae hanner dwsin yn gwybod yr wyddor Roegaidd a'r efeilliaid yn rhaffu'r wyddor Bwyleg wrth ei gilydd yn reit ddethe (am a wn i) ond y mae'r un Saesneg yn ddirgelwch llwyr i bawb. Dyna ddangos na ddylid cymryd dim byd yn ganiataol yn y byd hwn. Ble mae un i fod i ddechrau? 'Wrth dy draed' fuasai Mam yn ei ddweud. Ond ni allaf gael hyd i fy nhraed. Ac 'rwyf wedi cael llond bol ar sgwennu Llanfairpwllgwyngyll . . . ar y bwrdd du. Y Dirprwy'n dod i mewn y pnawn 'ma a'm galw yn *fifth columnist*. Nid yw'n bleidiol i'r Cymry.

Agor cofrestr y bore a darganfod llythyr ynddo oddi wrth Anatole, fy myfyriwr croenddu, eisiau i mi ei gyfarfod yn y *Maison Suisse* yn World's End amser cinio am baned a sgwrs. Pam lai? Y Ddraig yw ei enw ar y Brif. Fedran nhw ddim dioddef ei gilydd ac y mae pawb yn dal eu gwynt ac yn edrych ymlaen yn awchus am y ffrae sy'n siŵr o dorri. Hoffwn fod yn bry ar y wal pan ddigwyddith hynny. Y drwg yw ei bod hi'n meddwl mai rhyw ddandi o ddyn yn coegio bod yn athro ydi o tra mae yntau'n methu derbyn mai benywaidd yw y Brif. a hynny mewn ysgol gymysg.

Rhaid bod fy Saesneg wedi gwella mewn ychydig wythnosau oherwydd 'doedd Anatole ddim yn credu mai Cymraeg yw fy mamiaith. 'Doedd o ddim yn sylweddoli fod neb yn siarad yr iaith heblaw rhyw *ignorant peasants* ac y mae'n meddwl mai math o *batois* o'r Saesneg yw hi. Fo a'i *batois*! Tinddu ebe'r frân wrth yr wylan, ebe fi. Ac wrth gyfieithu'r ddihareb iddo y sylweddolais beth oeddwn yn 'i ddweud wrth un d
ued â'r frân.

Ac nid Anatole yw ei enw iawn ond Randy. Eglurodd nad oedd hwnnw'n enw addas. 'Pam?' meddwn. Cefais edrychiad od ond nid oeddwn gallach.

I'r theatr heno i weld *Summer of the Seventeenth Doll* gan Ray Lawler ond nid oedd gennyf gwmni diddan iawn. Ei goesau'n rhy hir i'r sedd a bu bron i mi ag awgrymu ei fod yn eu lapio nhw rownd ei wddf a'i lindagu ei hun. Bob tro yr oedd rhywbeth doniol yn digwydd ar y llwyfan 'roedd meilord yn pwnio f'asennau nes oeddwn yn gignoeth.

Wedi darganfod ystyr *randy* yn nhafodiaith Llundain. Ow! ow! teimlo'n chwys i gyd.

I ddawns yn y Brifysgol, y Gymdeithas Gymraeg yn ei threfnu. Synnu gweld cymaint o Gymry duon. Erbyn deall, chwilio am dalent yr oedden nhw! Un yn dweud wrthyf fod cael merch wen dan eu cesail yn gosod statws arnyn nhw. Un o'r enw Festus yn ddigon o bla ac yn fy nilyn i bob man: dweud ei fod yn dywysog ac mai brenin Matabele yw ei dad. Ei uchelgais yw cael mynd â merch wen adre'n wraig, gorau oll os oes ganddi wallt coch. Cael braw a rhuthro am loches. Meddwl wedyn, wel! dyna druth ddau-wynebog a sothachlyd. Cael pwl o chwerthin wrth ddychmygu mynd adre a dweud wrth Taid fy mod yn mynd i fod yn Frenhines. Yn Affrica.

Tachwedd 23

I'r Porchester Hall i wrando Parti Menlli a bu bron i mi dorri 'nghalon wrth eu clywed yn canu 'Molawd Dyffryn Clwyd' a Bob Garej yn tynnu'r lle i lawr efo'i straeon. Cael fy herian yn arw ganddynt. Dweud fod fy Nghymraeg yn swnio'n rhydlyd a 'mod i wedi magu rhyw dwang. Tybed? Palu celwyddau wrthynt a dweud fy mod wrth fy modd yma, twt! i Ruthun a chefnffyrdd cyffelyb. Pe gwyddent! Y criw wedi mynd i ddawnsio i Glwb Tennis y Cambrian a minnau wedi ymlwybro ar fy mhen fy hun i glywed yr hogiau. Parti da hefyd. Newydd ddechrau canu ond yn prysur ennill eu lle ar lwyfannau. Hwn oedd y tro cyntaf iddyn nhw ganu y tu allan i Gymru. Ys gwn i pam eu bod mor bigog efo fi a minnau'n ysu am fynd i'w cesail?

Tachwedd 27

Cyd-ddigwyddiad rhyfedd y bore 'ma wrth gerdded i lawr y King's Road. Pwy ddaeth i 'nghyfarfod wrth y Barics Brenhinol ond Festus yn ei wisg Affricanaidd. Gwaeddodd *'My darling!'* dros y lle a gwelais wên fawr yn fflachio. Ffwrdd â mi fel miliast a phobl yn ysgrialu ar hyd y palmant. Cyrraedd yr ysgol yn gynt nag erioed er mawr syndod i bawb a bu tipyn o dynnu coes. Dweud wrthynt fod aelod o'r teulu brenhinol yn rhedeg ar f'ôl. Ei gadael hi felly. Sylwi bod Anatole/Randy yn edrych yn wyllt. Pe bai ei wyneb yn wyn mi fuasai'n goch. (A yw pobl ddu'n gwrido?) P'run bynnag, y mae'r ffrae hir-ddisgwyliedig wedi digwydd. 'I'r diawl â dysgu' ebychodd. Gormod o reolau. Gormod o waith marcio a disgyblu. Y fo a'r Ddraig wedi cega am hanner awr a'r diwedd fu iddo ddweud wrthi am stwffio'i hun a'i hysgol. Ffwrdd â fo i sgwennu nofel y ganrif mewn seler damp ym Mornington Crescent. Gwyn ei fyd.

Rhagfyr 1

I gapel Charing Cross i gyfarfod Taid. Gwell ganddo gapel Bryneglwys, medde fo. Rhyfedd ei weld yn sefyll mor ddi-hid ar y pafin a rhuthr Tin Pan Alley o'n cwmpas. Un da ydi o am stwffio punt i fy nwrn! Smog yn hel a'r gaeaf ar ein gwarthaf. Llawer yn cael trafferth i gyrraedd adre drwy'r niwlfwg a dwy o ffrindiau Angharad yn aros dros nos. Cysgu ar lawr ddistawed â llygod rhag ofn i'r hen Wyddeles ein dal. Ffrwydro chwerthin bob hyn a hyn.

Rhagfyr 4

Ofer fu'r holl ofal oherwydd 'roedd yr hen jaden wedi clywed sŵn a chawsom bregeth. Dywedodd bethau anfaddeuol am ein rhieni, ein hachau, y Cymry yn gyffredinol ac athrawon yn arbennig. Mae hi'n edrych yn un eiddil, o dan bawen ei Groegwr o ŵr, a synnu clywed ei bod yn berchen geirfa mor lliwgar.

Allan â ni a'n cynffonnau rhwng ein coesau a chael pryd o fwyd, y gorau ers talwm, yn Nhŷ'r Cyffredin ym Mwyty'r Ymwelwyr. Mynd i weld Tŷ'r Arglwyddi. Coch yw lliw'r seddau yno. Sylwi ar yr un gair sydd ar ddrws y tŷ-bach yno - *Peers*. Adroddiad Wolfenden oedd yn cael ei drafod sef mesur o blaid gwrywgydiaeth . . . wel, nid o blaid yn hollol ond ei wneud yn weithred ddidrosedd. Wyddwn i ddim fod y fath beth yn bodoli hyd yn ddiweddar. Methu dirnad. 'Rwy'n siŵr nad yw'n digwydd yng Nghymru neu mi fuasai rhywun wedi dweud, debyg?

Aeth cloch y Rhaniad pan oeddem yn sefyll yn Neuadd San Steffan a bu bron inni gael ein sathru dan draed yn y rhuthr o aelodau yn heidio fel llygod Ffrengig o'u tyllau. Dal i feddwl am y bwyd a gawsom - melon a hwyaden a *marron glacé*. Tad Angharad (T.W. Jones, A.S.) yn talu!

Rhagfyr 7

Methu diodde'r oerfel yn rhagor ac euthum i brynu côt a chael un smart iawn am naw punt a theimlo fel Lady Jane. Bydd yr arian yn brin y mis hwn ac yn golygu ffawd-heglu adre. I'r *Festival Hall* i gyngerdd Cymry Llundain i wrando ar Gôr Treorci, Côr Plant Cemaes a Gwyneth Jones. Siân Philipps yn arwain. Mae hi newydd ennill gwobr fel myfyriwr mwyaf addawol y flwyddyn yn y Coleg Drama. 'Rwy'n siŵr 'mod i'n ei chofio ar *Awr y Plant*? 'Nabod Gwyneth, wrth gwrs, gan ei bod yn un o ffyddloniaid Grays Inn Road. Pawb yn darogan dyfodol disglair iddi.

'Roeddwn yn gwerthu rhaglenni ac felly cefais sedd am ddim. Neuadd hardd iawn a godwyd yn 1951 i ddathlu Gŵyl Prydain. Digon o le ynddi, cynteddoedd eang a'r goleuadau yn disgleirio ar yr afon sy'n llifo heibio mor farwaidd. Teimlo'n foethus a phwysig.

Mynd yn un criw mawr wedyn i glwb jazz Cy Laurie yn Heol y Felin Wynt ger Picadili. Dawnsio drwy'r nos a chyrraedd adre efo'r dyn llefrith. Cael ein dal yn cropian i fyny'r grisiau a'n dwylo'n llawn o esgidiau - a'n troi allan o'r fflat. Nadolig Llawen i tithau hefyd, yr hen sopen aflawen.

Be gythrel wnawn ni rŵan?

Rhagfyr 12

Wedi cael wythnos annifyr iawn gan nad yw hi, madam-pry-copyn, wedi torri gair efo ni. Awyrgylch rewllyd yn y tŷ yn peri i bawb gerdded ar flaenau eu traed ac osgoi llygaid ei gilydd. Methu dioddef hyn. Gwell o lawer fuasai cael andros o ffrae a chlirio'r awyr ond gwaetha'r modd 'does neb yn fodlon agor yr argae. Mi hoffwn i pe bawn wedi cael fy nysgu i wynebu problemau a thrafod anawsterau yn hytrach na rhedeg i ffwrdd. Onid gwell fuasai pe bawn yn medru sefyll i sgwrsio'n naturiol efo Festus ar y stryd yn lle chwysu peintiau rhag ofn taro arno fo? A hefyd brifo ei deimladau drwy geisio eu harbed? Cefais fy nhrin fel plentyn nes oeddwn yn ugain oed a'm hyfforddi i beidio ateb yn ôl, i beidio â bod yn ddigywilydd. 'Yr hen a ŵyr, yr ifanc a dybia' oedd arwyddair y cartre, y capel a'r coleg.

Drama yn yr ysgol heno - *The Late Christopher Bean*. Adwaenir yn well fel *Gwyliwch y Paent!* Noson lwyddiannus iawn. Mercedes Flambeau oedd yn cymryd rhan Gwenni'r forwyn a bûm yn ei helpu drwy'r tymor i feistroli acen Gymraeg. Tipyn o waith oedd cuddio ei thafodiaith Jamacaidd galypsaidd! Yr oedd y Brif. yn edrych yn od ar Angharad a'i haeliau duon yn cyrlio mwy nag arfer. Yn sydyn dyma hi'n troi ataf a dweud nad yw Angharad yn edrych yn ddigon hen i fod yn fodryb i mi. Sbio'n hurt arni. Wedi cryn amser o anneal ltwriaeth pellach daeth y cyfan yn glir. 'Roedd hi bob amser wedi meddwl mai *Aunt Harriet* a ddywedwn wrth sôn am Ang-harad! Hithau, Angharad, yn gwichian ac ebychu 'Y ffŵl' a dim ond pobl y Rhos sy'n gallu dweud y gair hwnnw gyda'r fath arddeliad.

Rhagfyr 19

Diwrnod olaf y tymor a theimlo 'mod i wedi gweithio prentisiaeth galed dros ben. Daeth Santa o gwmpas yr ysgol yn y p'nawn efo'r cardiau gafodd eu postio mewn piler yn y neuadd ers wythnos. Cael bron i ddau gant o gardiau gan y plant. Un gan Robert Skinner a fu'n gymaint o ddraen yn f'ystlys drwy'r tymor a'r cerdyn yn datgan '*i luv yew mis coz yewr terribl nice*'. Mae'n amlwg ei fod wedi cael mwy o fudd o'r ochr-pen nag o'r gwersi Saesneg.

Yng nghanol y cardiau 'roedd llythyr swyddogol yn fy hysbysu na ddisgwylir fi yn ôl i'r ysgol y tymor nesaf. Wel, y diawl a chwytho . . . Edrych yn wirion ar y llythyr a methu credu fy llygaid. Pa feddwl afiach a roddodd y fath lythyr yng nghanol cardiau Nadolig ac achosi i mi ei agor o flaen fy nosbarth? Y plant yn gwylio pob smic i weld ymateb derbyn eu cardiau ac yn sydyn yn gweld y dagrau'n llifo i lawr fy wyneb.

Yn ôl y llythyr y mae'n rhaid torri i lawr ar staff - '*last in, first out*' - mae Jan yn mynd hefyd. Mynd i weld y Brif. fel gafr ar daranau. Penderfynu siarad yn blaen - dim o'r dal yn ôl cwrtais Cymreig . . . '*Get back to your classroom this instant, Miss Jones!*' gwaeddodd a'i sbectol yn disgleirio mewn digofaint. '*But . . .*' mentrais innau, cyn iddi fy sodro â'i llygaid hebog. A'r

Arolygydd yn sefyll yno efo gwydraid o sherri yn ei law ac yn edrych fel dafad. Yn ôl â mi a 'mhen yn fy mhlu ac yn melltithio pob Llundeiniwr o fewn can milltir. Yn crio fel babi. Y plant yn ddistaw am y tro cyntaf ers mis Medi.

Ymhen y rhawg cefais fy ngalw i'r swyddfa a chael clywed fod fy ngwaith yn fwy na boddhaol ac y caf ysgol arall fis Ionawr. Y broblem yw nad wyf wedi arbenigo mewn Cerdd. Bydd hynny'n golygu ail-ddechrau a chael fy nhraed tanaf unwaith eto. Newydd ddod i ddeall yr hen blant 'ma; dechrau cael hwyl efo nhw; 'nabod eu rhieni; datrys eu problemau. Heb sôn am dreulio bron iawn pob min nos am fis efo'r blwmin drama.

O leiaf ni fydd raid i mi ffawd-heglu adre gan i'r staff wneud casgliad sydyn - digon i dalu am drên. Llusgo allan o'r ysgol heb feiddio dweud wrth y plant na chaf eu gweld byth eto. ' *'Appy Chrismas miss.'* Hwyl i chi 'rhen blant . . .

Pwy oedd yn stelcian y tu allan (wrth ddrws y puteindy) ond Randy/Anatole. Pan glywodd yr hanes daeth llif o *batois* India'r Gorllewin i amhuro awyr Chelsea a galwodd yr awdurdodau'n bob enw. Aeth â mi am gyrri i godi 'nghalon. Mwg yn dod allan o'm ffroenau, 'run fath â rhyw ddraig goch orffwyll, ar ôl brwydro efo cyrri poeth India'r Gorllewin.

Rhagfyr 20

Taith hir ac oer adre. Clywed sŵn hudolus yn dod o gyfeiriad Neuadd y Dre yn Rhuthun a dyma fi yno fel cath am hufen. Llond y lle o Ffermwyr Ifanc yn dawnsio. Cael addewid o lifft adre a dyna lle bûm nes diflannodd problemau Llundain yn llwyr. Naw wfft i'r Pwyllgor Addysg a mwy fyth o wfftiau i'r hen ysgol annifyr honno ymhell, bell i ffwrdd, yn Chelsea anghysbell.

Llygaid syfrdan yn y ddawns yn hoelio ar fy sodlau stileto, bedair modfedd, fel pensel. Mwynhau swagro a meddwl 'mod i'n anhygoel o grand. Be ŵyr y rhain am y *latest?* Hogie bach, wyddoch chi ddim amdani. Adre'n flinedig braf a 'drws tŷ fy nhad oedd wedi'i gloi' gadawyd fi ar y trothwy. Deffro Helen efo prop dillad ar y ffenest. Giglo tan bore.

Rhagfyr 24

Dad eisiau gweld fy llyfr banc. Be' 'di hwnnw? Mi ddylwn fod wedi cynilo ffigur dwbl erbyn hyn, meddai ef. Gwneud syms sydyn a dweud wrtho nad wyf wedi ennill ffigur dwbl eto. Beth pe gwyddai nad oes gennyf geiniog goch y delyn? Ac nad oes gennyf swydd y tymor nesaf? Pam fod rhaid i mi amddiffyn fy hun a minnau wedi cael y fath drafferth i fyw ar fy nghyflog. Onibai am y Clwb a chyfeillion byddwn ar fy nghythlwng yn wythnosol.

Ond mae hi'n braf cael bod adre a gweld yr hen blant. Alan wedi 'madael â'r ysgol ac ar fin cychwyn yng Ngholeg Amaeth Llysfasi. Ffermio yw popeth.

Rhagfyr 31

Ffarwelio â '57 mewn Gwylnos yn y capel. Dad yn anfoddog inni fynd gan ei fod yn gredwr cryf mewn mynd i'r gwely yr un diwrnod ag y cododd. Clychau Llandyrnog, Llanychan, Llanynys, Llangynhafal a Llanbedr yn cytseinio am hanner nos a phawb yn syn am funud gyda'i feddyliau. Bu'n flwyddyn gymysglyd: colli Nain a gadael Bangor, mynd i Lundain ac ennill cyflog. Cyfuniad o gomedi a thrasiedi.

Ys gwn i sut mae Robert Skinner, yr hen seiffar bach.

2

1958: Dechrau cynhesu

Ionawr 2

I Drefnant i lanhau i Taid ac yntau'n fy ngweld wedi codi'n fore ond erbyn deall 'roedd ei gloc ddwyawr yn hwyr! Wrthi drwy'r dydd a chael punt a thri phwys o jam. Gweld rhaglen Gymraeg ar y teledu am y tro cyntaf yn y Green Isa lle mae f'ewythr Hywel yn byw. Rhyw fath o Seiat Holi oedd ymlaen efo Kate Roberts, Haydn Williams a T.W. Jones, A.S. yn trafod y farchnad lyfrau. Dim digon o lyfrau Cymraeg yn cael eu cyhoeddi a'r gri yw am grant gan y Llywodraeth i hybu'r farchnad. Pam na chawn ni fwy o lyfrau clawr meddal, tybed na fyddent yn rhatach?

Setiau teledu yn dod yn fwy a mwy poblogaidd. Nid yw Dad am brynu un nes bydd y plant i gyd wedi gorffen eu haddysg, medde fo.

Ionawr 3

Gwerthu dau fustach i'r cigydd am £7 y cant. Edmund Hillary a'i griw wedi cyrraedd Pegwn y De efo tractor Ferguson a'r ffermwyr yn rhyfeddu. Llythyr gan Ger ar ei ffordd i Felffast. Yn ddiweddar bu'n gwarchod y Fam Frenhines a'i disgrifio hi fel 'un fechan dew yn drewi o sent'. I Wrecsam i weld ffilm *The Lady is a Tramp* a gwirioni ar y ddwy gath o Siam yn canu deuawd ac yn symud yn synhwyrus a phrin ganu crwth yn nyfnder eu boliau.

Ionawr 9

Yn ôl yn y *Great Wen* (enw ar Lundain yn golygu lle hyll a budr - bathiad William Cobbett) a'r ddwy ohonom yn ddigalon. Wedi cael gwyliau rhy dda. Sylweddoli gymaint pellach y cyrhaeddai ein cyflog pe baem yn byw yng Nghymru. Cawn £30 y flwyddyn yn fwy gyda lwfans Llundain - rhyw rent mis yn unig yw hynny. Heb glywed gair o Neuadd y Sir ynglŷn ag ysgol arall ac yr ydym yn chwilio am fflat unwaith eto. Ambell dŷ yn edrych yn raenus o'r tu allan, y paent yn loyw a'r cyntedd yn foethus. Yna cawn ein tywys i fyny'r grisiau i weld y fflat a bydd ein calonnau yn disgyn wrth weld yr hofel dywyll, laith a digysur. Ac y mae ganddynt yr wyneb i ofyn am wyth neu naw gini am y fath dwll Calcwtaidd.

I foddi ein gofidiau mewn dawns yn y *Tottenham Royal*, lle tan gamp. Angharad yn clicio efo rhyw Arab (Bedwin medde fo) a minnau efo Groegwr a'r ddau erioed wedi clywed sôn am Gymru! Tae waeth, 'doedd y Groegwr erioed wedi clywed sôn am Antigone a theimlwn i mi gael y gorau arno. Meddwl mai sir yn Lloegr yw Cymru. Cael trafferth drybeilig i egluro i'r ddau nad tynnu coes yr oeddem a bod gennym iaith wahanol hyd yn oed. 'Wel, y sinachod digywilydd annysgedig, cerwch i ebargofiant!' meddwn innau. Neu eiriau i'r perwyl. Moelodd hyn eu clustiau. Y Bedwin yn dweud iddo gael ei eni mewn pabell yn y diffeithwch a minnau'n dweud i mi sylwi fod ganddo dywod yn ei 'sgidiau. Nid oedd ganddo synnwyr digrifwch a llyncodd ful. Neu gamel yn hytrach.

Ionawr 14

Cychwyn mewn ysgol newydd yn Fulham, andros o siwrne hir. Dysgu Daearyddiaeth a Rhifyddeg. Beth allaf ei wneud ond chwerthin yn hysterig? 'Does gen i yr un lefel O yn un o'r ddau bwnc! Trefn ryfedd o redeg ysgolion. Ond yng ngwlad y deillion, yr unllygeidiog sydd frenin. Cofio'n sydyn am y cywilydd a deimlais ar ymarfer dysgu cyntaf yn Ysgol Syr Thomas Jones, Amlwch, a Dewi Mach yn eistedd yng nghefn y dosbarth yn fy ngwylio yn rhoi gwers ar *fractions*, yn eu gweithio allan ar y bwrdd du ac yn cael *pob un yn anghywir*. Chwarddai'n braf wrth ddweud: 'Tydi pawb ddim yn gwirioni 'run fath!' Cefais faddeuant llwyr. Hen foi iawn.

Y Brif. yma'n ddigon dymunol ac y mae chwech Miss Jones ar y staff. Fy nosbarth cyntaf eisiau gwybod os mai chwiorydd ydym. Clywed fod un o'r bechgyn ddaeth i lawr o Fangor wedi mynd yn lloerig o flaen ei ddosbarth a'i gario allan a'i draed yn gyntaf. Synnu dim. Ni chawsom ein rhybuddio am erchyllterau 'parchus, arswydus swydd' athrawon. Nid yw theorïau Montessori a Rousseau a gweddill y giwed yn dda i affliw o ddim yn y lle hwn. Yr hyn sydd ei angen yw cyfansoddiad fel haearn, tafod ystwyth, croen eliffant, nerfau dur. Ynghyd â chasineb cynhenid tuag at blant.

Ionawr 18

Cymru yn chwarae Lloegr yn Twickenham a 3-3 oedd y sgôr. Gwrthodais docyn - be' wn i am rygbi - ond edrych ymlaen at y ddawns yn y Clwb heno a thipyn o dalent newydd. Siom fawr wedi cyrraedd a chael y drysau ar gau a'r waliau'n bolio efo saith gant y tu mewn. Drwy drugaredd daeth Dai James i'r drws a'n gollwng i mewn. Ugeiniau yno o Gymru a'r lle fel Annwn ym mwg yr ysmygu, chwys ac aroglau diod. Cwrdd â bachgen o Awstralia sy'n teithio'r byd yn gwerthu baco a mynd efo fo i barti yn Russell Square oedd yn llawn o Awstraliaid yn siarad rygbi, llowcio cwrw a llamu o gwmpas yn

46

llygadu'r merched. Cael fy ngalw'n Sheila er i mi ddweud droeon nad dyna f'enw ond erbyn deall 'Sheila' maen nhw'n galw pob geneth. Criw o ddynion tra hunanol welais i nhw.

Cerdded adre berfeddion y nos a'r tiwb olaf wedi mynd a rhyfeddu at y gwestai anferth o gwmpas y sgwâr - gan gynnwys y *Celtic* sy'n eiddo i Gymro o ardal Tregaron, Evan Evans, dyn llwyddiannus iawn.

Ionawr 19

Ceisio meistroli gwersi Rhifyddeg yr wythnos nesaf er mwyn bod o leiaf hanner cam ceiliog o flaen y plant. Cael sioc pan ddaeth yr hen fadam isod â phaned o de i mi a darn o deisen. Mae ei hagwedd wedi newid yn gyfan gwbl ar ôl iddi ddarganfod fod tad Angharad yn aelod seneddol. Dywedodd y cawn aros yma! Er hynny rhaid oedd i meiledi gael ei cholyn i mewn: daeth â chopi o'r *Pictorial* i ddangos y penawdau mawr yn condemnio'r Cymry a'r pandimoniwm ym Mhicadili neithiwr. *'Welshmen Riot'* meddai'r pennawd bras. Cannoedd wedi ymgynnull yno ar ôl y gêm a thaflu ceir â'u traed i fyny, dwyn hetiau'r plismyn, torri ffenestri a dringo i ben Eros a thynnu amdanyn. Ow! ow! yr holl genedl yn cael ei llabyddio a'n galw'n anwariaid. Bydd hi'n annioddefol yn yr ysgol fory.

Angharad yn dod i mewn ar wib ac yn sôn am fynd i Hong Kong lle mae athrawon yn cael £80 y mis!

Ionawr 27

Cael f'anfon i ysgol wahanol, Bishop's Park, i ddysgu Cerddoriaeth. Wedi syrffedu'n lân. Hollol anhygoel. Y dosbarth cyntaf yn dod i mewn fel haid o rinoserosus, deugain o ferched pymtheg oed yn gwrthod canu. Hefyd yn gwrthod eistedd i lawr. Lolient ar eu desgiau a'u cefnau tuag ataf a gwrthod gwrando a gwaeddent, *'Bleedin' Music - boring!'* a *'Shut your face!'* a *'Stupid old cow!'*. Euthum i lawr fel balŵn. Mynd am baned i'r *Picasso* a cheisio dirnad beth i'w wneud nesaf. Yna i gyfarfod Peter (plismon dros chwe troedfedd a gwrddais wrth borth gorsaf diwb Hammersmith ar y ffordd i'r ysgol!) a chael cric yn fy ngwar wrth siarad efo fo. I theatr yr *Ambassadors* i weld *The Mousetrap* gan Agatha Christie sydd ar ei chweched blwyddyn yn y West End.

Chwefror 1

Y smog yn dechrau crynhoi a lladdwyd chwech neithiwr mewn damwain trên yn Dagenham. Mae'n hen bryd gwneud rhywbeth ynglŷn â'r niwlfwg felltith 'ma. Ambell noson mae mor drwchus fel na ellir gweld eich llaw a rhaid gwisgo mygydau. Y peth gwaethaf yw ei weld yn treiglo o dan y drysau i mewn i'r tai fel nwy mwstard melyn. 'Cawl pys' yw enw'r Llundeinwyr arno. Daeth llun *step ladder* drwy'r post yn ddienw, 'Er mwyn i ti fedru siarad efo'r plismon.' Yn wir, *mae* straeon yn cario. Mae cylch Cymry Llundain yn un clòs fel pentre yng nghanol y wlad ac y mae prepian yn rhemp.

Chwefror 4

Yn Nhŷ'r Cyffredin a chlywed Hugh Gaitskell, Reg Maudling a James Idwal Jones yn siarad. Noson gyffrous a'r Llefarydd yn colli'i limpyn efo'r holl weiddi a'r torri ar draws. Rhai swnllyd ydyn nhw! Daw rhyw ru o waelod eu boliau a'r *Hear Hear* fel cytgan Roegaidd. Pawb yn gweiddi *Resign!* a'r lle'n wenfflam o achos codiad yn y raddfa banc. Yn ystod y Rhaniad mynd am baned a chyfarfod Aneurin Bevan a'i wraig Jennie Lee. Y ddau bob amser efo'i gilydd ond hi yw'r fwyaf boblogaidd am nad yw wedi anghofio ei gwreiddiau medden nhw. Ond mae ganddo fo lygaid magnetig a theimlais ryw ynni mawr ynddo.

Chwefror 6

Aeth ias drwy'r wlad gyda'r newyddion fod awyren BEA wedi cael crash a lladd o leiaf ddeg aelod o dîm pêl-droed Manceinion Unedig ar eu ffordd adre o Belgrade. Lladdwyd hefyd George Coleman, newyddiadurwr ar yr *Herald*, y bûm yn dawnsio efo fo yn y Clwb fis Rhagfyr. Matt Busby wedi'i anafu'n ddrwg.

Mewn parti yn Putney heno a dyna oedd sgwrs pawb. Cerdded adre ddeg milltir efo Peter. Tra oedd o yn y tŷ-bach yn Hyde Park daeth rhyw ysglyfaeth ataf gan feddwl mai loetran am fusnes oeddwn i. Cefais fraw a rhoi llond ceg o Gymraeg lliwgar iddo a'r peth nesaf a glywais oedd y brawd yn dweud, 'Mae'n ddrwg iawn gen i.' Yn Gymraeg!

Chwefror 10

Wedi edrych ymlaen at gael noson adre efo'r radio (y *Goons* yn arbennig) ond mae'r landledi wedi dwyn y plwg oddi arni rhag inni ddifetha trydan. Saith o Roegiaid o Cyprus yn cyrraedd fy nosbarth heddiw heb air o Saesneg rhyngddynt. Ceisio cofio Groeg y Testament Newydd a ddysgwyd wrth liniau'r Rev Bach ond y cwbl allwn ei gofio oedd *eros* ac *anthropos* a go brin y byddai hynny o unrhyw fudd. Ys gwn i beth fyddai ymateb y rhain pe bawn yn llwyddo i ddweud wrthynt fod Anthropos wedi sgwennu llyfr Cymraeg am bentre Tŷ'n Cefn nid nepell o 'nghartre! Cofio eistedd yn yr haul ar y Boncyn Eithin yn ei ddarllen a chwerthin am ben y plant yn rhoi eu traed mewn dŵr oer er mwyn medru canu bâs.

Yr athrawes Llawfer yn absennol heddiw a bu raid i mi gymryd ei dosbarth. Gallwn ddweud rhywbeth wrthynt am Lawgoch neu Lawflewog neu hyd yn oed Law Taranau - ond Llawfer? Wedi arfer meddwl mai coliar oedd Pitman. Gorfod symud i ysgol arall fory a cholli 'nhymer yn ulw. Y Brif. yn cydweld â mi mai peth anfoesol yw gofyn i athrawes ar ei blwyddyn brawf fynd o le i le i lenwi bylchau.

Mynd i Neuadd y Sir a gofyn am gael gweld y Prif Arolygwr ond nid oedd ei ysgrifenyddes yn fodlon i mi groesi rhiniog sanctaidd y brawd. Nid yw'n siarad efo *minions* meddai hi. Be''di hwnnw pan mae o adre, meddwn innau â chlep i'r drws. Cael paned yn Whitehall a daeth dyn diddorol i eistedd ataf a rhoi copi o'i lyfr i mi: llyfr am ynysoedd yr Alban. R.H. Henderson yw ei enw ac y mae'n mynd i bob man ar gefn beic mewn clôs pen glin. Golygfa fythgofiadwy oedd ei weld yn pedlo fel coblyn i mewn ac allan o drafnidiaeth yr awr wyllt a diflannu i'r pellter dros Bont Westminster. Teimlo'n well ar ôl ei sgwrs gall. Mae ei fywyd yn hapusach nag un y Prif Arolygwr, mae hynny'n siŵr.

Chwefror 16

I gapel Charing Cross lle'r oedd y Parch Gwyn Evans yn pregethu ac yn cyffelybu ieuenctid Cymru i'r Israeliaid yn gorfod wynebu blynyddoedd o grwydro yn anialwch Llundain a chanfod y dŵr yn chwerw yma. 'Ein Marah beunyddiol' sibrydais wrth Olwen yn f'ochr a chael pwl o'r giglau. Am goffi wedyn i *Bunjees* am sgwrs iawn efo Olwen. Heb ei gweld ers dyddiau rhyfedd y gwesty yn Llandudno. Prin y medraf gofio wyneb yr hen ddyn blin oedd yn ein trin fel baw. Tybed ydi Alice yn dal i olchi llestri?

I ganu i Hyde Park yn ôl ein harfer ar nos Sul. Lle da i gyfarfod pobl. Pwy oedd yno yn canu 'Calon Lân' nerth ei enaid ond y bachgen a geisiodd brynu fy ffafrau bythefnos yn ôl. Winciodd arnaf. Sôn am nerf!

Chwefror 17

Paratoi i fudo i Crouch End, N8. Ystafell wely eang a drws y lolfa yn arwain allan i ardd, a bath yn y gegin o dan gaead mawr sydd yn gorfod bod yn fwrdd weddill yr amser. Dychmygu wynebau syn pe dywedwn ar ddiwedd pryd bwyd, 'Esgusodwch fi, 'rwy'n mynd i gael bath,' a diflannu o dan y bwrdd. Pum gini yr wythnos yr un.

Llythyr gan Helen yn dweud fy mod wedi ennill cadair eisteddfod capel Gellifor nos Sadwrn! Cadeiriwyd hi yn fy lle a mwynhau'r profiad.

Chwefror 20-25

Awel ac egwyl adre am hanner tymor. Wedi bod yn darllen am y Pla Du a chael breuddwyd ofnadwy. Sgwâr Rhuthun wedi'i droi'n fynwent a Simon, Plas yn Llan, yn hel cyrff oddi ar y strydoedd efo ceffyl a throl!

Chwefror 26

Yn ôl ar y trên o Wrecsam a 'sigo chwerthin wrth gario parsel anferth ar y bws o'r Ponciau i'r orsaf - parsel yn cynnwys dwy gynfas, dwy wrthban, cwilt a gorchudd plu. Y ddwy ohonom o'r golwg tano a llond taflod o bobl ar fws yn Wrecsam yn troi fel un a'u cegau ar agor wrth weld y llwyth ar bedair coes yn mynd heibio. Cyrraedd deirawr yn hwyr oherwydd eira a chael pantomeim arall wrth geisio cael y parsel a'r ddwy ohonom ynghudd rywle yn ei blygion i mewn i dacsi, a thorrodd y llinyn. Y gyrrwr yn dweud, *'You're not bleedin' well sleepin in 'ere, mate.'*

Chwefror 28

Diwrnod mawr heddiw. Prynu gwerth saith geiniog o gadach llestri, gwerth swllt a thair o briciau tân a mynd i Ddawns Drwy'r Nos yn y *Festival Hall* i ddathlu Gŵyl Ddewi. Hwyl anfarwol. Golygfa anhygoel oedd criw o Gymry llwyd ar orsaf Waterloo am saith y bore yn aros am y trên cyntaf yn ein dillad gorau . . .

Mawrth 8

I wylio Arsenal yn chwarae Chelsea efo Arnold sydd am dro o Glasgow unwaith eto. Sôn am syrffedu a thraed yn fferru. Methu deall pam fod pobl yn y *stand* yn cael eistedd! Wedyn i'r *Palace Theatre* i weld Norman Wisdom yn perfformio yn *Where's Charlie?* Gwirion. Gwneud ffars allan o ffars. Yna i'r *Nucleus* i ddawnsio drwy'r nos i grŵp sgiffl a band jazz Chris Barber.

Mawrth 17

Mewn ysgol arall - Sant Quentin yn Ladbroke Grove a chael ar ddeall fy mod i ddysgu Ffrangeg. Be nesa? chwedl Alys yng Ngwlad yr Hud. Ceisio siarad Ffrangeg efo rhai o'r plant sy'n frodorion ynysoedd Ffrengig India'r Gorllewin ond nid oeddynt yn deall yr un sill. *'You speak different French, Miss.'* Gan y gwirion y ceir y gwir. Hefyd yn rhoi gwersi dawnsio amser cinio unwaith yr wythnos a dwy wers o bêl-rwyd. Mwynhau hynny.

I Dŷ'r Cyffredin a'r Llywodraeth yn cael ei gorchfygu a'r Chwip fel y galchen. Bu bron i James Idwal Jones gychwyn chwyldro yn y Siambr a stampîd yn Oriel y Dieithriaid. Beth wnaeth ond tisian. Nid yw tisian fel arfer yn debyg o greu halibalŵ ond pan geir un o berfformiadau'r hybarch aelod dros Wrecsam - stori arall yw honno. Dechreua ym modiau ei draed a brwydro i fyny ei gorff nes o'r diwedd daw hyrddiad allan rywle yng nghyffiniau ei drwyn. Rhyw wich, ruadwy, brotestgar, fythgofiadwy. Mae o wedi dychryn llawer o aelodau seneddol heb sôn am geffylau a chathod a babis.

Mawrth 24

Hanes dathlu Canmlwyddiant y Coleg Normal yn y papur heddiw. Yng nghapel Twr Gwyn ar Ionawr 26ain 1858 y galwyd cofrestr y myfyrwyr cyntaf. Ymledodd dylanwad y coleg i bedwar ban byd a phrin nad oes na thref na llan yng Nghymru na chafodd Normaliaid yn eu hysgolion. Erbyn hyn cyffelybir y coleg i ffatri wyau a phob ŵy yn cael ei stampio *for export only*.

Helynt yn yr ysgol heddiw eto. Un o'r merched yn taflu llond testiwb o ddŵr berwedig i wyneb un o'r athrawon a bu rhaid mynd â fo i'r ysbyty wedi'i sgaldio. Un hen seiffar bach yn dweud wrthyf am gau fy ngheg a phan roddais gelpen iddo, cefais un yn ôl. Nes oeddwn yn gweld sêrs. Ar y ffordd adre o'r ysgol gweld Tony, ein cyn-feistr-tŷ Groegaidd, ac fe'm cofleidiodd liw dydd gwyn golau a'm rhybuddio i beidio dweud wrth ei wraig fy mod wedi'i weld yn y rhan honno o Lundain. Rhyw ddrwg yn y caws . . .

Cymdeithas capel King's Cross heno ac yr oedd Gwenlyn Parry wedi gofyn i mi ganu penillion. Bachgen tu hwnt o weithgar.

Mawrth 28

I Glwb y Cymry yn Oxford Street. Lle delfrydol uwchben dwy sinema fodern a'r adeilad i gyd yn perthyn i David James, gŵr cefnog iawn o Sir Aberteifi. Lolfa gyffyrddus yn llawn cadeiriau esmwyth, ystafell fwyta, llyfrgell, lolfa deledu a 'stafell gerdd. Pob papur o bob rhan o Gymru ar gael yno wedi'u gosod ar ryw ffrâm debyg i resel defaid. Clwb wedi'i gynllunio ar batrwm clybiau'r West End gydag un gwahaniaeth mawr - caniateir i ferched ymaelodi yn hwn. Lle gwerth chweil i gyfarfod rhywun neu i gael coffi ar ganol hwrli-bwrli'r siopa yn y stryd gyffrous hon. Sgwrs efo Ray Smith, yr actor.

Mawrth 30

Adre dros y Pasg o Victoria i Gaer gan deithio dros nos. Cyrraedd adre'n llwyd ac edrych ymlaen am wely ond daeth galwad i fynd ar y dril i hau a dyna lle bûm yn pendwmpian drwy'r dydd. Synnwn i fawr os na heuwyd yr hadau a'u pennau i lawr. Teimlo'n filain fy mod yn gorfod gwneud y gwaith gan fy mod mor flinedig. Bwydo'r ddau oen llywaeth. Rhedant fel pethau gwallgof a'u cynffonnau yn yr awyr dros y wal i'r buarth ac yn ôl a'u trwynau'n llaith ar ôl yfed eu gwlyb. Eu brefu yn llawn o hiraeth am rywbeth.

Ebrill 5

Priodas fy nghyfnither, Meta, yng nghapel Bathafarn - y gyntaf o'r genhedlaeth hon i fynd i fyd y fodrwy. Clywed am farwolaeth y Parch W. Roger Hughes (Rhosier) Bryneglwys. Un o ficeriaid mwyaf adnabyddus Cymru: yn fardd ac arweinydd Côr Meibion Iâl, ysgrifennydd Cymdeithas Gwrandawyr Cymru fu'n brwydro am well gwasanaeth radio ac yn Dderwydd Gweinyddol Powys. Bydd colled fawr ar ei ôl.

Ebrill 6-20

Mwynhau pob eiliad o'r gwyliau. Am dro i ben Moel Famau a rhyfeddu ar yr olygfa fel bwrdd gwyddbwyll islaw; gweld siroedd Dinbych a Fflint, Caer a'r Amwythig, a'r distawrwydd yn llethol. Llawer o hwyl hefyd yn dawnsio, eisteddfota a sgwrsio. Cyllideb yn gostwng y dreth werthu ar beiriannau golchi, camerâu, papur wal, port a sherri. Dim budd i mi. Fedr neb sy'n ennill £7 yr wythnos feddwl am brynu cwt ieir heb sôn am ddim arall. Bûm yn gwyngalchu'r llaethdy a'r calch yn rhedeg i lawr fy mhenelin ac yn llosgi: erbyn diwedd y dydd yr oedd golwg mawr arnaf, yn wyn â llygaid coch fel rhyw sombi.

Ebrill 23

Cychwyn yn Ysgol Florence Gladstone yn Westbourne Park, gorllewin Llundain, gydag addewid na chaf fy symud oddi yno. Pwy oedd Flo Gladstone tybed? Ardal dlodaidd iawn. Cerdded heibio i dai anghyfannedd efo ffenestri maluriedig a chadachau pygddu yn crogi ynddynt. Plant carpiog yn cropian yn y cwteri a'u mamau yn eistedd ar y grisiau y tu allan mewn sliperi a chyrlars, ffag mewn un llaw, comic yn y llall, a babi budr yn slefrian ar eu gliniau. Di-ddant, di-doreth, di-obaith. Cefais fy rhybuddio gan Taid i beidio â mentro i'r slyms a dyma fi'n gweithio ynddynt!

Ysgol drillawr heb ddim o'i chwmpas ond olion y bomiau, murddunod a charneddi a sbwriel drewllyd. Bûm yn Barn Elms drwy'r p'nawn yn chwarae rownderi a mwynhau awel iach. Pa bryd y mae'r awdurdodau'n mynd i sylweddoli bod angen gwario mwy ar ysgolion plant anfreintiedig a gofalu bod yr adeiladau yn rhai deniadol i wneud iawn am eu hamgylchedd?

52

Min nos i gapel King's Cross i glywed Maureen Guy a Nancy Richards yn yr *Elijah* gyda Chymdeithas Gorawl y capel. Noson wych. Perfformiwyd yr oratorio hon gyntaf erioed ar Ebrill 11eg 1840 (yn Llundain) a bu farw Mendelssohn ymhen chwe mis wedyn yn 37 oed.

Ebrill 25

Paned o goffi yn y *Kenya* yn y King's Road a daeth un o bensiynwyr Chelsea i eistedd atom. Edrychai hyned â Noa efo'i farf wen hir a'i wyneb wedi gwsno fel afal. Bu drwy bedwar rhyfel - yr Indian Frontier, y Boer, a'r ddau Ryfel Byd. Wedi mwynhau pob un ac yn barod i fynd drwy bedwar arall ebe fo! Gofyn iddo pam ei fod yn mwynhau rhyfela a'i ateb oedd fod rhaid i rywun ddangos be-di-be *'to them bleedin forinjers'* - penderfynu peidio dadlau a dangos parch tuag at rai hŷn na ni. Er fy mod yn prysur ddod i'r casgliad nad oes reswm yn y byd pam y dylai henaint ennyn parch. Ac wedi gweld rhai o rieni'r plant yn yr ysgol nid oes gennyf lawer o goel ar y pumed gorchymyn chwaith.

I siopa-ffenestri wedyn a sylwi ar siop hetiau lle nad oedd dim yn rhatach na £200. Y nefi wen! Y drws nesaf iddi mae siop newydd Mary Quant sy'n dechrau dod ymlaen yn y byd. Cymraes hefyd! Am dro wedyn i Soho a gweld rhyfeddodau y bywyd na sonnir fawr amdano mewn cylchoedd moesgar - merched coluriedig yn jinglian eu hallweddi ac yn cil-edrych wrth bwyso yn erbyn y waliau. Pob un yn gwisgo cadwen aur am ei ffêr - marc y fasnach meddir. Bywyd od a pheryglus. Bron mor beryglus â bod yn athrawes yn Westbourne Park . . .

I mewn i far coffi y *Two I's* lle dechreuodd Tommy Steele ar ei yrfa. Lluniau o'r llanc pengrych ar hyd y muriau. Cwrddais ag un a fu'n athrawes arno ac yr oedd yn andros o fachgen drwg yn yr ysgol.

Mai 2

Am dro ar hyd glan yr afon. Rhoi fy llaw ar Nodwydd Cleopatra a theimlo'i henaint. Edrych i lawr i wyrddni piwtrid afon Tafwys. 'Dwyf i ddim yn meddwl y neidiaf iddi . . . I Neuadd Westminster i'r Eisteddfod Is-genedlaethol a methu fforddio mynd i mewn!

Mai 5

Streic ar y bysus. Cerdded milltiroedd i gyrraedd y trên a thraed moch ym mhobman. Nid wyf wedi cael cyflog ers dau fis. Prin fwyta ers wythnosau heblaw am ginio ysgol ar ddiwrnod dyletswydd. Mynd i ofyn i'r Brif. os caf wneud dyletswydd bob dydd. Na, nid oedd yn fodlon gan fod athrawon eraill hefyd yn dibynnu ar eu cinio rhad. Deilliodd bendith: ers cyrraedd Llundain collais ddwy stôn a hanner.

Mai 20

Byth wedi cael tâl. Mae fy ffeil ar goll yn labarynthiau Neuadd y Sir.

Mehefin 6

Dod adre o'r maes chwarae drwy strydoedd diolwg yn chwys domen wedi p'nawn crasboeth yn chwarae rownderi ac un o'r plant yn gofyn, *'Where do you work, miss?'* Gwenu'n barlysol arni. Bu'r rhain yn elyniaethus iawn tuag ataf ar y cychwyn; maen nhw wedi cael cymaint o wahanol athrawon yn ystod y ddau dymor diwethaf ac ni allant ymlacio efo 'run rhag ofn na fydd hi yno fory. Ond maen nhw'n dechrau meirioli a chawn gryn hwyl efo'n gilydd.

Wedi clywed fod dwy weinyddes gwerth eu gweld ym mar coffi'r *Haymarket*. Adwaenir nhw fel *'Blondies'* ac aethom yno am dro. Edrych ac ailedrych. Llygadrythu. Cyn sylweddoli mai dau ddyn yw'r 'ddwy' siapus mewn dillad merched, yn cerdded fel ieir ar slecs poeth, yn mingamu a chusanu gofidiau ar y dynion, eu gwallt melyn yn dresi i lawr eu cefnau a mascara trwchus fel nyth brân o gwmpas eu llygaid. A'r ddau'n meindio'r un gic. Ac wrth gwrs, yn denu cwsmeriaid.

Mehefin 8

Ar y piliwn efo Alec i Sant Alban a mwynhau gwibio drwy'r gwynt heblaw fod pryfetach yn mynd i fy llygaid. Drwy ffyrdd culion tebyg i'r Lôn Goed a cherdded ar hyd glan yr afon i chwilio am nythod elyrch. Creaduriaid pifis os cânt eu 'styrbio - poeri fel nadroedd. Gweld yr abaty godwyd yn 1361. Pan oedd Dafydd ap Gwilym yn blodeuo 'roedd crefftwyr eraill yma yn creu campwaith hefyd.

Cymru yn chwarae Hwngari heddiw yng nghystadleuaeth Cwpan y Byd ac un bob un oedd y sgôr.

Mehefin 13

Eistedd yn yr ardd drwy'r p'nawn efo Arnold ac yn sydyn dyma wraig y drws nesaf yn sgrechian, 'Ffoniwch y cops ar unwaith!' Gwneud hynny ond nid oeddynt yn fodlon gwneud dim nes y medrwn ddweud beth oedd yn bod ond wyddwn i ddim. Mynd yn ôl i holi a'u hail-alw. 'Roedd dau ddyn yn ymladd yn y cyntedd. Ymhen chwarter awr daeth yr heddlu ond yr oedd yn rhy hwyr ac un ohonynt yn gelain efo cyllell yn ei galon. Crynu fel deilen.

54

Aeth Arnold i ddal awyren i Sbaen ac euthum innau ar y beic efo Alec i Gaergrawnt (wedi sgiamio niwrotig i gadw'r ddau ar wahân!). Ar y ffordd adre syrthio oddi ar y piliwn ac ar fy mhedwar i ffos yn llawn o ddanadl poethion a dŵr budr yn ei gwaelod. Dringo allan a gwneud wyneb nadu. Alec yn chwerthin am fy mhen. Bu rhaid anghofio'r wyneb nadu. Am ddiwrnod!

Mehefin 20

Daeth streic y bysus a bydd yn dynion yn cael codiad o 8/6 yr wythnos yn hytrach na'r 10/6 a fynnent. Maent wedi colli punnoedd a dywedir bod 4,000 ohonynt wedi cael swydd arall yn y cyfamser a bydd taflenni amser yn cael eu newid yn gyfan gwbl a'n constro i gyd. Erbyn hyn 'roedd pawb wedi dygymod â bod hebddynt ac wedi mwynhau'r strydoedd gweigion heb yr angenfilod mawr coch yn halogi'r awyr â'u mwg yn codi cyfog.

Gorffennaf 6

I gyngerdd awyr agored yn y min nos yn Kenwood. Ar un ochr i'r llyn o dan ganopi euraid yr oedd Cerddorfa Symffonig Llundain a'r ochr arall y gynulleidfa yn eistedd ar y glaswellt yn yr awel glaear. Nodau Ogof Ffingal a Phrynhawngwaith yr Hydd yn wefreiddiol fel y deuent yn ysgafn dros y dŵr a disgleirdeb y goleuadau yn adlewyrchu oddi ar y canopi a gwneud y llyn yn ddrych o ledrith. Y mae tŷ Kenwood yn arbennig o hardd, anrheg gan deulu'r Iveagh (cangen o deulu'r Guinness) i bobl Llundain. Y mae'n llawn o ddodrefn hardd a darluniau drud megis 'Y Chwaraewr Gitâr' gan Vermeer.

Alec yn dweud ei fod wedi cael swydd yng Nghymru. Awn i hefo fo? Hec!

Gorffennaf 18

Cyfarfod â chriw anfarwol heno. Meirion o'r Manod wedi 'mherswadio yn Hyde Park un nos Sul i fynd i'r Clwb ar nos Wener lle mae 'criw gwerinol' yn cyfarfod i ganu penillion a ffeirio englynion. Euthum am sbec a chael hwyl anwêdd. Yfed coffi wedyn yn y *Parot Gwyrdd* yn Queensway a rhoi'r byd yn ei le. Dyma'r criw mwyaf Cymreig a gwrddais yma ac y mae bod yn eu plith fel estyn dwylo at y tân. Meirion sy'n trefnu ac yn mowldio, dyna pam y caiff ei lysenwi 'ein tad ni oll'. Hefyd y mae John o Lanfair yng Nghornwy, mor ymlaciol â'r wawr: Twm o Landudno, ffraeth a sydyn ei glec; Eifion o Borth y Gest, gwyllt a charedig; Emrys o Gaergybi yn ei siwt streip a'i ambarel fel picell, y doethor syber yn ein cadw ar y llwybr cul; Malltwen, Eluned, Irene a Margaret, Dafydd o Benygroes - criw cynnes.

Gorffennaf 24

Ffarwelio ag Alec. Parti diwedd tymor yn yr ysgol heno a bûm wrthi oriau yn paratoi *anchovies*. Gweld y bliws a drewi fel Billingsgate. Cyn diwedd y noson 'roeddwn yn edifar am i mi adael i Alec fynd ac nid fi olchodd y llestri. Wedi mwynhau'r tymor hwn. Ni wn i ble byddaf ar ôl yr haf.

Awst 4-9

Cychwyn am Eisteddfod Glynebwy a'r glaw yn tywallt. Un o'r gweision yma yn beio'r *myxamytosis* am y tywydd gwlyb. Eraill yn berffaith siŵr mai ar y Rwsiaid y mae'r bai yn anfon eu hen sbwtnigs i fyny i chwarae hafog â'r elfennau ac ypsetio'r angylion.

Aros yn Ysgol Glyncoed a bu bustachu mawr wrth geisio cael gwely mewn safle'n ddigon pell o'r drws. Llew Jones, Llanbadarn, yn ennill y Goron ac yn ôl W.J. Gruffydd a Iorwerth Peate, ef oedd yr unig un allan o'r 16 oedd yn deilwng. Ond yr oedd ar Euros Bowen eisiau rhoi'r wobr i'r Parch Emlyn Lewis. Hen beth cas yw bron ag ennill.

Cyfarfod â rhyw ddyn a elwir yn 'Pontsian', mwstas fel un o'r brodyr Marx a chap gwyn fel pe bai ar ganol cynhaeaf ac yn rhaffu straeon a pheri hwyl aflywodraethus. Ei hoff athroniaeth yw, 'Fe ddaw eto haul ar fryn, os na ddaw hadau fe ddaw chwyn'. Pobl yn eu dyblau wrth ei glywed yn adrodd hanes yr Inspector Baw Ieir. Llawer o drafod ar rywbeth a elwir yn Undeb y Tancwyr. Dim a wnelo hynny â lorïau llaeth; llaeth mwnci efallai. Mae ganddo gyfaill o'r enw Dennis sy'n borthwr tan gamp a llu o rai eraill sy'n ei ddilyn fel cynffonnau defaid. Y dynion yn slafaidd chwerthin uwch pob sill o'i enau; y merched yn tueddu i edrych yn syn arno. Hiwmor y dafarn.

Ymryson y Beirdd yn boblogaidd ac Ifan O. yn llywio fel brenin. Bryn Williams yn dweud y drefn yn arw yn y gwersyll heno am fod arno eisiau codi'n fore i fynd i'r Orsedd a phawb yn gweiddi a rhampio drwy'r nos. Y creadur.

Llew Jones (arall) yn ennill y Gadair a Bryn Williams yn ail. 'Does ryfedd ei fod eisiau bod yn effro, chwarae teg iddo. Tom Parry oedd yn traddodi'r feirniadaeth a dywedodd fod cytundeb 'er bod un o deulu llengar y Boweniaid ar y panel' a'r pafiliwn yn esgyn yn nerth y banllefau o chwerthin. Digofaint mawr am fod cyfrinach y ddau fardd allan ers dyddiau - difetha rhan o rin yr ŵyl. Llwyd o'r Bryn yn agor trafodaeth ar adrodd. 'Paid â bod yn beiriant nac yn barot' meddai. 'Rhaid i bobol dy ddallt ti,' meddai Bob Tai'r Felin. Mympwy'r beirniad yw'r elfen fwyaf annheg. Dywedodd fod John Gwilym Jones wedi dangos pedair ffordd wahanol o bwysleisio y gair 'gorffenedig' yn y delyneg i'r Lôn Goed ac aeth y Llwyd ymlaen i roi pedwar math o bwyslais ar y gair. 'Felne'r oeddech chi'n deud ynde?' gofynnodd i Mr Jones oedd yn y sedd flaen. 'Nage' ebe John Gwilym fel bwled a pheri ton o chwerthin drwy'r Babell Lên.

Wythnos o nosweithiau llawen swyddogol a llawer mwy o rai byr-fyfyr yn Ysgol Glyncoed. Cyrraedd yn ôl un noson i ddeall fod rhyw giwed wedi mynd i'n hystafell a'r peth cyntaf a welsom wrth ddringo'r allt oedd pyjamas Eirwen ar y polyn fflagiau. Deffroais innau un bore yn cofleidio brwsh llawr a rhaw dân.

Bu Glynebwy yn lle croesawus iawn er ei fod yn sicr y lle mwyaf Saesneg ei iaith y bûm ynddo erioed - gan gynnwys Llundain. John Aelod Jones yn dweud yn *Y Cymro* fod cymaint o Gymraeg yn y gwaith dur yma ag sydd o Saesneg yn chwarel Dinorwig! Nid oedd y stiwardiaid yn deall 'Caewch y drysau' na dim. Bu Aneurin Bevan o gwmpas y maes yn ddyddiol ac y mae'n siŵr fod Megan Lloyd George a Tudor Watkins wedi bod yn gwmni goleuedig iddo. Chwarae teg iddo am ddod. Mae Arglwydd Raglaw Sir Fynwy wedi gwrthod am nad yw'n credu mewn rhyw nonsens Cymreig o'r fath a ph'run bynnag, meddai, yn Lloegr y mae Glynebwy! Ew! mae eisiau gras.

Hoffais y rhigwm a welais yn ystod yr wythnos:

> Teilwriaid Abertileri
> A bugail Aberbeeg
> A morwyn o Gilmeri
> Nad ydyw'n cyffwrdd ceeg.

Stori ddifyr am Cynan a Paul Robeson, y canwr du o UDA. Cynan yn ei holi, pam yr oedd yn rhoi ei law y tu ôl i'w glust fel cragen wrth ganu ac yntau'n egluro fod hyn yn gymorth i sicrhau tonyddiaeth bur wrth ganu i feicroffon. Sylwodd Cynan fod hen bregethwyr Cymru yn gwneud yr union beth wrth ddechrau mynd i hwyl a Paul R. yn dweud mai wrth wylio pregethwyr y Negroaid yn gwneud hynny y daeth y syniad iddo yntau. Rhyfedd o fyd!

Côr ysgol o Fangor yn cael eu torri allan o'r gystadleuaeth am ganu yn Saesneg. Sut ar y ddaear y buont mor ddi-lun? Sam Jones, BBC, yn Llywydd y Dydd b'nawn Mawrth ac yn proffwydo mai un o'r dylanwadau mawr yng Nghymru Fydd fydd y teledu. Cynan wedi cyfansoddi geiriau Cymraeg 'Tywysog Gwlad y Bryniau' a phawb yn canu gydag arddeliad. Neb yn gweld dim o'i le ar y gân ond y mae criw o Gymry ifanc Llundain yn darogan na chenir mohoni eto heb i rywun ddechrau protestio. Cryn dipyn o anniddigrwydd yn ein plith ni ynglŷn â'r gân beth bynnag. Llundain heddiw: Cymru fory?

Awst 11-14

Wythnos yn Aberdaugleddau a chael blas ar grwydro ardal hollol newydd. Dim Cymraeg i'w glywed yng ngwaelod Sir Benfro: Lloegr Fach y'i gelwir. I Ddinbych-y-pysgod a Maenorbŷr a Thyddewi. Cael ias ryfedd wrth weld yr hen greiriau a theimlo'r cerrig yn llyfn a hen dan fy llaw. Y mae carreg y peth godidocaf dan haul . . . Maenorbŷr yn hardd hefyd, y lle gorau yn y byd medd Gerallt Gymro. Ond ni fu Gerallt yn Nyffryn Clwyd!

Ffawdheglu bob cam adre mewn deuddeg awr. Lifft mewn Jaguar (mewn un nid ar gefn un) o'r Bala efo rhyw ddyn o Gaer â llond ei geg o datws poeth oedd wedi bod yn llofruddio ieir mynydd ar stâd y Palé. Meddwl na welwn byth mo Rhuthun oherwydd arhosodd y modur yng Nghefnddwysarn ac allan â'r sgweier i roi gwersi i'w fab ar sut i handlo gwn ac yr oedd hwnnw mor heglog a chwithig ac yn anelu i bob cyfeiriad.

Row gan Dad am beidio dod adre'n syth o'r 'Steddfod i lafurio yn yr ŷd.

Awst 21

Bryn yn Llangrannog. 'Nhad wedi cracio asen wrth syrthio o ben to'r cut ieir. Darllen llyfr Iorwerth Peate ar y Tŷ Cymreig. Mae llun ein tŷ ni ynddo! Enghraifft o dŷ du a gwyn a ymledodd o Swydd Gaer i lawr i'r dyffryn ydyw. Astudiaeth fanwl ar ddarlledu yng Nghymru yn cael ei chyhoeddi ac nid yw'n debyg o godi calon neb ohonom. Mae radio'r Alban yn cael llawer mwy o ryddid ac er gwaethaf addewidion o awr Gymraeg bob nos ni fu dim ar y radio ar unrhyw nos Lun yn ystod mis Mehefin. Rhaid gofyn pam? Pam fod Cymru'n cael cymaint o gam o'i chymharu â'r Alban? Ai diffyg arian neu ddawn neu ddylanwad? Wrth gwrs, Sgotyn yw'r Arglwydd Reith!

Dechrau digalonni wrth weld y gwyliau'n prysur ddiflannu a'r amser i droi'n ôl a wynebu'r ysgol newydd yn nesáu. 'Rwyf wedi gofyn am gael newid ardal er mwyn cael llai o waith teithio. Nid wyf chwaith wedi clywed os bûm yn llwyddiannus yn fy mlwyddyn brawf ond gan na fu yr un arolygydd ar fy nghyfyl am ddau dymor anodd gweld sut y medrant benderfynu. Ai dim ond blwyddyn i rŵan yr oeddwn yn poeni cymaint am siarad Saesneg? Wel! tawn i byth. On'd oeddwn i'n hurt.

Medi 8

Cyfarfod athrawon drwy'r dydd yn yr ysgol newydd: Shelburne yn yr Holloway Road, N7. Ysgol i ferched a'r dosbarthiadau wedi eu ffrydio A i J - ond nid yw'r plant i fod i wybod hynny. Choelia'i fawr! Byddaf yn dysgu Ysgrythur i wyth dosbarth, Hanes i chwe dosbarth, Saesneg i dri dosbarth a Chwaraeon i ddau. I'r dim. Ochenaid o ryddhad am fy mod wedi cael swydd go iawn o'r diwedd a gobeithio na fydd rhagor o giamocs a chyflog hwyr. Mae yma bedwar llawr, tua chanllath o heol brysur Holloway heb fod ymhell o'r carchar. Dywedir bod llawer o'r merched yn mynd yn syth o un i'r llall!

Yn ystod yr egwyl ginio euthum i archwilio'r ardal. Ar un ochr i'r stryd brysur yn cysylltu ardal Finsbury Park â gweddill Islington y mae stad enfawr o fflatiau cyngor a'r ochr arall y mae tafarn a melin lifio. Gobeithio na fydd honno'n swnllyd. I lawr ale gul yn wynebu'r drws y mae siop fawr Jones Brothers yn gwerthu popeth - pwy oedd y brodyr tybed? Yna heol Holloway sy'n rhedeg o'r Archway i Highbury Corner. Ar waelod allt yr Archway y mae cerflun o gath Dick Whittington. Dywedir mai dyma'r union fan yr oedd Dick pan glywodd glychau Llundain yn ei alw'n ôl.

Medi 24

Wedi blino. Mae'r Brifathrawes, Evelyn Hoyles, eisiau braslun o bob gwers ar ei desg bob bore Llun ac y mae hyn yn mynd ag oriau fin nos a bwrw'r Sul. Ar ben hynny y mae'n rhaid i mi astudio llawer gan nad wyf yn gwybod digon am hanes Llundain yn y Canol Oesau a chaf beth trafferth hefyd gyda'r Ysgrythur gan nad wyf yn gwybod sut i ynganu enwau Beiblaidd yn y dull Seisnig! Sacheus a Luc ac Eleias - mae Zaccheus a Luke ac Elijah yn bobl hollol ddieithr.

Pe bawn yn gallach mi fyddai pethau'n haws. Mae'r ddwy ohonom yn llosgi'r gannwyll y ddau ben yn dawnsio a mynd i bartïon rif y gwlith. Buom yng nghapel Wood Green am y tro cyntaf a chael croeso anhygoel. Capel bychan ar draws y ffordd i orsaf Bounds Green. Y peth a'm trawodd fwyaf oedd fod un o'r blaenoriaid yn ffermwr. Hatfield Home Farm yw cartref Evan Morgan.

Hydref 6

Wedi symud i fflat fwy. Mae gennym ystafell wely *bob un* - dyna beth yw moethusrwydd! Drws cefn hefyd - a hwnnw'n arwain i ardd fechan reit ddel. Cychwyn dosbarth 'Cornel y Llenorion' yn y Clwb a dechrau astudio maes llafur arholiadau'r Orsedd.

Mewn tymer filain heddiw am fod fy nosbarth cofrestru wedi camfihafio hefo un o'r athrawon ifanc a'i gadael mewn llyn o ddagrau. Yr adeg yma llynedd 'roeddwn yn ddiniwed ac yn dal i gredu yn naioni plentyn ond erbyn hyn mi wn yn amgenach: ellyllon y fall yw'r mwyafrif ohonyn nhw, yn berwi o'r pechod gwreiddiol. Beth ddywedodd W.C. Fields? *'Anyone who hates animals and children can't be all bad.'*

Noson Lawen yn y Clwb a J.R. Jones, Talybont, yn arwain ac adrodd. 'Roedd yn rhyfedd ei weld mewn lle mor anghyfarwydd gan mai ar Faes yr Eisteddfod y mae ei le! Jac a Wil yn plesio pawb. Pwnc siarad y dyddiau hyn yw'r Arglwydd Raglan sydd wedi codi ein gwrychyn. Mewn erthygl yn *Wales* dywed mai cenedl anllythrennog yw'r Cymry ac y medrir ein didoli'n dair carfan: yr ysgolheigion sy'n astudio'r iaith o ran diddordeb academig; y rhai sy'n ei siarad er mwyn cael swyddi cyhoeddus; Pleidwyr cul. Y lle gorau i'r iaith yw mewn llyfrau llychlyd ar y silffoedd, medd ef. Defnyddir hi i guddio beiau mewn gwaith ymchwil, i ostwng effeithiolrwydd y wladwriaeth ac i hybu gelyniaeth yn erbyn y Saeson. Aeth pob Cymro gwerth ei halen i Lundain i wneud ei ran yn Llywodraeth Prydain a'r dyn y dylem ei eilun-addoli yw, nid Glyndŵr, ond Harri'r 8fed, y gwron a lusgodd Gymru o'i chyfnos dywyll a'i huno â Lloegr. Bu farw iaith y Philistiaid, yr Etrwsciaid a'r Hitatiaid, pam nad y Gymraeg?

'Does gan ddyn fel fo ddim amgyffred beth y mae'n hiaith yn ei olygu inni - ei bod yn rhan o'n henaid ni. Nid yw'n rhan o'i fywyd ef ond 'does ganddo ddim hawl i ddeddfu na chaiff fod yn rhan o fywydau eraill. Bydd yr iaith fyw ymhell wedi i bawb anghofio am yr Arglwydd Raglan, decini.

Pawb yn canmol llythyr Emlyn Williams yn y *Times* lle dywed mai dyn anllythrennog oedd ei dad ond ei fod yn medru adrodd y Salmau i gyd - yn Gymraeg. Er na welaf beth sydd â wnelo hynny chwaith . . . Ond twt! pam y dylem boeni am hen ddyn yn Nhŷ'r Arglwyddi - yr unig reswm pam ei fod yno o gwbl yw fod ei daid wedi saethu rhywun.

Hanner tymor. Gofyn i un o'r plant fynd â'r pysgodyn aur adre i'w warchod am yr wythnos ac ymhen rhyw funud ar ôl y gloch dyma fi'n clywed sŵn tamchwa ar y grisiau cerrig. Yna distawrwydd. Rhuthro. Yno ar y grisiau yr oedd gwydr teilchion a Charlie yn gorwedd yno a'i geg yn cau ac agor fel pe bai'n ceisio dweud rhywbeth wrthyf cyn ymadael â'r fuchedd hon. Yr hen Linda wirion wedi'i goleuo hi nerth ei sodlau. Gofalwr yr ysgol, brodor nwydwyllt o Ynys Melita, yn rhegi mewn tair iaith.

Cael lifft adre bob cam efo Tecwyn ac Oswyn, dau o Ddyffryn Clwyd. Lwc i mi daro arnyn nhw yn y Clwb. Y ddau wedi cael hwyl yn y ddinas fawr. Oswyn wedi sefyll ar ganol Picadili, codi ei law yn ddefosiynol a dweud, 'Annwyl gyfeillion, gaf i eich sylw am funud neu ddau ymhellach . . .' Doniol oedd gweld y ddau yn sylwi ar bopeth mewn termau amaethyddol: Green Park yn lle da i bori gwartheg, y ffynnon yn Sgwâr Trafalgar i'r dim i ddipio defaid, a'r clybiau nos yn berffaith fel dip-litars! Pawb at y peth y bo.

Hanes yn y papur heddiw am ddau ffermwr o'r Wyddgrug wedi dod i fyny i'r Sioe Amaethyddol ac wedi landio yn y llys barn yn Bow Street. Caed y ddau yn hollol ddieuog o geisio torri i mewn i geir yn Regent Street. Diddordeb oedd ganddyn nhw yn y gwahanol fathau o foduron ond fod heddlu Llundain yn fwy amheus na'r rhelyw. Ond gallaf ddychmygu'r tynnu coes pan gyrhaeddant adre.

Tachwedd 1

Y plant fel canibaliaid wedi'u gollwng o goedwigoedd y cyfandir tywyll, chwedl rhyw hen flaenor a adwaenwn. Diwrnod gwyntog - dyna pam. Maen nhw fel moch yn gweld gwynt.

Ein parti penillion gyda'r enw uchelgeisiol 'Tannau Tafwys' yn cynnal Noson Lawen yng nghapel Radnor Walk yn Chelsea. Methu credu 'mod i wedi cerdded heibio iddo (o fewn decllath) ar fy ffordd i'r ysgol llynedd a heb sylwi arno. 'Doedd gen i gymaint ar fy meddwl: sol-ffa ac Anatole/Randy, y Tywysog Festus (ble mae hwnnw tybed?) a'r Brifathrawes honno gyda'r nerfau dur. Y drws nesaf i'r capel y mae tafarn enwog y *Chelsea Potter* ac yn aml ar ganol pregeth diddorir y gynulleidfa gan sŵn hocseidiau cwrw yn treiglo. Bu bardd cadeiriol, Machreth, yn weinidog yma ar un adeg. Sôn am helynt heno wrth fynd â'r delyn ar y tiwb a'r wynebau syn yn dangos eu bod yn meddwl eu bod ar eu taith olaf i wlad y delyn aur.

Tachwedd 6

Parti yn y fflat heno ar ôl bod yn y Clwb yn gwrando criw Pontrhydyfen yn perfformio. 'Roedd Richard Burton yno! Atyniadol iawn, iawn. Llawer ohonom mewn llesmair.

Gwendid mwyaf ein parti oedd fod y fflat yn rhy gyfyng a chael helynt i ddidoli coesau a thraed. Cysgu yn un rhes fel perchyll a Meirion yn cwyno fod rhywun yn slefrian a hwnnw'n rhewi ar ei war. Yn ein plith yr oedd un chwyrnwr, un ochneidiwr ac un bytheiriwr. Heb enwi neb. Trafod celfyddyd y Gwawdodyn am dri y bore. Fel y dywedodd Twm, 'Fuasai neb yn ein credu ni!'

Tachwedd 15

Yr Ŵyl Gerdd Dant ym Mae Colwyn a ninnau wedi teithio dros nos mewn tri char. Sefyll ar fy mhen ar bont Llangollen am chwarter wedi dau y bore er mwyn i mi fedru dweud 'mod i wedi gwneud. Irene a minnau i aros yn Nolwyddelan efo'r gweinidog, f'ewythr Harri, a chyrraedd yno am ugain munud i bedwar. Wedi rhybuddio Irene i beidio rhegi. Lliwiau hydref Dyffryn Conwy yn brifo ein llygaid yn eu hysblander gwyw-liw.

Ymarfer sydyn ar y gerdd dant o dan y llwyfan nes i Ella Williams ein symud yn ddi-seremoni am y gellid ein clywed yn y neuadd! Wyth yn cystadlu a Phontrhydyfen yn ennill ond er mawr sioc, syndod a *sensation*, mi ddaru ni guro Parti Menlli a Glannau Terrig. Hollol loerig wrth gofio fod rhai o'n cantorion ni wedi cael eu cyfarwyddo dan benyd dienyddio i beidio lleisio, dim ond symud eu gwefusau, gan na allent gadw mewn tiwn, ond rhaid oedd eu cynnwys i wneud y rhif i fyny. 'Cofia Twm' meddai Meirion 'ein tad ni oll' 'paid â chanu, bendith y tad.' Mae'n rhaid fod Twm wedi canu'i enaid drwy'i lygaid pefriog a gwneud cryn argraff ar y beirniad.

Mynd yn un criw i fferm y Fali i aros dros nos. Y bechgyn druan yn cysgu mewn tarpolin. 'Mynd i'r gwely i gysgu fyddaf i' meddai Twm gan wisgo'i gôt fawr. Teulu o Saeson yn byw yn hanner y tŷ (Saeson yn Sir Fôn? Ni allem gredu) a bu eu syndod yn aruthr yn y bore pan welsant osgordd yn cerdded drwy eu cegin mewn amrywiaeth o ddillad, rhai mewn cotiau uchaf, eraill mewn cobannau, ac un mewn pyjamas melyn-pibo-llo nes dallu'r trigolion.

Am dro i weld Llanfair yng Nghornwy i blesio John. Dweud hanes Arawn wrth blant bach y tŷ, 'Daw dial! Daw dial!' 'Pwy 'di Dial?' ebe Gerwyn. Gyrru'n ôl drwy niwl a chyrraedd Sant Alban deirgwaith mewn awr. Meirion yn tynnu gwallt ei ben. Eric yn adrodd:

> Mae'r Marquis of Anglesey
> Wedi torri'i glun,
> Pe torrai'r goes arall
> Fasa ganddo ddiawl o 'run:
> Codwch eich cap wrth basio, bois,
> I ddyn yn sefyll mor hir ar un goes.

Prin meddwl am y coleg wrth wibio drwy Fangor. Twt! yn y gorffennol pell mae hwnnw . . . Pan oeddem yn ifanc ac yn wirion.

Tachwedd 19

Ffug-etholiad yn y capel a'r Ceidwadwyr yn ennill o un bleidlais dros Blaid Cymru. Tom Thomas yn reit ddigalon mai dim ond un bleidlais a gafodd o i'r Blaid Lafur ac un ef ei hun oedd honno! Ceisio codi'i galon drwy ddweud nad adlewyrchiad ar ei ddawn siarad oedd hyn ond yn hytrach ar ei bolisïau eithafol. Gan mai arian Mr Evan Morgan sy'n cadw'r capel yn fyw, peth annoeth oedd awgrymu y byddai buddugoliaeth sosialaidd yn troi ei fferm laeth yn *kibbutz* drannoeth yr etholiad!

Mae Twm wedi prynu Morris 10 1934 am £15 a chawn deithio ar hyd a lled Llundain mewn steil o hyn ymlaen. Ei fedyddio yn Wagen yr Werin. Wrth hwylio - nage, tuchan - i fyny Allt Highgate, dyma Twm yn agor y ffenest a gofyn i ryw greadur, '*Is this the way to Bagillt?*' Wyneb y cono yn werth ei weld a ninnau yn ein dyblau. Clywed aroglau rhyfedd yn y fflat ganol nos a chofio am y sosej-rôls yn y popty. 'Roeddynt fel lympiau o anthraseit a'r mwg yn ymledu fel odyn galch dros y fro.

Tachwedd 25

Galw yn Siop Griffs. Lôn gul yw Cecil Court rhwng heol brysur Charing Cross a stryd theatraidd Sant Martin ac yn llawn o siopau yn arbenigo mewn llyfrau a stampiau a mapiau. Croeso mawr fel arfer a phaned o de yn y seler sy'n llawn llyfrau a chorneli tywyll yn addo trysorau i chwilotwr. William Griffiths gafodd y syniad o agor siop ar ôl bod yn gweithio yn adran Gymraeg Foyles (siop lyfrau fwyaf y byd) a chyhoeddi amryw o lyfrau, yn eu plith *Gwŷr Llên* gan Aneirin Talfan ac *O Law i Law* gan T. Rowland Hughes. Mae ganddo dri brawd yn y siop a phob un yn gymeriad unigryw: John sy'n clercio ac yn 'smygu'n ddiddiwedd, Arthur, sgwrsiwr mawr, a Joseph, y tynnwr coes.

Prynu copi o'r *Wales* cyfredol lle ceir erthygl fedrus Emlyn Williams yn ateb rigmarôl Raglan. Fory y mae o, Raglan, yn agor dadl yn Nhŷ'r Arglwyddi i geisio gwneud dysgu'r Gymraeg mewn ysgolion yn anghyfreithlon. Beth sydd ar y penci? Fuodd o 'rioed yn y Bala, neu Langefni neu Aberteifi? Lle mae'r Gymraeg mor naturiol â nant y mynydd? Efallai ei fod yn gwneud lles inni gael cranc ambell dro er mwyn i'r gweddill ohonom fedru crisialu ein meddyliau.

Gadael Griffs (a chael copi o *Llawlyfr y Cynganeddion* am ddeunaw) a cherdded i San Steffan. Er ei bod yn oer yr oedd criw ar risiau Eglwys Sant Martin-yn-y-Maes yn canu i gyfeiliant gitâr. Croesi Sgwâr Trafalgar â 'nghalon yn fy ngwddf - nid wyf byth yn gwybod pa ffordd i edrych cyn croesi gan fod cymaint o ffyrdd yn cyfarfod yn y canol. I lawr Whitehall a heibio'r *Cenotaph* lle mae pob cyn-swyddog o'r fyddin dan ddyletswydd i salwtio wrth fynd heibio. Gresyn dros y gwarchodwr ar ei geffyl ar *Horse Guards* yn gorfod sefyllian yn y gwynt oer. Dim creadur byw ar gyfyl Stryd Downing, i mewn i Neuadd San Steffan i'r Lobi Ganol lle'r oedd Angharad yn aros amdanaf wrth y swyddfa bost. Byddaf bob amser yn ceisio anfon llythyrau o'r fan hon gan eu bod yn cael eu 'ffrancio' â marc y Senedd . . .

Cyffro mawr yn y Tŷ am fod pob aelod wedi cael copi o lyfr Peter Wildeblood, *Against the Law* a gyhoeddwyd gan Penguin. Yr awdur yw'r dyn a fu'n enwog ychydig yn ôl oherwydd ei gysylltiad â'r Arglwydd Montague. Mae dadl fory ar y pwnc - Gwrywgydiaeth a Phuteindra.

Angharad a minnau bron marw eisiau darllen y llyfr ond nid oedd un o'r aelodau yn barod i adael i 'ferched bach diniwed' weld y fath beth. Sut maen nhw'n meddwl yr effeithiai arnom tybed? Porthir ein chwilfrydedd, beth bynnag.

Tachwedd 26

I weld y ffilm *Cat on a Hot Tin Roof* gydag Elizabeth Taylor yn actio. Ffilm eirias. Ceisio dirnad be' sy'n corddi Tennessee Williams gan fod ei themâu bob amser yn llawn tensiwn a theimladau amrwd. Sensrwyd y ffilm yn ddidrugaredd meddir.

Wrth baratoi gwers i'r Gornel Llenorion yr ail-sylweddolais harddwch soned Williams Parry, 'Mae Hiraeth yn y Môr', lle llwyddodd i wau sŵn a synnwyr yn berffaith wrth grybwyll y pethau sy'n ennyn hiraeth yn ei enaid, sŵn y môr a distawrwydd, hud y machlud a phatrymau fflamau'r tân.

A chofiais innau am donnau'r Fenai ar hafnos a thawelwch cornchwiglaidd Moel Famau, nodau organ mewn capel yn y wlad, bref dafad yn y gwyll. Ac am dristwch bodlon y fan lle mae tarddiad afon Clwyd lle bûm yn ystod hanner tymor a gweld y ffrwd loyw yn diflannu i hafnau Hiraethog.

Tachwedd 30

Wedi bod mewn parti drwy'r nos a phan waeddodd y pregethwr ar ganol ei bregeth, 'Beth mae Crist yn ei olygu i chi, Hafina?' mi neidiais yn ffwndrus. 'Roeddwn yn cysgu'n drwm. Edrych o 'nghwmpas yn euog. Oeddwn i fod i'w ateb ai peidio? Nes sylweddoli'n chwys oer nad *Hafina* a ddywedodd eithr *chi a finna*! Ar ei dafodiaith Fonwysaidd yr oedd y bai!

Canu yn y Parc a phaned yn y *Golden Gate* cyn cerdded i lawr Regent Street i weld addurniadau'r Nadolig sy'n enwog drwy'r byd am eu crefft a'u dychymyg. Difethwyd rhin y rhain eleni. Yn crogi ar draws y stryd lydan, foethus hon y mae angylion polithin: ond mae'r angylion hyn yn edrych yn amheus o feichiog gan fod y glaw wedi crynhoi yn eu boliau! Rhaid felly fu cyflogi dyn efo picfforch i drywanu pob un a'u herthylu'n greulon er mawr berygl i hetiau a gwalltiau'r gwylwyr crechwenus islaw.

John wedi prynu Wagen y Werin Marc 2: Morris 12 1938. Daeth yr olwyn i ffwrdd wrth fynd adre o'r capel a diflannodd ei fam i'r tŷ fel bwled rhag ofn i neb wybod am ei chysylltiad â'r fath jalopi.

Rhagfyr 7

Cyngerdd yn y *Festival Hall* neithiwr a Hugh David yn arwain ond ni chafwyd gair o Gymraeg. Esme Lewis yn ardderchog, yn dylwyth-tegaidd ei gwedd a'i llais. Cawsom blwc go arw o smog yn ddiweddar a chymerais bedair awr i fynd adre o'r ysgol y noson o'r blaen. Echrydaf rhag yr effaith ar ein crwyn, gwallt ac ysgyfaint. Y mae cerdded drwyddo yn union fel bod yn ddall gan nad oes posib' adnabod unlle. Y cwbl ellir ei wneud yw rhoi mwgwd dros ein hwynebau i anadlu drwyddo ac ymbalfalu droedfedd fesul troedfedd. Mae strydoedd fu'n gyfarwydd yn cael eu trawsnewid yn Ddicensaidd a gwell yw peidio meddwl am Jack y Ripper na dim o'r fath.

Rhagfyr 15

Gwasanaeth carolau yn Eglwys Emaniwel yn yr Hornsey Road a bu bron i bethau fynd yn draed moch gan i'r ficer ddechrau'r gwasanaeth chwarter awr cyn i hanner yr ysgol gyrraedd. Gwynt traed y meirw yno hefyd. Rhes o blant o 'mlaen yn canu nerth eu hesgyrn, '*While shepherds wash their socks by night'*. Dwyn pac o gardiau oddi ar Christine a Lorraine oedd yn mwynhau gêm o rymi dan y sedd.

Wedi gweddïo na fyddai smog heddiw gan fod gennyf cyhoeddiad pwysig a phrofiad newydd i'w flasu, sef *mynd ar y Radio*! Cerdded i mewn drwy byrth urddasol y ganolfan yn Portland Place fel pe bawn wedi hen arfer. Gwenlyn Parry, Lindsay Evans a minnau yn trafod problemau dysgu yn Llundain ar y rhaglen 'Llafar' - yn *fyw* ar yr awyr! Nerfusrwydd moethus a mwynhau'n aruthrol. Adeilad y BBC fel gwaren gwningod - gallai un fod ar goll yno am ddyddiau.

Rhagfyr 18

Parti'r Pumed Dosbarth a'r creaduriaid bach eisiau jeifio (a minnau hefyd o ran hynny) ond y Brif. yn gwrthod caniatáu a bu raid bwnglera drwy St Bernard's Waltz a'r Gay Gordons. Ach a fi. Llygaid y Brif. yn gwannu fy nghefn gan fy mod wedi'i chythruddo drwy fod yn hwyr y bore 'ma. Angharad wedi aros efo ffrind o achos y smog ac ni chlywais y larwm. Deffro am 10.30. Pan welais wyneb sbeitlyd y cloc rhoddais wich a phlymio dan y dillad gan obeithio ei fod yn dweud celwydd. Un o'r bobl '*we are not amused'* yw'r Brif. Fel procer. Ceisio sleifio i mewn i'r ysgol yn anweledig o dan y drws ond yno y safai hi a'i gwep fel wermod lwyd a 'nosbarth yn gwneud digon o sŵn i godi meirwon y *Royal Charter*.

Cynffonna iddi heno ac aros i glirio'r neuadd. '*Good girl*' meddai a chwyddodd fy nghalon.

Rhagfyr 24

Adre. Ni chodais o gwbl ddoe. Cysgais heb symud am 24 awr. Wedi blino'n rhacs wedi tymor caled iawn. Y plant yn hawlio sylw bob eiliad ac y mae angen hanner dwsin o ddwylo a deubar o lygaid i'w trin. Paratoi gwersi, marcio diddiwedd a gweithgareddau allanol, lludded dychrynllyd. Un rheol bwysig i bob darpar athro - peidiwch byth â throi eich cefn ar eich dosbarth. Canys ni chredech y canlyniadau. Canys cocyn hitio a fyddwch.

Pluo ffesant heno a hynny yn dreth ar amynedd; y plu mor fân a'r cnawd mor frau ac yn rhwygo, yn enwedig os oedd clwy cetris ynddo. Sgwennu penillion telyn erbyn Eisteddfod y Cymdeithasau:

> Main yw gwasg y ferch benfelen,
> Main yw gwddf y tenor talben,
> Main yw 'nhymer yn yr ysgol,
> Meinach siec fy nghyflog misol.

Beth ydi *talben*? 'Dwn i ddim!

Rhagfyr 25

Blas y Cynfyd, nofel newydd Islwyn Ffowc Elis yn fy hosan y bore 'ma. Gwenu'n wan wrth ddarllen un frawddeg pan ddywed yr arwr nad eich bywyd eich hun sydd gennych ar ôl ymuno â Chymdeithas Cymry Llundain. Mor wir. Pawb yn 'nabod ei gilydd heb obaith cadw cyfrinach. Ond mae'n gymdeithas glòs, garedig, a phawb yn pryderu am fuddiannau'r gweddill. Fel y dywedodd un Sais rhyddieithol wrthyf, 'Mi rydych chi'r Cymry yn anhygoel; 'rydych yn glynu wrth eich gilydd fel cachu ar flanced!'

Rhagfyr 31

Diwrnod dyrnu. Diolch ei bod yn sych a di-wynt. Dim byd gwaeth ar ddiwrnod dyrnu na gwynt yn chwythu sbrots i'r llygaid. Gwylnos yn y capel a Bryn yn synnu pawb efo'i gampau ar yr hwla-hŵp. Gall fynd am oriau. Cyrraedd adre . . . ac yr oedd yn 1959.

3

1959: Bwrw dy fara

Ionawr 7

Yn ôl i'r ddinas. Taid yn adrodd awdl Elfyn i 'Tlodi' o'r dechrau i'r diwedd yn yr ysbyty y p'nawn 'ma. Traed moch yn y fflat am fod Angharad wedi colli agoriad y llofft. Wrth lwc y mae drws taflod o'r lolfa yn arwain iddi ac fe ddylid fod wedi tynnu llun Angharad yn gwthio trwyddo a minnau'n disgwyl iddi fynd yn sownd 'run fath â Winni y Pw yn y pot mêl. Y ddwy ohonom wedi addunedu i beidio priodi am flynyddoedd lawer wedi gweld rhai o'r hen gyfeillion yn edifar, yn newid clytiau, golchi sanau drewllyd a'u dwylo'n goch. Dim diolch!

Ionawr 10

Ar fin saethu'r clo er mwyn hyrwyddo ffordd Angharad i'r gwely ond daeth Samariad heibio hefo bag o arfau. Chwarae teg i Twm! Wedi peth curo, mwy o regi a chryn gicio, agorwyd y drws. Yn anffodus bu peth malu hefyd a phan glywais ystyllen yn hollti cerddodd gwallt fy mhen wrth ddychmygu adwaith y perchennog sy'n ddynes byticlar drybeilig. Y peth cyntaf a ddywedodd Angharad ar ôl agor y drws oedd, 'Cau'r drws, Twm, mae'n oer.' Yntau'n troi ar ei sawdl a dweud, ' 'Rydych yn lwcus ar y naw i'w gael o'n gorad, y diawliaid.'

Ionawr 17

Dwy ffilm yn y Clwb heno - *Noson Lawen* a *How Green was my Valley*. Mwynhau'r gyntaf wrth weld Tai'r Felin a Phuwiaid Castell Hen, ond aeth pawb yn wan o chwerthin wrth wylio'r ail a chlywed acenion anhygoel yr actorion, cymysgedd o Wyddeleg ac Americaneg yn gwneud cyfuniad o iaith y gellid ei galw'n Fôr-Canoldireg. Bob tro yr oedd rhywun yn y gynulleidfa yn codi y cyfan a welem ar y sgrîn oedd cysgod anferth a bu rhaid symud Mrs Prys Roberts o'i sedd gan fod ei phen fel mynydd ar gornel y ffilm. Yn yr olygfa lle mae'r ysgolfeistr yn cael cweir gan frawd Huw Morgan yr oedd yn amlwg fod y taflunydd yn wrth-athrawon oherwydd fe redodd y ffilm mewn araf-symudiad. Dyna'r ffilm ddigrifaf a welsom ers talwm.

Ionawr 19

Arwerthiant sborion yn yr ysgol. Welais i 'rioed stampîd debyg iddi a gwragedd yn paffio uwchben sothach ac yn dwyn eu ceiniogau dan gwynaw.

Chwefror 7

Eisteddfod y Cymdeithasau heno. I Wyn Hughes y mae'r diolch ei bod yn parhau mewn bri oherwydd mi fu bron iddi farw ond gwnaeth ef wyrthiau. Arnold wedi dod am dro unwaith eto - euthum â fo i'r Eisteddfod, druan! 'Rwy'n siŵr na feddyliodd yr Iddew hwn o Glasgow y byddai'n mynd i Lundain ar ei wyliau a chael ei lusgo i eisteddfod. Cynigiodd bopeth i mi: oeddwn i eisiau mynd i'r theatr/sinema/clwb nos/clwb jazz/gwesty drud/ *Trocadero* i hap-chwarae? Nac oeddwn, 'roeddwn eisiau mynd i eisteddfod y capeli!

Yr oedd arwydd *'No Smoking'* wedi'i osod a'i ben i lawr yn y neuadd am ryw reswm a meddyliodd ef mai gair Cymraeg ydoedd. Minnau'n dweud ei fod yn edrych yn debycach o lawer i Hebraeg! Gwenlyn yn ennill y Gadair. Cefais innau feirniadaeth dda gan Eirian Davies am ysgrif: golygai hyn gryn dipyn i mi. Heb 'sgwennu ers misoedd ac yn gyndyn o wynebu Menai Williams yn y Genedlaethol a'i llygaid glas yn fy nghyhuddo. Go brin y gwyddai Eirian Davies y fath ffafr a wnaeth wrth fod mor garedig. Efallai y caf gyfle i ddiolch iddo ryw dro. Ond y peth pwysicaf yw fod yr ysfa 'sgwennu wedi gafael ynof unwaith eto.

'Roedd hi wedi hanner nos arnom yn darfod ond teimlwn fod dyletswydd arnaf i roi cyfle i Arnold fwynhau tipyn ar fywyd ffrenetig y ddinas ac felly i ffwrdd â ni i glwb nos yn Regent Street a mwynhau swper ardderchog. Amharwyd llawer ar fy mwynhad gan y cabaret lle'r oedd merched noethlymun yn paredio o gwmpas, yn ddigon agos i'r dynion eu cyffwrdd ac i minnau roi celpen go lew . . . ond wnes i ddim wrth gwrs . . . dim ond teimlo yr hoffwn i'r ddaear agor. Manteisio ar yr awyrgylch ferfaidd i ddweud yn derfynol wrth Arnold nad oeddwn am droi'n Iddewes a bod ein diddordebau yn hollol wahanol. Profwyd hynny heno. Addunedu i fod yn gyfeillion oes a dad-gymhlethwyd pethau'n reit daclus. Beth ddywedodd yr hen Omar?

> Yn wir, rhyw ddernyn gwyddbwyll ydyw dyn,
> Tynged yn chwarae a hwnnw'n chwarae'i hun,
> Ein symud ar glawr bywyd, ôl a blaen,
> A'n dodi 'mlwch yr Angau, un ac un.

'Roeddwn wedi cwyno wrth Robin Lloyd yn gynharach fod bywyd yn gymhleth. 'Nac ydi' meddai'r athronydd o Nefyn, 'ti sydd yn ei wneud o felly.' Diolch, Robin.

Chwefror 14

Adre o gymdeithas capel Holloway yn y Wagen ac wrth y goleuadau yn Seven Sisters' Road 'roedd rhyw snob mewn anferth o gar drudfawr yn edrych i lawr ei drwyn ar ein dull gwerinol ni o drafnidiaeth. Twm yn agor y ffenest ac mewn llais clên yn dweud, '*Rather an old car you've got there, mate*' a'i adael yn gegrwth fel y rhuthrasom yn y Wagen i lawr y stryd fel mellten. Teimlo fel Wil-dau-hanner ar fin cael annwyd.

Chwefror 17

Wedi bod yn poeni am ddiffyg·arian a Thwm, sy'n gredwr cryf yn y Llyfr Mawr Du sy'n rheoli ein bywydau, wedi dweud y byddai Tynged yn gofalu amdanaf. Gwir y gair oherwydd cefais raglen arall gan y BBC, 'Llafar' unwaith eto efo Gwenlyn a Lindsay i drafod byw mewn *bed-sitter*.

Angharad wedi cael gafael ar fachgen tra anghyffredin yn gwisgo dici-bo a mynnu dawnsio gwerin ar ein pwt o lawnt. Y cymdogion yn pipian ac yn barod i anfon am feddyg/plismon/twrne.

Chwefror 28

Ufflon o ffrae heno. Cyngerdd Gŵyl Ddewi yn yr *Albert Hall*. Eifion ac Emrys yn ei dweud hi'n hallt pan welsant y llun mawr o'r Tywysog Charles oedd yn llenwi'r llwyfan. Safodd y ddau'n bur anfoddog i ganu anthem y Frenhines ar y diwedd gan guchio arnom, cnoi gwm yn rhyfygus, mynglian dan eu gwynt, a llabyddio 7,098 o ragrithwyr. Nhw eu dau oedd yr unig rai call yno, medden nhw. Nhw oedd yr unig ddau oedd yn berchen unrhyw egwyddor, medden nhw. Aeth yn ddadlau gwyllt ac am y tro cyntaf gwahanodd y criw mewn stêm.

Oni ddylem sefyll i'r anthem yn Lloegr yn union fel y buasem yn disgwyl i Sais sefyll i'n hanthem ninnau yng Nghymru? Mi fyddai'r ddau yn gandryll pe bai rhywun arall yn sarhau baner ein gwlad ni ond ni faliant am sarhau baner gwlad rhywun arall. Ond yr hyn sydd wedi peri gwir loes i'r ddau, mi wn, yw datganiad John Eilian yn dweud nad oedd y fath beth â Chymru'n bod yn oes Dewi Sant. Barn Eifion yw mai ym Mhorth y Gest yr oedd Adda ac Efa yn byw. Felly y mae Cymru yn genedl er dydd y Creu! Beth yw'r ots? Mae Dewi yn symbol o genedligrwydd. Nid yw'r Saeson yn malio dim mai *spiv* o'r Dwyrain Canol oedd eu Siôr nhw.

Mawrth 10

Y ffrae'n dal i siglo'r seiliau. Syrthio i'r felan wrth ddarllen geiriau pesimistig yr hen Ficer Prichard:

Ni cheir gweled mwy o'n hôl
Nag ôl neidr ar y ddôl,
Neu ôl llong aeth dros y tonnau,
Neu ôl saeth mewn awyr denau.

Beth yw pwrpas popeth 'te? Sut mae ennill anfarwoldeb? Ydi hi'n bwysig gwneud marc? A oes unrhyw bwys yn y ffaith 'mod i heno wedi medru ateb cwestiwn yn yr Arholiad Sirol am gyfraniad Haggai i'w genedl? Mi fedrai Mam a Nain a Hen-nain ateb y cwestiwn. Ond faint o blant Cymru fedr ateb: beth oedd cyfraniad Llywelyn ap Gruffydd i'w genedl? Y mae daearyddiaeth Palesteina yn fwy cyfarwydd i'r Cymry na'u gwlad eu hunain a bannau Gwent a bannau Hiraethog begynnau oddi wrth ei gilydd. 'Rydym ni'n bobl ryfedd i'w ryfeddu.

Mawrth 14

Darlith ar 'Daniel Owen' yn y capel ond mi fuasai'n dda gen i pe bai pobl sy'n darllen ei waith yn uchel yn ei ddarllen fel yr ysgrifennwyd ef: maen nhw'n llurgunio tafodiaith Sir y Fflint ac yn dweud *capal* ac *Abal; capel* ac *Abel* ddywedai'r hen Ddaniel! Un o ogoniannau ei waith yw ei dafodiaith liwgar, iaith fain y gororau, iaith yr *E*. Onid ymchwil ddiddorol fyddai tynnu map o ble yn union y mae llinell derfyn iaith yr *E* a iaith yr *A*? Mae hi rywle rhwng Ysbyty Ifan a chanol y Migneint a rhywle rhwng Rhydymain a Dolgellau yn ôl a sylwaf. Cofiaf y llygadu ymysg y plant yn ein teulu ni wedi i ewythr, brawd fy nhad, briodi â merch o Drefor, Arfon, a'i chlywed yn dweud halan/fala/cacan ac yn y blaen. Edrychem arni fel estron o wlad bell. Dadlau mawr - pa un oedd yn gywir. Taid yn rhoi'r ddeddf i lawr, '*Halen* mae'r Beibl yn 'i dd'eud'. A dyna ddiwedd arni.

Mawrth 15

Wedi cael codiad cyflog o 2% ac fe'i gweriais cyn ei gael ar bâr o esgidiau duon, sodlau picell, am 59/11.

Mawrth 24

Y newyddion da yn gyntaf. Gwelais berfformiad gwych o *Gymerwch chi Sigaret?* Saunders Lewis gydag actio cofiadwy gan Mari Vaughan Jones a Mathew Griffith, cynhyrchiad Reg Evans. A'r newyddion drwg yw fy mod wedi blino, fy nghroen yn ddilewyrch a 'ngwallt yn ddi-raen. Mae perchennog y fflat ei heisiau i'w merch sy'n priodi ac y mae Angharad wedi cael swydd yn Wrecsam. Bydd angen trol a mul i symud yr holl lyfrau a thranglins sydd wedi hel ac y mae'n gas gennyf luchio dim. Er nad wyf mor wirion ag un wraig y clywais amdani yn cadw hen dun bisgedi yn y sbensh ag arno label yn dweud, 'Llinyn rhy fyr i fod o unrhyw werth'.

Ni allaf ddychmygu bod yn Llundain heb Angharad. Ond nid wyf i wedi llwyddo i gael swydd gan f'annwyl sir fy hun.

Mawrth 25

Gwyliau'r Pasg. Mynd i'r Bala i weld tîm pêl-droed Cymry Llundain yn colli yn erbyn y Bala ac yn chwarae fel penbyliaid. Aros efo hen gyfeillion ym Mhentre Duldog a mynd i gapel Llidiardau a T.C. Jones, Rhydymain, yn pregethu ac yn dweud, 'Mi gewch fynd am dri os na chaf i hwyl.' Cawsom fynd am dri.

I ymweld â theulu'r Puwiaid ym Mron Wylfa. Wiliam ar ei ffordd i Fryn Gath i nôl menyn gwyrdd i'w roi ar ddrewinod. Anodd dygymod â gweld y teulu hyfryd hwn yn byw yn y tŷ arbennig hwn gan fod gennyf atgofion anhapus iawn am y lle. Gan fod gennyf ffordd hir adre o'r ysgol, 'roeddwn yn gorfod aros yma dros yr wythnos efo'r hen Fiss Morris. Ar fy mwyd fy hun, ogle salwch dros y lle am fod hen wraig orweddiog yno a gorfod mynd i'r gwely yn y tywyllwch. Yn yr atig. 'Chawn i ddim mynd i'r ardd gan fod llygod mawr yno. Medde hi. Credwn ar y pryd ei bod yn cuddio rhywbeth er na allwn ddychmygu beth. Dyn? Corff? Crocodeil? Llamai fy nychymyg.

'Doedd hi ddim mor ddrwg pan oedd gennyf gwmni Nest, Nant Erw Haidd. Yn anffodus 'roedd Nest yn astudio at ei Lefel A ac yn gorfod darllen ei nodiadau yn hwyr y nos gyda chymorth cannwyll. Cafodd ei dal gan yr hen ferch a'i throi allan a minnau adawyd yn unig. Hunllefus.

Cofiaf ddarllen yn uchel iddi (a'r hen greadures wrth ei bodd) a dagrau'n llifo'n ddistaw. *Madam Wen* a *Creigiau Milgwyn* oedd y ddau arbennig a hoffai. Hi'n wylo dan deimlad wrth glywed stori drist y Creigiau: minnau o hiraeth ac unigedd.

Y tro cyntaf (a'r unig dro) i mi strancio a gwrthod mynd i'r ysgol oedd yn yr wythnosau hynny wedi diflaniad Nest. Ac am unwaith yn fy mywyd cefais fy ffordd fy hun gan fy nhad a chael dod adre bob nos - er gwaethaf y pellter. Cyn hir aeth f'ewythr Harri yn weinidog i Lidiardau, dair milltir o'r Bala, a chefais innau rannu ei gartref am weddill yr amser yn yr ysgol honno cyn symud i lawr Dyffryn Clwyd. Dyna pryd y deuthum i gysylltiad â bywyd clòs, diwylliedig Penllyn.

Ebrill 1

Gweld Cynhafal yn y dref ac yntau'n gofyn beth ddaeth drosof yn mynd i Lundain. 'Ymhell mae ci yn lladd' meddwn a chwarddodd nes siglo seiliau'r castell. 'Mi 'rwyt ti wedi pigo job ysgafn iawn, beth bynnag' ebe fo wedyn.

Iechyd! Sut oedd dechrau egluro iddo fo am ddiawlineb plant dinesig. Ni fyddai'n credu. Diolch fy mod yn rhy hen i gael rasel ddime ganddo. Byddai'n arfer dod i'r fferm pan oeddem yn blant i ladd mochyn ac yn 'sgythru amdanom i roi 'rasel ddime' inni sef rhwbio'i wyneb barf-bigog ar hyd ein bochau tyner. Ew! 'roedd o'n brifo! Dywedai ei fod yn perthyn yn agos; ond erbyn gweithio'r peth allan nid oedd yn berthynas mor agos â hynny - 'roedd ei nain o yn gyfnither i fy hen-daid . . .

Papuro llofft heddiw a gwylltio mewn rhwystredigaeth, y to yn rhy uchel, y fainc yn rhy isel, y paent yn rhy drwchus, y papur yn rhy denau, y brwsh yn rhy fach a minnau'n rhy ddi-lun. Gwneud sbageti i swper a mwynhau perfformiad y teulu wrth iddynt geisio'i fwyta. Y ddedfryd: cadw dy syniadau Llundeinig i ti dy hun.

Ebrill 7

Llythyr gan Helen sydd ar gwrs Cymraeg yn y Cilgwyn, Castellnewydd Emlyn, yr hen beth lwcus. Dywed fel hyn:

> 11:05 - Gwely Elizabeth yn torri.
> 11:30 - Dal i chwerthin.

Chwarae tennis bwrdd efo Alan a Bryn ond daeth diwedd sydyn ar y gêm pan redwyd allan o beli; aeth un i'r tân a'r llall i boced Dad ar ôl ei daro yn ei wyneb ac yntau'n pendwmpian. Hyn i gyd yn profi safon isel y chwarae.

Ebrill 16

Y parti penillion yn canu yng Nghymdeithas Môn heno ac yr oedd rhai o fawrion y sir yno - Syr Alun Rowlands, prif ffisegwr y Llynges, Alun Jones, Watford a Brynsiencyn, ac Elis Aethwy. Yr olaf wedi 'sgwennu penillion yn enwi llannau Cymru i'w canu ar 'Llwyn Onn'. Mae dros hanner cant ym Môn i ddechrau! Dyma lannau Sir Ddinbych:

> Llanarmon Dyffryn Ceiriog, Llanrhaeadr ym Mochnant,
> Llansilin, Llandysilio, Llangollen, Llanfair,
> Llangernyw, Llansannan a Llanfair Talhaearn,
> Llanddulas, Llannefydd, Llanrwst cartre'r ffair,
> Llanfihangel Glyn Myfyr, Llanfwrog, Llaneilian,
> Llanynys, Llandyrnog, Llanelidan sy' ar ga'l,
> Llangynhafal, Llangwyfan, Llansanffraid a Llanychan,
> Llanferres, Llandegla, Llanarmon yn Iâl.

Faint adawyd allan? Llangystennin, Llansansiôr, Llanrhydd, Llanrhaeadr y Cymeirch, Llanbedr . . . Symud i fflat fechan yn Winchmore Hill. Tua'r lle bu dechrau'r daith: dyna beth rhyfedd.

Ebrill 21 - Mai 2

Yn yr ysbyty, y Royal Northern. Cael fy nghario allan o'r ysgol wysg fy nhrwyn ar ôl llewygu yng ngwasanaeth y bore. Rhannu ystafell efo rhyw hen wreigan sydd newydd gael llawdriniaeth ac yn chwydu drwy'r nos. Y tabledi cysgu'n fy llorio a chysgais ar ganol codi llwyaid o uwd i 'ngheg. Y meddyg mewn penbleth. Eisiau bwyd sydd arnaf!

Cael fy symud i 'stafell ar fy mhen fy hun gan fod yr hen wraig, Miss Weasel (addas) yn mynd ar fy nerfau efo'i griddfan diddiwedd. 'Tydi cael fy neffro am chwarter i chwech y bore i gael paned ddim yn plesio o gwbl. Cael amser i ddarllen. Erthygl yn y *Telegraph* yn cadw sŵn fod Cymru'n cael gormod o sylw ar Ŵyl Ddewi tra bo·Lloegr yn cael ei hanwybyddu'n llwyr ar ddydd San Siôr. Ar Fawrth 1af eleni yr oedd pedwar Thomas ar banel y *Brains Trust* - Percy, Miles, Gwyn a Brinley. Ar y teledu yr oedd drama *Y Tad a'r Mab* a sgwrs radio gan Emlyn Williams dan y teitl *'I'm not English'*. Ebe'r *Telegraph* yn sur - *'Isn't he the lucky one'*.

Mai 3

Wedi ennill am gerdd *vers libre* yn Eisteddfod yr Urdd. Cerdded yn lordaidd i fyny Grays Inn Road mewn sgert a 'sgidiau newydd yn meddwl 'mod i'n goblyn o smart nes daeth rhyw ddyn i 'nghyfarfod a thaflu ei ddwylo dros ei lygaid ac ebychu dros y stryd, *'Oh my God! What a mess!'* Efallai y dylwn gropian yn ôl i'r ysbyty.

Mai 9

Am dro i'r wlad, criw ohonom. Trên i Leatherhead ac yna cerdded i Little Bookham ac Effingham gan anelu am West Humble. Mynd ar ddisberod oherwydd darllenydd map di-glem a chael bwyd yn Dorking. Heulwen braf. Wrth gerdded drwy'r caeau a gweld y coed tân ar lawr awgrymodd Twm y dylem gychwyn busnes Inter-pricie-tân.

Mai 11

Mae Gwen y fflat nesaf ar y *landing* yn un od. Mae'n perthyn i enwad y Pentecostiaid ac yn ceisio stwffio'i chrefydd i lawr ein corn gyddfau o hyd ond nid oes ganddi lawer o syniad am ddim a dweud y gwir. Un denau, eiddil, efo sbectol gwaelod potiau jam a dannedd fferet, atal-dweud, llygaid croes a choesau na allai ddal mochyn mewn lôn gul. Y math o berson y byddaf yn teimlo gymaint drostynt nes iddynt fanteisio arnaf am na allaf fod yn gas. Mae'n curo'r drws 'ma yn dragwyddol, eisiau benthyg rhywbeth neu wybod rhywbeth arall. Oherwydd fy euogrwydd (gan na allaf ei ddioddef) 'rwy'n or-oddefgar. Heno aeth ei llenni ar dân.

Sut y llwyddodd i wneud hynny, ni wn. Sgrechiodd fel cwningen mewn magl. Yn lle gwneud rhywbeth ymarferol fe redodd i lawr y grisiau i lawr y stryd, rownd y gornel, yn gweiddi mwrdwr. Y fi ddiniwed, hurt, aeth i mewn i'w hystafell a thaflu bwcedaid o ddŵr oer ar y fflamau oedd yn llyfu'r llenni.

Angharad wedi mynd i rywle - bu raid iddi ddiflannu gan ei bod wedi gwneud cawl o'i threfniadau ac yr oedd ganddi ddêt efo tri o rai gwahanol. Os deuent i'r drws i chwilio amdani - mygins oedd i egluro fod ei nain wedi syrthio oddi ar gefn beic . . .

Mai 18

Trip Ysgol Sul i Holland (on Sea!). Golchi'n traed yn y môr, a'r tonnau fel gwallt babi yn cyrlio o gwmpas ein bysedd. Neu fel y dywedais yn ystafell yr athrawon un bore - *foot fingers* er mawr hwyl i bawb . . .

Mai 21-24

I Langynnin ger Sanclêr i aros yn y Mownt efo teulu Irene a chael croeso a thân glo a swper blasus. I Eisteddfod yr Urdd yn Llanbedr Pont Steffan a gweld Catrin Lloyd Rowlands yn cael ei choroni. Yr oedd pump yn deilwng o'r wobr a minnau'n un ohonynt. Aros yr ail noson yn Nhregaron yn ymyl tŷ Bethan (Lloyd Jenkins) mewn pabell. Ei thad yw prifathro'r ysgol ac yn fardd cadeiriol er ei bod hi wedi cuddio'r ffaith honno.

I gyngerdd coffa Idwal Jones yn y babell fawr a chael cryn flas yno cyn mynd i ddawns werin yng Nghwmann. Mwynhau Cassie Davies yn canu 'Mw mw me me cwac cwac cwac cwac . . .' Erbyn cyrraedd yn ôl i Dregaron 'roedd gweddill y 'Werin Alltud' wedi cyrraedd ac yn ymbalfalu yn swnllyd iawn wrth chwilio am le i roi pen i lawr. Ofni gweld fflyd o heddlu cudd Tregaron yn dod i ymchwilio.

Codi a gwisgo yn y gwlith ac Eric yn ceisio ein deffro gyda chlamp o utgorn. Mwynhau brecwast yn yr awyr agored - cig moch, sosej-rôls, eirin gwlanog allan o dun a bara brith. Tynnu lluniau wrth draed yr Apostol Heddwch. Dic Jones, Yr Hendre, yn cael y Gadair am y pumed tro! Llwyd o'r Bryn fel brenin ar y maes wedi ffawdheglu bob cam a gadael Nans i warchod mae'n siŵr. Codi pabell yn Llangynnin ac yn ôl i noson lawen a galw yn siop Jac Oliver. Dyna gymeriad. Diwrnod poeth, poeth.

Ar y traeth ym Mhendein a chael cip ar bentre Talacharn anfarwolwyd gan Dylan Thomas. Yna'n ôl i'r hen ddinas fudr wedi cael amser bythgofiadwy. Wn i ddim beth ddywedai pobl pe gwyddent fod criw cymysg wedi bod yn gwersylla dros yr ŵyl - ond arnyn nhw mae'r bai os ydynt am fod yn amheus. 'Rydym i gyd yn ormod o ffrindiau i ddechrau chwarae o gwmpas.

Wedi cael gwahoddiad i symud i mewn i fflat Irene a'r criw y tymor nesaf ar ôl i Angharad fynd adre i Wrecsam. Teimlo'n falch a gwn y bydd popeth yn gweithio'n iawn. Pam ei bod mor awyddus i fynd yn ôl! 'Rydym wedi cynefino ac yn byw bywyd i'r eithaf.

Mehefin 1

Cyfarfod â rhyw foi ar y tiwb a hwnnw'n dweud wrthyf ei fod yn gwybod *un* gair o Gymraeg sef *cynhyrchu*. Amau ei gymhellion.

Mehefin 6

David James yn cael ei wneud yn Syr. Mae o wedi rhoi llawer o bres i wahanol fudiadau fel yr Urdd ac i'w bentref genedigol, Pontrhydfendigaid. Rhywun yn y Clwb yn dweud y dylid newid enw'r pentref hwnnw i *Holy David's City*! Newyddion hefyd am Bryn Williams. Bydd yn mynd i'r Wladfa am y tro cyntaf ers talwm ac y mae'n mynd i sgwennu hanes yr antur ryfeddol honno pan aeth y Cymry drosodd ar y daith gyntaf yn 1865 mewn gobaith am y Gymru Newydd.

'Roeddwn yn hoff iawn o Bryn Williams pan oedd yn weinidog ar y Tabernacl yn Rhuthun a'i ferch, Nan, yn yr un dosbarth. Gŵr tyner a thinc o hiraeth yn ei lais a'i lygaid ar ryw orwel.

Marcio papurau Hanes a medru dweud mai hon oedd arholiad olaf y dydd gan fod olion blinder a diofalwch arnynt. *'Caradoc was covered in sticky black pitch'* meddai un. *'Sir Francis Drake saw the Armada coming and said, "The Armada can wait. My bowels can't".' 'The battle of Hastings took place at Waterloo and Napoleon and Churchill had a row about it.'* Ble ar y ddaear maen nhw'n cael y fath syniadau?

Cofiaf y chwerthin a fu yn Ysgol Dyffryn Ogwen ar ymarfer dysgu a minnau wedi gofyn am frawddeg yn cynnwys yr ymadrodd 'po fwyaf'. Yr hyn a gefais oedd, 'Aeth Mam i Woolworths ym Mangor a phrynodd y po fwyaf yno'.

Mehefin 7

Yng nghapel Clapham Junction i dderbyn gwobr yr Arholiad Sirol - 15/6. Sylwi ar y ffenest yn y capel a roddwyd gan Lloyd George er cof am ei ferch Mair Eluned. Dywedir ei fod wedi torri'i galon yn lân ar ôl ei cholli hi.

Gweinidog cyntaf y capel oedd y Parch Llywelyn Edwards, mab i'r Dr Lewis Edwards a brawd i'r Prifathro T. Charles Edwards. Bu yno tan 1902 a phan ymddeolodd fe'i galwyd gan Celt Llundain yn *the perfect lady's man*.

Beth oedd ystyr hynny, ni wn, ond nid yw'n swnio'r fath o deyrnged y byddai gweinidog Methodus yn hoffi ei gael! Yn 1927 etholwyd gŵr o'r enw David Hughes Parry yn flaenor yno - erbyn hyn cafodd Cymry Llundain a Chymry'r hen wlad achos i ddiolch i ddiwydrwydd y gŵr siriol ac amryddawn hwn.

Wrth syllu ar y ffenest liw o ferch ifanc yn eistedd wrth organ a darllen y geiriau:

Cariad Addfwynder Moliant

Mair Eluned Lloyd George

yr hon a hunodd Tachwedd 29 1907 yn 17 oed

'roedd fy meddwl yn crwydro gan geisio dychmygu'r fath gewri oedd ym mywyd Cymry Llundain yr adeg honno, ac yn wir ganrifoedd cyn hynny. Pan ddaw mwy o ymreolaeth i Gymru beth sy'n mynd i ddigwydd i'r bywyd Cymraeg yma tybed? Ai diflannu a wna'r holl addoldai? Dadorchuddiwyd y ffenest gan un o gyfeillion mawr Lloyd George, John Williams, Brynsiencyn, y gŵr hwnnw fu'n creulon-berswadio dynion ifanc Cymru i fynd i ymladd yn y Rhyfel Mawr. Hen imperialydd digymrodedd, ac yn ddigon i beri i un ymwrthod yn llwyr â chrefydd.

Mehefin 20

Mynd â chriw o blant i gyngerdd yn y Festival Hall a hwythau yn anodd eu trin am eu bod yn casáu yr hyn a alwant yn fiwsig 'posh'. Fe ddysgais i lawer iawn, beth bynnag, wrth wrando ar Syr Robert Mayer yn esbonio 'Prentis y Dewin'. Chwythu bygythion a chelanedd a mynd â nhw am dro wedyn i weld rhai o ryfeddodau eu dinas, dros bont Waterloo ac i fyny'r Aldwych i Holborn. Y mwyafrif erioed wedi bod cyn belled i berfeddion Llundain o'r blaen - heb erioed weld Big Ben, hyd yn oed. Yn wir, ni wyddent beth oedd Big Ben. Wnes i ddim cymhlethu pethau trwy eu hatgoffa mai enw gwraig Big Benjamin Hall oedd Gwenynen Gwent . . .

Yr unig beth aeth â'u bryd oedd Tŷ Rediffusion yn y Strand, pencadlys teledu masnachol. 'Roedden nhw wedi clywed am hwnnw! Dympio'r taclau drwg wrth yr ysgol a mynd i Dŷ'r Cyffredin a chael sgwrs felys ar y terras hefo Lady Megan ac S.O. Davies, Merthyr. Sôn wrthi am ffenest goffa ei chwaer ac fe ddywedodd fod ei thad yn ddyn teimladwy iawn a'i fod wedi cael gofid mawr gyda marwolaeth Mair. Cwrdd hefyd â George Rogers, aelod ardal Notting Hill. Mae'r truan ar ben ei dennyn. Fo oedd aelod seneddol Ruth Ellis a Christie. A rŵan mae ganddo broblemau hiliol yn yr ardal a darogan pethau gwaeth i ddyfod.

I barti heno yng nghartre Count Eugene o Lichtenstein, tŷ yn llawn o drysorau: ffiolau o lys Louis a phorslen Sèvres, darnau cain o Dresden a

Meissen a llestri angor-coch Chelsea, potiau o Tseina, lluniau cywrain o Siapan, Picassos a Van Goughs, cadeiriau Heppelwhite, llechi lliwgar William Morris. Yfed gwin o ffiolau o oes Siôr III a gwrando ar sgwrs ddiwylliedig yn trafod y trysorau. Collodd ei dad yn Buchenwald a chollodd yntau ei goes dan artaith y Gestapo.

Mehefin 27

Am dro i'r wlad. Dal y trên i Rickmansworth a'r glaw yn pistyllio. Ymochel mewn eglwys a chwerthin am ben Emrys wedi gwisgo mac Beryl. Mae o dros ddwylath a hithau dan bum troedfedd. Edrychai fel bachgen drwg yn tyfu trwy'i ddillad. Colli ein ffordd a chyrraedd *allotment* a gofyn i'r dyn oedd yn palu ym mhle'r oeddem. 'Mewn *allotment*' oedd ei ateb. Syllu arno'n hurt wrth dderbyn ateb ffeithiol gywir ond da i ddim. Yr oedd yn gwisgo trowsus byr (tebyg i Sais lloerig yn Sbaen), dim sanau, esgidiau hoelion a dannedd gosod. Yr oedd y dannedd gosod yn neidio fel dryw ar frigyn. Cyrraedd Chalfont St Peter yn wlyb at ein crwyn. Malio dim gan ein bod wedi bod yn adrodd 'Pais Dinogad' wrth gerdded ar draws y caeau a chwerthin dros y wlad wrth glywed Twm yn cyfieithu'r gerdd i iaith C'nafron, 'Ma' gin Dinogad, co bach, bais *multicoloured*, ia, wedi'i gneud allan o grwyn slyms . . .'

Gorffennaf 4

'Nid yw pethau fel y buont.' Mae Gwenlyn wedi cael swydd yng Nghymru ac y mae Peter Lloyd wedi gofyn i mi gymryd ei ddosbarthiadau Cymraeg drosodd y tymor nesa. Awgrymu y gallai Rhydderch ddysgu'r ail ddosbarth gan ei fod yn dod i Lundain y tymor nesaf. I'r *Central Hall* heno i stiwardio mewn cyngerdd gan gôr o America. Clamp o Americanwr yn dod ataf a dweud, '*Ya'll never believe this but we have steaks this big back home what a beautiful welcome gee whiz sandwich please* diolch yn fawrrrrr!' i gyd ar un gwynt. A minnau wedi meddwl mai myth oedd Iancis o'r fath.

Ar ôl gwrando'r côr yn gwichian am ryw hanner awr aethom i far coffi yn Soho o'r enw *Act One Scene One* yn coegio bod yn Elisabethaidd. Ychydig iawn o'r bobl gyffredin yma sy'n gyfarwydd â llenorion Seisnig ond - y mae pawb wedi clywed am Shakespeare a'i ddelw ef sydd ar y muriau a'r bwydlenni. Beth am agor bar coffi yng Nghymru sy'n adlewyrchu Dafydd ap Gwilym? Pwy 'di hwnnw, clywaf y werin yn atseinio.

Gorffennaf 7

Yr ysgol yn hanner gwag am fod y Moslemiaid gartref yn dathlu dydd Calan neu rywbeth. Treulio pymtheg awr yn llenwi adroddiadau. Fydd eu hanner ddim yn cael eu darllen. Tydi ugain y cant o'r rhieni ddim yn siarad Saesneg. Mae ugain y cant arall nad oes ganddynt unrhyw ddiddordeb. Ni ellir dweud y caswir am neb. Mae'r Brif. wedi bod yn ardderchog. Mae'n rhoi pob munud o'i bywyd i'r ysgol ac yn help mawr i bawb, yn arbennig i'r athrawon ifanc o dan straen. Yn aml iawn daw i'r dosbarth a dweud wrthym am fynd am baned a hithau'n cymryd y wers drosodd. Er bod ganddi guwch fel barcud, tafod fel rasel a chlust fel llwynoges, mae'n beth braf cael rhywun o gwmpas sy'n gwybod yn union be' sy'n mynd ymlaen ac sydd yn gefn i'w staff.

Gorffennaf 24

Bu ymladdfa y tu allan i'r Clwb - y tro cyntaf i mi weld y fath beth yma. Rhyw fachgen yn ymddiswyddo am nad oes yma ddigon o Gymraeg, meddai ef, ac yr oedd hanner cant ohonom wedi bod yn dawnsio a chanu drwy'r min nos heb yngan gair o Saesneg! Ddoe y daeth o i Lundain. Bydd yn unig iawn! Ar ganol y dadlau mawr estynnodd ochr-pen at yr agosaf ato. Yn anffodus rhoddodd belten fyddarol i ryw Sais diniwed oedd yn digwydd cerdded heibio a'r munud nesaf 'roedd paffio nwydwyllt ar y pafin a neb yn gwybod am beth! Ei heglu hi nerth carnau am orsaf King's Cross gan nad oes dim byd mwy anobeithiol na Chymro meddw eithafol.

Gorffennaf 28

Gwaredigaeth! Diwedd tymor! Bûm wrthi tan ddau y bore yn gorffen adroddiadau a llenwi ffurflenni asesu a hynny ar ben tymor caled. Heno dyma Peter Lloyd yn gofyn os hoffwn waith am ychydig ddyddiau yn swyddfa'r Clwb, ateb y ffôn yn bennaf. Derbyn ar fy ngliniau gan ei fod yn cynnig £8 i mi. Cwmwl du yn amharu ar fy llawenydd - diflannodd llond lein o ddillad. Rhyw sinach wedi'u blysu. Byddaf yn ddi-goban, ddi-hosan, ddi- . . . am fisoedd. Ymhlith y diflanedig yr oedd fy hoff bais gyda chylch ynddi yn y steil ddiweddaraf - mae'r cylch yn peri i'r wisg uwchben sefyll allan fel un balerina. Mi chwarddodd Taid yn harti pan welodd fi gan ddweud, 'Yr uwd! mi 'rwyt ti fel merigorownd.'

Awst 1

I'r Eisteddfod yng Nghaernarfon yn y 'Wagen' a honno'n gwegian dan ein pwysau. Meirion yn dreifio - o'r sedd gefn - ond Twm oedd wrth yr olwyn. Aeth Meirion i gysgu o'r diwedd a chafodd y gyrrwr lonydd i wneud ei gamgymeriadau ei hun. Deffrôdd Meirion am bump y bore a chlywed ogle llosgi a sylwi bod y radiadur yn stemio. Yn hollol wag. Stopio'n stond wrth ffrwd fechan yn Nant Peris. Yr hen Wagen mewn poen ond llwyddo i lusgo bob yn beth i Faes Incla lle'r oedd pebyll yn cael eu gosod am yr wythnos. Y prif benseiri oedd Aled ac Elfed o Lanaelhaearn gydag Eric yn gweithredu fel Pwyllgor Croeso. Twm yn tywallt ffisig i fol y Wagen, uwd a chwstard a mwstard i geisio mendio'r dolur rhydd. Jac, Tŷ Hen, yn brysur efo brwsh a chalch yn peintio llythrennau enfawr ar wahanol waliau yr hen ffermdy - 'Y Gegin', 'Lle Chwech', 'Ymolchfa'. Gosod Draig Goch ar ben y goeden uchaf a chanfod bod gennym lojar sef draenog chweiniog yn tuthian o gwmpas ein traed fel rhyw gi rhech. Sylwi'n sydyn fod dau ddyn du wedi ymuno â ni nes sylweddoli mai Twm ac Eric oeddynt wedi bod yn ymhel ag ymysgaroedd y Wagen.

Awst 2

Dafydd yn codi cyn brecwast i hel madarch. Fo yw'r *chef*. Ychydig iawn o gwsg a gawsom a phan gychwynnodd cytgan y wig teimlwn fel eu saethu.

Awst 3-4

Aeth dau ddiwrnod yn un. H. John Hughes yn ennill y Goron. Yn Ymryson y Beirdd, un bardd yn ateb y llinell:

'Idea ddwl ydoedd hi'

efo

'Nôl bib am ben ôl babi'

'Nage! Syniad da mewn argyfwng' meddai R.E. Jones, y beirniad.

Mae saith ar hugain yn aros yn ein gwersyll ac ar ôl Noson Lawen Cymry Llundain (a Ryan a Rhydderch yn tynnu'r lle i lawr) aeth pymtheg ohonom i fyny'r Wyddfa.

Cerdded fel rhes o ddefaid mynydd nes cyrraedd yr *Halfway* a'r dyn oedd yn byw yno yn gwylltio wrth ein clywed yn mynd heibio fel haid o fytheiaid ac yn rhuthro i'r drws dan weiddi, 'Bydd plismyns yma mewn dwy awr, ia. Dwi cystal Cymro â neb . . .' nes oeddem yn gorwedd chwerthin. Cyrraedd copa'r Wyddfa am hanner nos a chael y gwesty ar gau. Beth wnaeth inni feddwl y byddai'n agored, ni wn. Y bwriad oedd gweld yr haul yn codi. Ni chododd y bore 'ma. Prin y medrem weld ein gilydd yn y niwl. Swatio yng nghysgod wal y gwesty yn crynu fel dail. Cael arddangosiad o groeso gwir Gymreig pan roddodd Angharad ei phenelin drwy'r ffenest a sŵn y malu yn trywanu'r caddug fel cleddyf a charreg-ateb ar y mynydd yn atseinio gwydr yn torri fel pe bai'r *Empire State Building* yn syrthio. Gwraig y gwesty'n codi mewn cynddaredd, yn ein rhegi yn Saesneg drwy'r ffenest doredig, ac yn gwneud paned o de. Iddi hi ei hun yn unig. Ninnau'n ei gwylio drwy'r mwrllwch â'n tafodau allan fel byddin yn yr anialwch.

Eifion yn ein harwain i lawr y mynydd ac adenydd ei gôt yn chwyrlïo y tu ôl iddo fel y Dewin hwnnw o Wlad Oz. John yn gweddïo am fedd fel y medrai gropian iddo. Dafydd yn gwylltio ac yn sgrechian, 'Marwa'r diawl!' a'i lais yn diasbedain drwy'r niwl. Siôn, Stiniog, yn morio 'Yr Arad Goch' - ' 'Rwy'n codi efo'r wawr . . .' nes teimlo fel ei labyddio. Traed Margaret yn swigod. Twm yn llafarganu gweithiau Omar Khayyam a Goronwy Owen.

Noson drychinebus. Ond 'rargien mi gawsom ni hwyl. Cyrraedd Caernarfon mewn pryd i seremoni'r Orsedd yn y Castell a gwylio Malltwen yn cael ei hurddo.

Awst 6

Llew Jones yn ennill y Gadair am awdl i'r 'Dringwr'. Beth petai o wedi'n gweld ni echnos! Pan oeddem yn pendwmpian yn swrth yn y gwersyll dyma anferth o sŵn cerrig ar y to sinc a chriw o fechgyn bach yn rhedeg i ffwrdd nerth eu 'sgidiau. Eric a Twm yn deffro'n sydyn ac yn cythru ar eu holau fel dau lewpart a gwaed athro Eric yn dechrau berwi, 'Be ti'n feddwl nid ti ddaru? Wyt ti'n meddwl bod carreg yn gallu neidio i'r awyr a disgyn ar y to a thyn dy ddwylo o dy boced wrth siarad efo fi be' sy' gen ti i' ddeud a chau dy geg . . .' 'Roedd hyn yn ormod i Twm a gorweddodd i lawr yn chwerthin gan ddifetha'r holl berfformiad.

Noson Lawen yn y gwersyll heno a hanner dwsin o blismyn (neu 'slobs' fel y'u gelwir yn y rhan hon o'r wlad) yn troi i mewn rhag ofn ein bod yn rhedeg cell gomiwnyddol/puteindy/gwasg argraffu defnydd tanseiliol. Rhoi paned iddynt. Ar y gair dyma Twm yn cerdded i mewn efo clamp o *Union Jack* gan ddweud, 'Sbïwch be' dwi wedi'i ddwyn o ben y . . . Ooooooooo'. Chwerthin ddaru nhw oherwydd 'roedd ei wyneb yn ddrama. Claddu'r draenog heno. Robin Lloyd yn gwasanaethu ar lan y bedd, crio mawr a chanu *'Lloyd George knew my father'*.

Canu, bwyta, cysgu. Ac y mae'r Eisteddfod yn mynd ymlaen hanner canllath i ffwrdd, medden nhw.

Awst 7

Tawe Griffiths a J.R. Jones, Talybont, yn cyrraedd i frecwast. Eurig a Geoff Charles o'r *Cymro* yn dod ar drywydd stori am y pabellwyr gwallgof. Eric yn adrodd hanes ei gyfaill Smith Plu. Pan aeth ato i brynu car fe ddywedodd, *'A Haustin that's hall I got.'* Mynd i Noson Lawen yr Urdd a chysgu drwyddi cyn mynd i ganu ar y Maes. Yn y glaw. Coffi, sgons a bara brith wedyn i 66 o bobl yn ein gwersyll (fel mae straeon yn cario), Ieuan Wyn o Benrhiwceibr yn arwain y noson lawen. Eurig o'r *Cymro* yn gwylio pob smic. (Gobeithio

80

na wêl 'Nhad mo'r stori.) W.J. Edwards, cyw-bregethwr, yn rhaffu englynion, J.R. yn fwrlwm o straeon, aelod seneddol o ganolbarth Lloegr yno eisiau gweld sut mae'r hanner arall yn treulio eu horiau hamdden. Rhywun yn dweud mai Mendelssohn yw ei enw - neb yn coelio. Canu ' 'Rwy'n gweld o bell y dydd yn dod' a hithau'n gwawrio.

Awst 8

Pawb yn methu codi a'r *chef* yn gwylltio. Anfon platied i mi i'r gwely 'o dop ei galon'. Ychydig iawn o'r 'Steddfod a welais! Ddim hyd yn oed y Cyfansoddiadau gan fod rhyw streic argraffwyr. Ffarwelio ar ôl wythnos fendigedig. Cyrraedd yn ôl i'r fflat efo tunnell o ddillad budron i'w didoli ac yn cychwyn am y Cyfandir fory. Pam na fuasem wedi gofalu fod o leiaf un diwrnod o egwyl cyn mynd? Bywyd braf ar ddynion, meddyliais, wrth olchi crysau am ddau y bore.

Awst 9

Meirion yn cwyno 'mod i wedi rhinclo'i grys *drip dry* o. Lwcus ar y naw i'w gael o'n lân, ddywedaf i.
  Ar y cwch o Dover i Calais a gweld dau lanc o Gellifor a thair aelod o barti dawnsio Hiraethog a'r môr fel gwydr. Chwech ohonom sydd ar yr antur enbyd hon; Meirion 'ein tad ni oll'; Eric 'tyn dy ddwylo o dy boced wrth siarad efo fi'; Robin Lloyd o Nefyn, y claddwr draenogod chweiniog; Glenys a anwyd ac a fagwyd yn Llundain, Angharad a minnau.
  Hurio bws-mini o Calais. Ei theimlo'n anodd trawsgyweirio fy meddwl o'r gwersyll lloerig ym Maes Incla. Golchi ein traed yn y môr yn Dunkirk a meddwl mor wahanol oedd hi yma ugain mlynedd yn ôl pan oedd milwyr yn ymladd am eu heinioes. Robin yn sefyll ar y sgwâr yn gweiddi yn Gymraeg, 'Esgusodwch fi, ble mae'r traeth?' Y mae ganddo athroniaeth hollol dderbyniol. Os na fedrwch siarad Ffrangeg, os nad ydyn nhw'n siarad Saesneg, defnyddiwch y Gymraeg.
  Heibio *'Hill 60'* a chael torth o fara gogoneddus, caws a photel o win. 'Pan yn Rhufain' . . . Robin yn cynnig adnod i weddu i'r amgylchiad ac wrth glirio'r bwrdd yn lluchio'r briwsion i'r awyr a datgan, 'Ystyriwch y brain . . .' Croesi i wlad Belg a chyrraedd pentre Poperinge. Campio mewn buarth fferm. Yn ymyl y domen. Llowcio *gâteau* a chysgu fel daear o bwdls.

Awst 10

Am dro i weld Talbot House gan inni gyfarfod y warden, Ted Fisher, neithiwr. Dyma'r Toc H gwreiddiol a'r lle fu'n guddfan i lawer o filwyr ar awr dyngedfennol. Crwydro'r pentref bach tlws a mwynhau bara a chaws mewn gwesty ar y sgwâr yn yr haul. Yna ymlaen i Ypres ac i fyny i'r clochdy sy'n llawn olion ffolineb dynion - arfau rhyfel, gynnau ac ôl bwledi ar y muriau. Dyma'r lle a elwid gan y milwyr yn *'Wipers'*. Cofio fod brawd Nain mewn bedd milwr o'r Rhyfel Cyntaf rywle yn yr ardal ac edifarhau na fyddwn wedi dod â'r rhif gyda mi. Go brin y cawn groeso gan y gofalwr pe bawn yn dweud fy mod yn chwilio am Robert Hughes, Bryn Tangor.

Lladdwyd ef ym mis Medi 1917, wythnos ar ôl cyrraedd Ffrainc, ac ni fu ei deulu byth yr un fath. Nid yw rhyfel byth yn gorffen: pery yng nghof mamau a chwiorydd a phlant am genedlaethau. Darllenir ei lythyrau o hyd. Ym mis Mehefin 1917 pan oedd yn Southampton yn cael ei hyfforddi yn y *Signals* cyn cael ei anfon i'r gad 'sgwennodd at ei fodryb yn Siop yr Helyg, Coedpoeth, fel hyn:

> Derbyniais eich parsel heddiw heb ei ddisgwyl ac y mae gymaint â hynny yn well. Mae dau ohonom wedi bod allan yn prynu torth a mwstard inni gael shew i swper. Yr ydym yn ddigon hen o sowldiwrs i rannu. Mae y parsel yn mynd rownd. Mae y rhan fwyaf yma yn chaps o sefyllfa go dda. Y peth cyntaf yn Brockhurst oedd gofyn beth oeddem cyn listio; rhyw ddau allan o drigain a welais a golwg dipyn yn dlodaidd arnynt - un yn gorfod llosgi ei ddillad am nad oeddynt yn werth eu gyrru adre. Clywais y gog yma Galan Mai. Mae'r wynebau llwydion yn prysur ddiflannu. Mae gennym ddwy wyddor newydd i'w dysgu, y Morse a'r Semaphore, a rhyw bedair ffordd o siarad, y *buzzer, flags, shutter* a *electric lamp*. Diolch i chi am yrru'r *Adsain* . . .

Druan ohono. Ymhell o'i elfen.

Siopa yn Liège cyn mynd i Ghent a chael te yno ar lan y gamlas. Adnod bwrpasol gan Robin, 'Bwrw dy fara ar wyneb y dyfroedd . . .' Anelu am Frwsel. Dinas urddasol yn llawn o adeiladau gwych a'r *Grand Place* wedi'i oleuo a pheri iddo edrych fel palas o risial lledrithiol.

Awst 11

Crwydro Brwsel a sylwi ar y strydoedd braf, Palas y Gyfraith ac amryw o eglwysi hardd. Gwenu'n braf uwch ben y *Mannekin Pis*. Cerflun pert iawn ydyw, tua thair troedfedd o uchder, o fachgen a golwg nefolaidd o ryddhad ar ei wyneb yn gwneud dŵr i ffynnon islaw. Yna i'r Ffair Ryng-genedlaethol i weld llu o ryfeddodau gan gynnwys yr Atomiwm - rhyw deml fawr, gron, o fetel disglair. 'Roeddem yn dringo i'w pinacl uchaf yn un o'r breichiau hirion y tu mewn ac yn sydyn arhosodd y grisiau symudol yn stond. Pandimoniwm. Dyma'r tro cyntaf i'r fath beth ddigwydd! Ymhen hanner awr cyfaddefodd Robin iddo bwyso rhyw fotwm. Minnau wedi amau ar y pryd ei fod yn edrych yn anghyffredin o ddiniwed. Gwên fawr ac 'Esgyn gyda'r lluoedd' oedd y dyfyniad pwrpasol. Er y byddai 'swmbwl yn y cnawd' wedi bod yn fwy addas heddiw.

Angharad a minnau'n cael ein carcharu yn y tŷ-bach a hynny filltiroedd uwchben y ddaear. Yn groes i'r arfer, talu wrth fynd allan oedd eisiau a ninnau'n ceisio dweud wrth y fenyw (un debyg i un o'r rhai fu'n gwau wrth droed Madame Guillotine) yn ein Ffrangeg Lefel O chwech oed, nad oedd gennym na ffeuen na ffranc. Ond fod rhywun y tu allan yn berchen rhai. Bydd yma mewn munud . . . Gwrthododd adael inni fynd allan drwy'r drws/*porte*. Dychmygu gorfod treulio gweddill ein bywyd mewn tŷ-bach/ *petite maison*/*pissoir* ym Mrwsel. Cyn bo hir daeth Meirion ar wib wyllt, 'Ble mae'r blwmin merchaid?' Talodd am ein rhyddid - yn bur anfoddog.

Awst 12

Croesi i'r Almaen. Heibio Mannheim a Worms ('ni chaiff y pry fy nghnawd' ebe Robin yn amharchus am ddinas Martin Luther) a threulio'r p'nawn yn Trier. Yn anffodus 'roeddem yno wythnos yn rhy gynnar i weld eu gŵyl fawr yr '*Heilige Roch*' pan maent yn cofio am y fantell a rannwyd rhwng y milwyr wrth draed y Groes.

Dim un ohonom â llawer o grap ar yr iaith. Dwylo'n bethau handi! Ar y ffordd rhwng Trier a Koblenz a minnau'n cysgu fel porchellyn yn y cefn, ar gornel sydyn, ar ffordd gul, methu'r drofa, disgyn rhwng dau biler concrid, i lawr, lawr, lawr i ddyfnjwn ugain troedfedd â ni. Mewn tywyllwch dudew. Syrthiodd Meirion din-dros-ben i lawr y dibyn; sgrechiodd Angharad; diawliodd Eric a methodd Robin â meddwl am adnod. Deliais innau i gysgu'n braf. Wrth lwc, 'roeddem wedi landio yr un fath â chath - ar bedair olwyn. Gwthio'r bws yn ôl i'r ffordd. A ffwrdd â ni.

Awst 13

Treulio'r bore yn ninas Koblenz sydd yn dal i ddangos effeithiau truenus y blitz. Prynu cwpanau yn lle'r rhai falwyd neithiwr. Byddai wedi bod yn werth ffilmio Eric yn ceisio disgrifio cwpan efo'i ddwylo wrth y dyn yn y siop. Robin yn dal i ddioddef adwaith y cwymp ac wedi anghofio'i Feibl yn lân.

I lawr dyffryn hardd y Mosel a heibio'r Lorelei, sef craig anferth sy'n ymwthio i'r afon. Yn ôl y chwedl eisteddai merch dlos arni gan hudo morwyr llygadrythol i'w tranc ar y creigiau. Bwyta ar lan afon yn Bacharach a rhyfeddu at y gosgordd o fynyddoedd piws y tu cefn inni. Llawer o dai hynafol yno hefyd. I dafarn yn Heidelberg i gael pryd o fwyd ac yfed y cwrw lleol mewn mygiau lliwgar. Eric yn bygwth neidio i ben y bwrdd i ganu yr un fath ag yn y ffilm *The Student Prince*. Llwyddo i'w berswadio i beidio gan fod anrhydedd cerddorol ei genedl yn y fantol. Meirion wedi prynu pâr o *lederhosen* ac yn rhyw hanner ddioddef y tynnu coes. Edrychai fel Tiwton pur.

Awst 14

O gwmpas dinas Heidelberg ac i weld y Castell lle'r oedd seleri gyda fatiau mawr yn dal miloedd o alwyni o win. 'Roedd yno erddi hynod o hardd hefyd. Tref hynafol a glân (fel pob man yn yr Almaen) gydag un o brifysgolion hynaf Ewrop yno. Rhyw frith-feddwl fod un o'm hoff lenorion, Thomas Parry-Williams, wedi bod yn fyfyriwr yma, ond nid wyf yn siŵr. I Donaschingen a phryd gwych o *schnitzel* cyn croesi afon Danube a'r maes gwersylla. Un o'r pethau mwyaf anodd dygymod â nhw ar y cyfandir yw'r tai-bach: twll yn y ddaear yn amlach na pheidio a ffurf gwadnau o goncrid i sefyll arnynt. 'Mae'n iawn' meddai Robin, 'os ydych chi wedi arfer chwarae dartiau.'

Awst 15

Dros fwlch yr Arlberg o'r Swistir i Awstria. Y mae'r bwlch dros 3,000 o droedfeddi uwch lefel y môr ac yn cynnwys 34 o drofeydd anghredadwy. 'Dyw Bwlch yr Oernant yn ddim o'i gymharu. Yn anffodus 'roedd yn niwlog. Teimlo'n reit ofnus wrth weld fod dibyn serth diwaelod ar bob ochr. Trwy wlad fechan Lichtenstein ac i'r brifddinas, Va Duz, a gweld castell y Tywysog. Dim ond pum milltir o hyd yw'r holl deyrnas. Ymhen chwinciad 'roeddem yn Awstria. Pentrefi bach tlws yn glystyrau wrth droed yr Alpau a'r awel fel gwellaif. Aros yn Landeck a gwneud popeth yn yr afon: golchi, 'molchi a . . .

Awst 16

Teithio tua'r Eidal heibio Llyn Konstanz. Yng nghanol y dref bu raid dangos ein pasbordau am ein bod yn sydyn reit yn ôl yn yr Almaen! Neb yn grwgnach. Meddwl am y ffwdan fyddai pe bai rhywbeth tebyg yn digwydd yng nghyffiniau Clawdd Offa! Mewn un stryd yr oedd siop yn yr Almaen ond 'roedd y siop y drws nesaf yn Awstria! Drwy le anhygoel heddiw sef bwlch Stelvio. Dros 8,000 troedfedd o uchder a'r olygfa tu hwnt i eiriau; milltiroedd o ddyffrynnoedd a chlogwyni a chreigiau ysgythrog yn disgyn dros ei gilydd. Nentydd yn pefrio a'r ffordd y tu ôl inni fel neidr. Awyr las a chymylau gwlanog fel na ellid gwahaniaethu rhwng mynydd a chwmwl. 61 o drofeydd fel pinnau gwallt. 'Cymer ofal rownd corneli, Eric bach! Os methi mi gawn andros o job gwthio'r bws yn ôl i'r ffordd!'

Cael pyncjar yn Tiriano a chriw o Eidalwyr swnllyd yn cynnig benthyg cae inni glwydo yn ymyl pentre Villa. Sŵn miwsig yn ein hudo i sgwâr y pentre ganol nos a dyna lle'r oedd pob copa walltog oedd yn byw yno allan yn dawnsio a chael hwyl. Ymuno â nhw! Pobl hwyliog a chwerthinog yn gafael yn ein dwylo a'n tynnu i'r cylch ac yn hwrjio poteli o win arnom. Gwin diniwed meddyliais, nes i mi syrthio dros wifren bigog yn y cae campio wrth chwilio am rywbeth wnai dŷ-bach dros dro. Pwy fedr chwarae dartiau ar ôl potel o win lleol Villa?

Awst 17

Deffro'n sydyn wrth glywed sŵn·rhyfedd. Agor un llygad i edrych drwy'r ffenest a gweld dau werinwr wrthi'n torri gwair efo pladur o gwmpas ein bws. Ofni gweld y teiars yn cael angau a ffwrdd â ni tua Como. Y tywydd yn berffaith. Treulio'r pnawn yno ar lan y llyn glasaf a welais erioed, fel pe bai rhyw olchwraig wedi gwasgu paced o *blue* iddo. Dau Eidalwr yn pwyso ar y wal wrth y llyn yn cymryd arnynt nad oeddynt yn edrych arnom, eu hwynebau lliw haul a'u llygaid tywyll yn denu. 'Dene i ti goese iawn' meddai Angharad. 'S'mo dy rai di'n ddrwg chwaith' meddai'r 'Eidalwr' mewn Cymraeg Ceredigion. Sgwrs fawr, hwre! ac ymlaen i Filan. A dyna lle bu strach i'w ryfeddu.

'Roedd Angharad, Glen a minnau mewn trowsusau byr. Nid oedd trigolion dinas Babyddol Milan erioed wedi gweld y fath beth. Pobl yn dod allan o'r siopau i gael *'look'* a chrechwen a ninnau'n hiraethu ar i'r ddaear ein llyncu. Am unwaith wnaethom ni ddim gwadu mai *Inglese* oeddym. Diflannodd ein tri chyfaill sifalraidd i lawr y stryd mewn cywilydd a'i gadael hi rhyngom ni a'n potes. Os mêts, mêts, myn brain i! Heidiodd y *paparazzi* o'n cwmpas. Mae'n bur debyg y bydd papurau Milan yn blastar o luniau'r 'Saeson haerllug' fory. Wnaethom ni ddim aros i weld . . .

Awst 18

Meirion yn mynnu egwyl yn ninas Parma i gael eilliad moethus. Y pump ohonom i'r siop ar ei ôl a dweud pethau coeglyd yn Gymraeg ac achosi cryn gyflafan. Wedyn i ddinas Genoa lle ganwyd Columbus. Porthladd pwysig ond y lle butraf a welais ers tro ac yn llawn slymiau melltigedig. Wrth gerdded i lawr un stryd gefn cawsom ein bygwth. Yr oedd llond pob man o gathod hanner marw yn y cwteri yn dioddef o ryw glefyd arswydus. Gofidio drostynt ond er cymaint fy hoffter o gathod ni fuaswn yn cyffwrdd y rhain â phicfforch. Ugeiniau o blant brown noethlymun yn chwarae yn y strydoedd heb falio dim am y cathod claf, y carthffosydd agored a'r drewdod. Pobl yn poeri arnom. Dillad budr yn crogi o un ochr y stryd i'r llall. Hel ein traed allan o'r ddinas afiach ac ysu am fath cynnes. Gwersylla yn Sportano. Nofio am hanner nos ym Môr y Canoldir, yn gynnes, gynnes. Golchi trychfilod Genoa o'n gwallt a'r aroglau o'n crwyn. Mewn poen uffernol - y ddannodd.

Awst 19

'Ac Abraham a fore-gododd ac a deithiodd i wlad bell' oedd testun Robin y bore 'ma. Gadael am chwech a siwrne hir ar hyd yr arfordir a thrwy dwneli diddiwedd drwy Fonte Carlo ac i Ffrainc. Cysgu ar y traeth yn Nice. Dinas foethus y *jet set* gyda'i gwestai mawr yn sgleinio yn yr haul . . .

Awst 20

Drwy'r Alpau ac un o'r ffyrdd mor union fel y medrodd Meirion yrru 75 milltir yr awr am awr. Cael egwyl yn Grasse ar y *Route Napoléon* ac arogl y gweithiau persawr yn hyfryd - am ychydig - ond aeth yn fwrn yn fuan. Cyrraedd Fontainebleau wedi teithio bron i 400 milltir heddiw. Pawb yn flin.

Awst 21

I Baris yn y bore. Eric yn cysylltu â Monsieur Bolaffi oedd wedi llywio plant Amlwch ar daith ysgol yn ystod y Pasg. Ei gyfarfod wrth y Notre Dame: clamp o Ffrancwr glwth a'i fol fel buddai ac yn fysedd i gyd. Aeth â ni i weld y gwahanol fannau enwog gan gynnwys yr *Arc de Triomphe*, *Sacré Coeur*, *Place de la Concorde* a'r *Folies Bergère*. Ciw mawr y tu allan i fwyty *Chez Julien* ond aeth M. Bolaffi â ni yn syth i mewn at ei fwrdd arbennig ef. Pryd ardderchog. Y Ffrancwr yn adrodd straeon amheus. Meddai am Meirion, *'The Inspector is not amused?'* Gwersylla yn Versailles.

Awst 22

'Deliwch at yr hyn sydd dda' meddai Robin gan ddiflannu drwy ddrws cadarn y Louvre. Aeth y gweddill ohonom i ben Tŵr Eiffel, mil o droedfeddi uwchben y ddaear, a'r copa'n siglo yn y gwynt. Gweld i bob cyfeiriad oddi yno. Gwersylla yn Beauvais, cael bwyd da mewn tafarn yn Wailly Beaucamp.

Awst 23

Ar y tri *gendarme* a fu'n ein diddori neithiwr yr oedd y bai ein bod yn gweld popeth mewn negatif ar y cwch wrth ddod adre. Ni fu Robin erioed mor dawel.

86

Sioe Flodau Rhuthun a Taid yn gofyn, 'Oedd gen ti ddim ofn y *Germans* ene dywed?' Beth pe gwyddai am yr holl lowcio gwin, y cwymp dros y dibyn, y *paparazzi* ym Milan, y stryd honno yn Genoa . . .

Medi 1

'Croeso Fedi fis fy serch' meddai Mam ben bore a minnau'n cael fy nghludo'n syth i ysgol fach y llan ar b'nawn Barddoniaeth. Bu raid inni ddysgu pob un o delynegion y misoedd yn eu tro. Heblaw am Awst - nid oedd ysgol fis Awst! 'Roeddwn yn mwynhau p'nawniau barddoniaeth ond yr oedd gwersi Syms yn hunllef. Byddai'r 'Sgŵl Coch' yn gwylltio'n gaclwm wrth weld y llanast a wnawn efo *fractions* ac yn pinsio fy nghlust nes oedd yn fflamgoch ac yn wayw am oriau. 'Gweithia'r bracets allan yn gynta' gwaeddai. Nid oeddwn yn gwybod beth oedd 'bracets' - pam na fuaswn yn gofyn iddo? Ni wn. Fel yna oedd plant ers talwm. Ond yr oedd yn brifathro caredig iawn. Lewis Davies oedd ei enw a chredwn pan oeddwn yn saith oed mai fo oedd 'Lewsyn yr Heliwr'. 'Roedd yn berchen hiwmor deifiol hefyd. Cofio Glyn, Tŷ'n Llechwedd, yn cyrraedd yr ysgol un bore ar ôl rhedeg ar draws y caeau a'i esgidiau'n fwd i gyd. Meddai Lewis Davies wrtho, 'Rhag cywilydd i ti! Mae dy dad wedi talu ffortiwn am y fferm yma a dyma tithe'n dod â'i hanner hi i'r ysgol ar dy sgidie!'

Medi 6

Yn ôl i Lundain ar y trên ar fy mhen fy hun gan fod Angharad erbyn hyn mewn ysgol yn Wrecsam. Bydd yn od hebddi. Buom yn gyfeillion agos iawn am bum mlynedd heb erioed ffraeo.

Bûm yn ffodus iawn i gael lle mewn fflat yn Willesden Green mewn cwmni hapus efo Irene o Langynnin ger Sanclêr ac Elaine o Garmel, Llanelli. Irene yn ferch lawen, llawn bywyd, cymeriad cryf a chadarn. Tafodiaith liwgar Shir Gâr ganddi a dywed fod cysylltiad teuluol rhyngddi a Meddygon Myddfai. Merch dal, bryd olau, yw Elaine, athrawes yn Richmond, ymarferol ac annibynnol.

Breuddwydio neithiwr fod Twm a Gwynn Elder wedi cael damwain erchyll ar Fwlch yr Oernant a'r meddyg yn dweud nad oedd yn werth eu cadw'n fyw, mai eu crogi fyddai gallaf i arbed iddynt ddioddef ymhellach. Yr oedd gyrr o wartheg yn sefyll yn un rhes yn crio mwrdwr! Hoffwn eglurhad o rywle am y breuddwydion cyniweiriol a gaf ond mae'n siŵr fod a wnelo'r ddamwain honno ar y cyfandir rywbeth â'r peth!

Medi 10

Y mae bywyd yn y fflat newydd hon yn argoeli'n un hectig dros ben. Y mae rhywun yma bob gafael a chedwir oriau hwyr iawn. Ar ben hynny 'rwy'n brysur hynod yn y Clwb - ar y Pwyllgor Dawnsio, dosbarthiadau Cymraeg a Llên - mae hi'n ddiddiwedd. Yn ogystal cefais swydd yn yr ysgol gan fod y Brif. wedi gosod yr athrawon newydd dan fy ngofal! Y creaduriaid bach.

Medi 18

Noson fawr agor yr Aelwyd yn swyddogol a daeth Evan Isaac o Aberystwyth i daflu'r botel yn erbyn y wal. Rhydderch a minnau yw'r ddau arweinydd, Joan o Aberdaron yn ysgrifennydd a Vera Parry o Benygroes yn edrych ar ôl y pres.

Medi 27

Fel y mae'r amser yn gwibio pan mae un yn mwynhau bywyd! Un o'r pethau 'rwyf wedi'i fwynhau ers dod yma yw mynd am dro i Hyde Park ar b'nawn Sul i glywed yr holl areithwyr wrthi'n datgan eu barn yn groyw a diflewyn ar dafod. Heidia miloedd yno i glywed Donald Soper yn pregethu Cristnogaeth Sosialaidd ac yn llorio unrhyw un sy'n anghydweld gyda ffraethineb deifiol: mewn cornel arall y mae dyn du yn pregethu digofaint yn erbyn holl hiliogaeth gwyn y byd ac o fewn ychydig lathenni iddo ceir dyn gwyn yn bytheirio yn erbyn yr estroniaid sy'n llifo i Lundain - o Ynysoedd India'r Gorllewin, India a Chyprus yn fwyaf arbennig. Rhydd i bawb ei farn yma a chlywir y rhagfarnau mwyaf ofnadwy yn cael eu datgan. Ond pawb yn derbyn popeth mewn ysbryd cyfeillgar. Ar hyn o bryd.

Arnold yno efo fi heddiw. Mi ddywedwyd pethau cigog iawn am yr Iddewon ond fe dderbyniodd y peth yn dawel. Oesau maith o gyflyru meddai ef. Ni wn os gallwn i oddef yr un math o sarhau ar y Cymry. Lliniaru tipyn ar egrwydd yr ymosod wrth lyfu hufen iâ ar lan y Serpentine a gwylio'r adar yn cardota. Mae gen i lawer i'w ddweud wrth yr hwyaid ond thagna'i mo'r colomennod. Hen bethau cegog.

I weld ffilm gan Jacques Tati a gwirioni ar ei ddoniolwch syml a'r symudiadau nerfus a phetrus.

Hydref 1

Wedi cael tocynnau gan Arnold ac aeth Irene a minnau i Ffair Tlysau a Gemau yn Olympia. Pethau bendigedig i'w gweld yno! Aur ac arian a cherrig drudfawr o bob lliw a llun. Gwybod na allai'r ddwy ohonom byth fforddio prynu'r un o'r rhyfeddodau dengar ac enllibio ein cyflogau a'n hethos ymneilltuol Gymreig am na fyddem yn breuddwydio gwario ein henillion prin ar y fath foethusrwydd dianghenraid. Ond eu blysio 'run fath. Traed yn brifo erbyn y diwedd a phrin y medrem ymlusgo o'r tiwb i'r fflat. Yr hen gyfaill Peter o Langennech yno yn yfed coffi ac yn dweud. *'Oh! the poor darlings. They're exhausted!'* a'i lais yn esgyn wythawd. Ninnau'n gwenu wanned â chathod. Paned a 'molchi a dadebru ac i lawr i dŷ Thelma yn Cricklewood am donc o gwmpas y piano efo Ieuan Lewis ar y gitâr.

Hydref 8

Etholiad Cyffredinol. Amser chwarae ar ddyletswydd, sylwi ar awyren yn hedfan drosodd ac yn gadael slogan hir yn yr awyr, *Vote Macmillan*. Un arall yn ei dilyn efo, *Back Mack*. Wedi costio £10 y llythyren meddir. I lawr i Sgwâr Trafalgar efo Huw Howell i weld y canlyniadau yn dod allan. Yr oedd pob un yn cael ei ddangos ar sgrîn fawr uwchben Llysgenhadaeth De Affrica trwy garedigrwydd y *Daily Mail*. (Chwerthin wrth gofio'r Etholiad diwethaf yn 1955 yn y coleg pan fu dadlau ewinog a chlepio drysau. Ai fi oedd honno?)

Wedi 25 canlyniad heno yr oedd yn amlwg fod y Toriaid yn ennill tir a bod yr etholwyr yn Bacio Mac. Cymysgai banllefau ac ochneidiau â'i gilydd. Bob tro yr oedd rhyw aelod adnabyddus i mewn byddai record bwrpasol yn cael ei chwarae. *'Where did you get that hat?'* i Edith Summerskill; *'Will ye no' come back again'* i Macmillan; *'We'll keep a welcome'* i Aneurin Bevan. Ildiodd Hugh Gaitskell am ddau y bore a dyna pryd y penderfynodd Huw a minnau ei bod yn amser mynd adre. Er bod llawer o deimladau cryf ar y ddwy ochr ymysg y miloedd yn y Sgwâr heno ni fu unrhyw helynt. Rhai'n neidio i'r ffynhonnau mewn gorfoledd. Eraill yn neidio i mewn â blys boddi eu hunain arnynt. Noson sych a chlaear yn llawn cyffro.

Teimlo unwaith eto hud achlysuron o'r fath sy'n gwneud y Llundeinwyr yn un gymdeithas glòs ac yn achosi rhyw elfen annisgrifiadwy o ddathlu.

Hydref 17

Dau o'r criw yn priodi heddiw sef John ('torra fedd ac mi gropiaf iddo') Hughes a Margaret. Minnau yn forwyn briodas iddynt. Mewn gwisg sidan binc a gwawn o net drosti. Daeth dyn hollol ddieithr i'r wledd a phawb yn meddwl ei fod yn perthyn i rywun arall.

Hydref 23

Recordio rhaglen o'r Aelwyd efo Ifor Rees: Côr Gwalia a Lorna Elias yn canu, a sgwrs efo Gwenlyn, Rhydderch a minnau. Mae Aneirin Talfan wedi trefnu stiwdio yn Portland Place inni gael gwrando'r darllediad nos fory.

Bwydo pymtheg yn y fflat heno. Twm yn dweud ei bod fel Ffair Fawrth ac na fyddai'n synnu gweld rhywun yn twyso ceffyl drwy'r cyntedd. Ew! 'rydw i'n mwynhau byw yma. Y mae'r hwyl yn ddiddiwedd.

Tachwedd 4

Parti yng nghartre Caradog a Mati Prichard. 'Roedd Ann Griffiths yno ar y delyn a'i chwaer fach, Mari, yn canu. Hefyd Ryan a Rhydderch fel pe baent wedi'u weindio ac yn gwneud argraff ffafriol iawn ar Isabella Wallich. Eidales yw hi â diddordeb mewn cyhoeddi recordiau Cymraeg. Y ddau yn cynffonna drwy ganu cân 'O! Isabella'. Noson o ganu, bwyta cawl - a phlesio Caradog wrth ganu rhan o'i bryddest i'r 'Afon'. Dyn tawel yw ef ond, yr argien, mae o yna i gyd! Erys yn ddistaw yng nghanol y randibŵ ac yn sydyn daw brawddeg farddonol allan nes ein sodro i'n seddau. Ei hoffi yn fawr iawn. Mae ganddo ferch fach o'r enw Mari - a honno'n siarad Cymraeg fel hen gant.

Tachwedd 7

R.E. Griffith o'r Urdd yn yr Aelwyd heno. Cyngerdd mawr gennym. Trueni ei fod o wedi anelu am y dynion geiriog yn hytrach nag at y merched - ni sy'n gwneud y gwaith! 'Roedd dwy delynores yn aros efo ni yn y fflat ac aeth Peter Lloyd â ni adre yn ei *Volkswagen* a chodi gwallt ein pennau wrth yrru fel Jehu drwy oleuadau coch - pob un rhwng King's Cross a Kilburn. Fuo Kilburn High Road erioed mor hir nac mor fyr!

Mati Prichard yn mynnu mynd â mi i Ysbyty'r Royal Free am fod gennyf ben-dduyn ar fy arddwrn. Edrychodd ar fy mraich a dweud, 'O'r annwyl . . .' edrychodd y meddyg a dywedodd, *'Good heavens'* a gosod powltis berw arno nes oeddwn yn gwichian yn ddwyieithog. Mae'n ddigon posib bod Mati wedi achub fy mywyd oherwydd 'roeddwn mewn poen annaearol. Cefais 'row' ganddi am esgeuluso fy hun. Mae hi'n wraig garedig tu hwnt. Y mae pawb yn mwynhau ei cholofn yn *Y Cymro* ac er gwaethaf y crechwen am Gymry Llundain a ddaw yn ei sgil, y mae'n newyddiaduriaeth fagnetig.

Tachwedd 10

Dosbarth Cymraeg heno a bu bron i mi ddrysu efo'r boen yn fy mraich. Nid yw'n gwella o gwbl. Vernon o Abergele yn gwneud i mi chwerthin wrth ddweud ei hanes mewn capel yn Abertawe ac wrth ddod allan 'roedd y gweinidog yn y drws yn ysgwyd llaw efo pawb. 'Diolch i chi am ddod . . .' ebe'r Parchedig. 'O . . . paid â sôn' ebe Vernon. Ond pa ryfedd bod ein dysgwyr yn gwneud ponsh o bethau: onid naturiol yw defnyddio'r *ti* unigol wrth siarad efo *un* person? Ac yn groes i'r disgwyl, nid y treigladau bondigrybwyll sy'n peri problem ond y ffaith bod cymaint o wahanol ddulliau o ddweud *Yes* a *No*.

Tachwedd 12

Cymanfa Ganu Undebol yng nghapel Westminster ac wrth eistedd yn yr oriel medrem weld y smog yn nadreddu dan y drysau ac yn esgyn yn wenwynaidd ddistaw heibio'r goleuadau, o gwmpas y cloc ac yn gosod naws Ddicensaidd ar yr achlysur. Kenneth Thomas oedd yn arwain. Nid oedd cymaint ag arfer wedi troi i fyny oherwydd yr hen niwl fellith. Mae'r capel hwn yn enwog, wrth gwrs, oherwydd ei gysylltiad â'r Dr Martyn Lloyd Jones, un arall o Gardis llwyddiannus Llundain: mae ei frawd, Vincent, yntau'n uchel ym myd y ddeddf.

Ond mater gwahanol yw cael cyfle i siarad â'r bobl bwysig hyn. 'Rwyf yn llawer rhy swil i gerdded atynt a chychwyn sgwrs a byddaf yn edrych arnynt o hirbell. Ond rhown y byd am sgwrs gall, mae ganddynt gymaint i'w gynnig. Mae hi'r un fath yn yr Eisteddfod Genedlaethol . . .

Tachwedd 15

Helen yma o Fangor - wedi anfon arian i dalu'r trên iddi gan fy mod bron marw eisiau ei gweld! Mwynhau dangos Llundain i'm chwaer fach a brolio fy mod yn gwybod am bob twll a chornel erbyn hyn! Er hynny, Cymry oedd yr unig rai a gyfarfu! Mynd yn griw mawr i glwb nos y *Grosby* yn Soho a dawnsio drwy'r nos. Cyrraedd adre mewn pryd i ddweud 'Bore da' wrth y dyn llefrith wedi cael brecwast tila mewn hofel o dan Bont Llundain. Elaine yn codi ac edrych yn syn gan ddweud, 'Jiw! jiw! 'rwyt ti wedi codi'n gynnar!'

Gwneud tân, rhedeg bath a chysgu fel perchyll cyn codi ar gyfer pwyllgor yr Aelwyd yn y gegin a chael dadl boeth efo Geraint Lewis a Howard Goodfellow ynglŷn â'r cwestiwn, 'Ydi'r trên olaf wedi mynd?'. Geraint yn dweud ei fod yn gwestiwn hollol dwp a diystyr a bu dadlau cibddall am oriau. Dylai Geraint wybod decini - mae o'n gweithio yn Paddington . . . 'Roedd Ryan wedi ffonio i ddweud ei fod dan y ffliw neu Duw a ŵyr i ble fyddai'r drafodaeth wedi dirwyn.

Tachwedd 22

Er bod y Wagen ar ei holwynion olaf llwyddwyd i'w pherswadio i fynd â ni bob cam i'r Wyddgrug i'r Ŵyl Gerdd Dant: pyncjar ar y ffordd, newid olwyn mewn cae, darganfod ein bod wedi newid yr olwyn anghywir (wel! mae ganddi bedair), awr yn yr Ŵyl ac adre yn ein holau ddim blewyn callach.

Deffro heddiw a meddwl bod Irene yn colli ar ei synhwyrau ac yn gwrando pregeth ar y radio. Erbyn mynd i ymchwilio, dau o Dystion Jehofa oedd ar y rhiniog yn blera. Dweud wrth Irene am ofyn iddynt pwy oedd tad meibion Sebedeus. Y ddau yn dweud bod diwedd y byd fory. 'Go drap' chwedl y wraig honno o'r Bala, 'a finne wedi rhoi'r iâr i eiste.'

Wedi iddynt fynd dyma Irene yn troi ataf a gofyn, 'Wel. Pwy *o'dd* tad meibion Sebedeus, te?'

Rhagfyr 14

Wrth gymryd cipolwg chwim drwy ddalennau'r Dyddiadur am y tymor diwethaf gwelaf mai prin y soniais am yr ysgol! Buasai rhywun yn meddwl mai rhywbeth dibwys i lenwi'r oriau rhwng yr Aelwyd a bywyd y fflat yw'r ysgol. Ond nid yw hynny'n wir o bell ffordd gan fy mod yn gweithio'n galed iawn. Bron disgyn o ludded a dweud y gwir. Arholiadau i'w marcio, adroddiadau i'w llenwi, ffurflenni i'w llenwi â chelwyddau.

Gwasanaeth carolau heno yng nghapel Heol y Castell, capel Lloyd George - a'r unig gapel Bedyddwyr Cymraeg sydd yma. Saif mewn stryd sy'n rhedeg yn gyfochrog ag Oxford Street - heb fod ymhell o Selfridges. Walter John yw'r gweinidog ar hyn o bryd, dyn hynaws dros ben. Ardal y siopau mawr yw hon: yn ymyl y mae John Lewis a D.H. Evans. Heb sôn am Dickens a Jones. Mae iddynt hanes rhamantus.

Cysylltir Dickens a Jones â John Pritchard Jones o Niwbwrch, dyn a ddaeth yn gefnog iawn, ac ef a roddodd ei enw i Neuadd P.J., o barchus goffadwriaeth, y bûm yn dawnsio ynddi gymaint o weithiau yn nyddiau heulog y coleg! Pwy fuasai'n meddwl?

Un o Lanelli oedd D.H. Evans ac fe ddaeth ef yma gyda £400 yn ei boced ac agor busnes bychan gwerthu dillad (ei wraig oedd yn gwneud y dillad) ar Ffordd Pont Westminster cyn prynu 320 Oxford Street. Yr oedd yn aelod yn Heol y Castell ac yn ffrindiau mawr â Lloyd George. Yn y strydoedd cefn y mae'r rhan a fonopoleiddiwyd gan y *rag trade* - gweithdai bychain Iddewig gan mwyaf, lle gwelir y teilwriaid yn eistedd goes-groes ar y byrddau, yr un fath ag Emlyn Jones, Henllan, neu'r hen Ddaniel Owen gynt.

Rhagfyr 20

I wasanaeth carolau yn yr *Albert Hall* ac Arglwydd Aberdâr wedi rhoi benthyg ei focs i wyth ohonom i ddiolch am ein gwaith dros y Clwb. Côr Alexandra oedd yn canu gyda Cherddorfa Symffoni Llundain. Sain nefolaidd. Coffi yn yr *Air Terminal* yn Kensington yn gwylio pobl yn cario bagiau ar eu ffordd i dreulio'r Nadolig yn yr haul, dal y trên i'r Rhyl a bwrlwm o Gymraeg yn Euston fel yr oedd cannoedd o athrawon yn mudo dros y gwyliau.

Y Parch Ffestin Williams yn adrodd ei hanes ef a'i gyfaill 'John Bach' (y Parch John Roberts) yn cerdded ar hyd y stryd ac ebe Ffestin, 'Edrych ar y bobl yn syllu arnom ni. Dy weld di'n fach maen nhw.' 'Nage' meddai John, 'dy weld di'n fawr maen nhw.' Apeliodd hyn yn fawr at y gynulleidfa yn y capel yng Ngellifor heno. Ond nid cymaint â'r bore 'ma pan oedd y pytiau bach yn dweud eu hadnod ac meddai un yn herfeiddiol, 'Y mae cariad yn hirymaros, ym Madagascar.'

4

1960: Mynd a dwad

Mynd i edrych am Hyacinth yn y Cartref Plant yn Highbury. Mae hi yn fy nosbarth i ac wedi achosi cryn dipyn o boen calon i mi. Ni allwn wneud dim â hi ac er ceisio siarad yn glên a thrafod yn dawel, ni fedrai hi yn ei byw fod yn gwrtais. 'Roedd bob amser yn edrych yn ddigalon ac anfoddog a'i gwaith ysgol yn druenus. Ni ddeuai gair suful o'i phen a phan edrychwn arni - neu hyd yn oed pan oedd hi'n meddwl 'mod i'n edrych arni - byddai'n sgrechian yn orffwyll neu luchio rhywbeth ataf. Gelwais hi allan at fy nesg i farcio ei llyfr - anelodd gic ffiaidd nes oedd fy nghoes yn ddulas; dywedais 'Bore da' wrth ddrws yr ysgol - taflodd rechen-geg ataf. Geneth dal, denau, ddu ei chroen yw hi a'i hunig ateb i bopeth yw, *'You're picking on me 'cos I'm black.'*

Ar ganol gwers rhedodd allan o'r dosbarth gan feichio crio ac ar ei phen i'r tŷ-bach. Euthum ar ei hôl yn ddistaw bach a chlywais y sŵn mwyaf annaearol o rywbeth yn malu. Rhuthro i mewn a dyna lle'r oedd hi'n malu pob drych a ffenest yn y lle ac wedi colli arni ei hun yn ulw. Er bod ganddi ddarn o wydr yn ei llaw, llwyddais i gydio yn ei breichiau a'i gorfodi i'w ollwng. Tawelodd yn y man, rhoddodd ei dwy fraich amdanaf a dweud, *'I'm so un'appy miss.'* Erbyn i'r Brif. gyrraedd a'i gwynt yn ei dwrn yr oedd y ddwy ohonom yn crio.

Wedi cryn ddadlau a thrafferth fe berswadiwyd y seicolegydd i ymweld â'r ysgol (mae hithau mor brysur . . .) a'r diwedd fu i Hyacinth gael ei chymryd o'i chartref ac o ofal ei rhieni a'i gosod yng ngofal y Cyngor Lleol.

'Roeddwn wedi bwriadu ymweld â'i chartref ganol y tymor diwethaf ond fe'm cynghorwyd i beidio gan yr Arolygydd (sy'n profi na ddylid cymryd unrhyw sylw ohonyn nhw) ond yn fwy na hynny yr oedd y greadures fach wedi ymbilio arnaf i beidio. Ymddengys fod ganddi gartref dychrynllyd: y lle yn lân iawn, ond mae yno ddeuddeg o blant, mam wedi llwyr ddiffygio, a thad ffyrnig gyda dyrnau parod. Ond y peth oedd yn corddi Hyacinth fwyaf oedd y ffaith fod ei thad wedi'i threisio a'i fod yn mynnu 'ei hawliau' gyda hi a'i chwiorydd (un ohonyn nhw'n ddim ond naw oed) yn rheolaidd.

Y tymor diwethaf y digwyddodd hyn i gyd. A'r wythnos hon daeth neges o'r cartref yn dweud fod ar Hyacinth eisiau fy ngweld a ffwrdd â mi ar ôl yr ysgol heno. Gwên fawr ddanheddog. Paned o de a theisen o'i gwaith ei hun a chael mynd i weld ei 'stafell wely. 'Doedd hi erioed wedi cael gwely iddi hi ei hun o'r blaen, heb sôn am 'stafell. Dyna pryd y cefais fy syfrdanu: yn gorchuddio'r muriau yr oedd posteri. Lluniau ohonof i! Graffiti mawr yn datgan, *I love Miss Jones*! A Hyacinth yn stelcian yn swil wrth y drws yn astudio f'ymateb a'i hwyneb yn dangos ei bod yn ei ffordd afrosgo ei hun yn ceisio ymddiheuro am yr holl bethau cas a ddywedodd wrthyf yn yr ysgol. Toddodd fy nghalon.

Ffarweliais yn synfyfyriol. Wrth fynd allan gofynnodd y Metron os oeddwn wedi gweld y lluniau a rhoddodd winc fawr i mi. Addunedais innau na fyddwn byth eto'n pwysleisio'r gorchymyn, 'Anrhydedda dy dad a'th fam'. Nid yw llawer ohonynt yn haeddu cael eu hanrhydeddu na'u caru.

Ionawr 27

Wedi bod yn gweld Hyacinth eto p'nawn - o'r annwyl, mae hi'n feichiog! Y greadures fach. Mae ei thad yn y ddalfa. Eitha reit hefyd. Methu cysgu wrth feddwl amdani. Cael pregeth gan y Brif. yn fy rhybuddio i beidio pryderu gormod am y plant 'ma. 'Rhaid i chi fod yn galed fel meddyg' meddai. Haws dweud na gwneud.

Mae fy hanes yn yr *Evening Standard* heno. Neithiwr bûm yn theatr y Strand efo Bart yn gweld Hamlet. (Gwyddel hyfryd ydi o a gwrddais mewn parti.) 'Roeddem yn eistedd yn y sedd flaen ac ar ganol y *duel* yn yr olygfa olaf dyma gleddyf yr actor yn neidio o'i law ac yn saethu drwy'r awyr a disgyn ar fy nglin. Safodd pawb yn stond ar y llwyfan. Ni wyddwn beth i'w wneud ond yn sydyn fe godais ac estyn y cleddyf yn ôl i'r actor, Jeremy Brett. Moesymgrymodd i mi ac ymlaen â'r ymladd â Laertes. Ar ddiwedd y ddrama taflodd gusan i mi! Yn ôl y papur yr oedd Jeremy Brett wedi dweud fy mod wedi achub y sefyllfa a'i fod yn ddiolchgar iawn. *'Front row girl saves Hamlet'* oedd y pennawd.

Chwefror 3

Wrth chwilota mewn siop lyfrau ail-law yn Charing Cross Road deuthum ar draws darn o bapur mewn hen lyfr ac yn ysgrifenedig arno yr oedd:

> Cyd-gerddai dau yn dawel
> Trwy wyliadwriaeth nos,
> Tra cysgai'r gwersyll llonydd
> Dan wenau lleuad dlos,
> Torrwyd ar y mudandod
> Gan sydyn, aflan lais,
> 'Blodeuwedd!' meddai'r Cymro.
> 'Tylluan!' meddai'r Sais.

O na bai'r darn papur yn medru siarad. Pwy yw'r awdur? Pwy ddaru ei adael mewn llyfr? Er mai rhyw syniad ffansi, ystrydebol, sydd yn y pennill, am y gwahaniaeth rhwng dwy genedl, y mae rhywbeth apelgar iawn yn y syniad.

Chwefror 16

Eisteddfod y Cymdeithasau yn Neuadd Whitfield; cystadlu brwd drwy'r dydd. Ac enillais y Gadair! Os ydi ennill cadair genedlaethol hanner mor gyffrous, mae'n rhaid ei fod yn brofiad bendigedig o hunan foddhaus. Mwynhau pob eiliad o'r seremoni. Sion Ifan oedd yn beirniadu. 'Y Fflam' oedd y testun a 'sgwennais gerdd yn y wers rydd am y fflam oesol o dan yr *Arc de Triomphe*.

Mawrth 1

Dathlu Gŵyl Ddewi mewn ffordd anghyffredin heddiw. Derbyn gwahoddiad Bart i fynd i'r Offeren Sanctaidd mewn Coffadwriaeth Barchus am Ddewi Sant yn Eglwys Ein Harglwyddes o Ffrainc, Eglwys Notre Dame, Leicester Place. Gwasanaeth effeithiol a defosiynol a'r llafarganu'n heintus:

> Iste Confessor Domini sacratus,
> Festa plebe cujus celebrat per orbem,
> Hodie laetus moruit secreta,
> Scandere caoli.

Mawrth 12

Taid (tad fy nhad) wedi marw yn 82 oed. Cymeriad siriol a swil, a'i feddwl ar lyfrau a barddoniaeth yn hytrach na braenaru'r tir. Dyn caredig a phwyllog, byth yn cwyno am ddim. Os byddai rhywun yn dweud ei bod yn dywydd sâl ei ateb fyddai, 'Does ene mo'r fath beth â thywydd sâl - dim ond tywydd da a thywydd gwell.' Cafodd ei eni mewn lle o'r enw Llannerch Gron ym mhlwy Clocaenog, lle ar y ffordd fawr rhwng pentref Pwllglas a Nantclwyd, y degfed plentyn i John ac Elinor Lloyd Jones. Enwyd ef yn 'Benjamin' - credaf fod ei fam wedi hen flino ar eni plentyn bob pymtheg mis ac yn gobeithio mai hwn yn wir fyddai benjamin y teulu. (Ganwyd merch wedyn ymhen pedair blynedd.) Cafodd ef a'i frodyr a'i chwiorydd addysg breifat mewn ysgolion yn Nhowyn ac yn Ysgol Fonedd Rhuthun (ysgol yr hen Gabriel Goodman) tra bu'r merched mewn ysgol yn Wrecsam lle dysgent Ffrangeg, Brodio a Dawnsio.

Pan oeddwn yn saith oed rhoddodd Taid ei ffidil i mi ac aed â hi i siop i'w thrwsio ond pan aeth 'Nhad i'w chyrchu ymhen rhai wythnosau 'roedd y siop, a'r ffidil ynddi, wedi diflannu. Hoffaf feddwl mai dyna sut y collais fy Stradifariws . . .

Bu Taid yn gwerthu glo ym musnes ei dad ond ni fu'n llwyddiant am ei fod yn rhy garedig gyda dyledwyr. Cafodd ffarm Gwrych Bedw ar ôl ei daid - ffarm fu yn yr un teulu am o leiaf dri chan mlynedd.

Wedi priodi fy Nain newidiodd ei gôt grefyddol a throi at y Bedyddwyr ac yr oedd yn ddiacon yng Ngharmel, Llanelidan. Mae o wedi gadael llond silff o'r Gwyddoniadur Cymraeg i mi.

Mawrth 17

Daeth arolygydd i mewn heddiw i weld sut 'rydym yn ymdaro efo'r criw mawr o Roegiaid sydd newydd gyrraedd yr ysgol: maent yn cyrraedd fesul eu cannoedd yng ngorsaf Waterloo oherwydd y dinistr a'r difrod mawr ar Ynys Cyprus. Llawer ohonynt yn methu cynefino, eraill yn prysur wneud cornel iddynt eu hunain drwy agor bwytai neu siopau dillad. Bu rhai o'r plant yn llygad-dystion i erchyllterau annisgrifiadwy ac wedi gweld eu rhieni a cheraint yn cael eu lladd neu eu harteithio.

Ein tasg gyntaf yw dysgu Saesneg iddynt. Maent yn cael cwrs carlam am hanner y diwrnod gan dreulio gweddill yr amser mewn dosbarthiadau normal. Sut ar y ddaear y mae modd i mi ddysgu Hanes i Eirene a Kyriacou a Sophia ac Ariadne, sydd yn eistedd ochr yn ochr ag Alicjia o Wlad Pŵyl, Pasquale o'r Eidal, Fatima o Dwrci, Wang Li o Hong Kong, Cassandra o Forocco a Gaenor o Lanaman? Ond mae'n wyrthiol fel maen nhw'n dysgu. Cyn pen chwincied maent yn medru rhegi fel cathod yn Saesneg. Y peth mwyaf anodd i'w wneud efo nhw yw eu gwahanu oddi wrth ei gilydd am eu bod, yn naturiol ddigon, yn dueddol o eistedd yn eu cwman efo'i gilydd a pharablu Groeg mân a buan.

Gall y Llundeinwyr fod yn bur elyniaethus ar adegau yn cwyno o hyd am unrhyw un sy'n siarad iaith wahanol. Pam maen nhw yma? Pam nad aen nhw'n ôl i'w gwlad eu hunain? Pwy maen nhw'n feddwl ydyn nhw? Fel tiwn gron. Gwaith caled yw cadw'r ddysgl yn wastad. Mae'r Cocnis yn eiddigeddus am fod y lleill yn cael cymaint o sylw a thriniaeth arbennig. A phwy all eu beio, mewn gwirionedd. Mae eu byd a'i draed i fyny a'u hathrawon heb amser i ganolbwyntio arnyn nhw lawn amser.

Dweud wrthynt fod gennyf innau hawl i neidio ar ben y ddesg a gweiddi '*Saxons Go Home!*' Wynebau sinigaidd a lleisiau pifis, '*No! we was 'ere first!*'

Ond cyn hir y mae'r Groegiaid yn siarad Cocni rhugl gystal â neb a'r unig beth sy'n eu gwahaniaethu oddi wrth unrhyw un arall yw eu henwau. Dechreuant gicio yn erbyn y tresi a'r rheolau caeth osodir yn y cartref, yn enwedig ar y merched. Yn raddol maen nhw'n gwrthod siarad Groeg o gwbl. Yr amser honno y mae Papa'n troi min ac yn bygwth gwrthod anfon ei ferched i'r ysgol. Ond y mae eu meibion yn cael eu trin fel arwyr.

Cododd un broblem go anghyffredin gyda'r merched sy'n perthyn i'r Eglwys Uniongred Roegaidd. Ymddengys fod deddf yr eglwys honno yn dweud na chaiff yr un ferch sy'n dioddef o'r misglwyf fynychu lle o addoliad. Felly, yn y boreau, gwelir twr o ferched yn sefyll y tu allan i'r neuadd lle cynhelir y gwasanaeth boreol. Gan fod gennym ddynion ar y staff y mae'r merched bach yn foddfa o embaras ac ni wyddant ble i roi eu hunain. Maent mewn dagrau . . .

Pan wawriodd y broblem arnaf trefnais ystafell ddistaw iddynt lochesu ynddi heb i neb eu gweld. Fel y cynefinant ac y meistrolant yr iaith, lleihau y mae'r rhai sy'n cadw'r ddeddf ryfedd hon. Ond gwae ni os bydd eu tadau yn darganfod hyn . . . Trwy'r oesau bu mamau yn gwarchod eu merched rhag oblygiadau deddfau haearn y tadau.

Mawrth 30

Helynt mawr! Gofalwr yr ysgol (brodor o Ynys Melita) wedi cael ei ddal yn dwyn! Pan aeth yr heddlu i'w gartref (yng nghornel buarth yr ysgol) yr oedd yn llawn o ddodrefn moethus a charpedi drud. Yn y seler yr oedd rholyn ar ôl rholyn o garpedi yn gorwedd. Yn yr atig 'roedd cistiau o lestri a pheiriannau trydan, defnyddiau, edafedd, papur 'sgwennu a llyfrau. Yr oedd y lle fel Ogof Aladin. Bu'n archebu gwerth miloedd o bunnoedd o bethau i'r ysgol a'u cadw iddo ef ei hun! Pan feddyliaf am y dyn wyneb-galed hwn yn meiddio cwyno am fod rhyw blentyn tlawd wedi dwyn siocled o siop yr ysgol. Y fath gythrel dau-wynebog.

Ebrill 2

Y Brif. yn fy ngalw i'w chell. Syrthiodd fy nghalon. Be' sy' rŵan? Cael cryn sioc, syrpreis a bechingalw - mae wedi fy nghymeradwyo i'r Pwyllgor Addysg i fynd ar eu rhestr dirprwy-brifathrawon-posibl. Diolch yn fawr . . .

Ebrill 5

Mynd â'r hanner dwsin sy'n gwneud Hanes Lefel A i Dŷ'r Cyffredin er mwyn iddynt gael gweld y lle. Cerddent ar flaenau eu traed mewn parchus ofn. Fan hyn yr oedd y Senedd yn ymgynnull wedi i'r Siambr gael ei bomio; fan hyn y collodd y Brenin Siarl ei ben; fan hyn mae Churchill yn stwbio'i sigâr cyn mynd i'r Siambr; dyna'r drws sy'n arwain i far-yfed yr heddlu. Enoch Powell yn cerdded heibio inni yn y Lobi Ganol. Ei gyflwyno i'r disgyblion cegrwth. '*What do you know about Hywel Dda?*' gofynnodd iddynt. Y mae ef, wrth gwrs, â diddordeb mawr yng Nghyfreithiau'r

Cymry. Ateb call gan un o'r merched, '*I don't think he's on the syllabus . . .*'
Egluro iddo nad o Gymru yr oedd y rhain ond o'r Holloway Road!

Yna daeth T.W. Jones mor hamddenol â haul y bore a'r sigaret dragwyddol yn ei law. Gofyn iddo os ydi Angharad yn dal yn fyw. Heb glywed oddi wrthi ers cantoedd. Ni fu erioed yn llythyrwraig o fri. Gerald Nabarro yn brasgamu heibio a'i fwstas fel handlenni beic yn hwylio o'i flaen.

Mynd â nhw am baned i Westy'r Dieithriaid. Bydd ganddynt stori fawr ar ôl mynd adre heno.

Ebrill 20

'Roedd Peter Lloyd (Ysgrifennydd Mygedol gweithgar Cymdeithas Cymry Llundain) wedi gofyn i mi a awn i ymweld â rhyw hen wraig yn Gloucester Road sydd eisiau *ghost writer* (awdur ysbrydol?!). Hynny yw, y mae arni hi eisiau adrodd stori ei bywyd a minnau i'w baratoi'n llyfr i'w gyhoeddi. 'Mae hi'n gyfoethog iawn' meddai Peter, 'mi gei dy dalu'n dda.' 'Roedd wedi darganfod fy man gwan a phan gefais i wahoddiad i de i'w chartref ddoe euthum yno fel ci am bwdin.

'Roedd hi'n pistyllio'r glaw a chyrhaeddais yno yn wlyb diferol. Agorwyd y drws gan Almaenes a cherddais i mewn i'r cyntedd moethus gyda charped at fy mogail a lluniau cain mewn fframiau aur ar hyd y muriau a darnau o Dresden a Meissen ar silffoedd gwydr o gwmpas. Meddwl wrthyf fy hun, 'Da iawn, Jones! Dyma ti wedi landio ar dy draed o'r diwedd!'

Ond aeth y Fraulein â mi i lawr i'r seleri ac yno mewn ystafell ddim mwy na chell meudwy yr oedd yr hen wreigan yn byw ac yn bod. Y lle'n fudr a drewllyd, oglau pi-pi yn fy nharo fel gordd wrth i mi gerdded i mewn. Nid oedd yno ffenest ac nid oedd yno dân . . . a minnau'n wlyb domen.

Gwahoddiad i de gefais i. Beth gefais i? Pastai ffrwythau o Lyons wedi llwydo a llond jwg o de wedi'i ail-dwymo mewn sosban dolciog. Ni allaf ddisgrifio pa mor od oedd hi. 'Roedd tua 85 oed, yn pwyso 20 stôn, ei gwallt wedi'i lifo'n goch a dannedd du. I lawr ei hwyneb yr oedd rhychau dyfnion yn llawn baw a dwy grafanc ddu yn estyn y jwg te i mi. Dim cwpan! Gwisgai bwtis bach du a'i choesau tewion yn bochio allan ohonyn nhw, ffroc grêp fu'n ddu rywdro ond oedd erbyn hyn yn wyn gan annwyd a slefrian. Cyn hylled â phechod a'r peth tebycaf a welais i Rumpelstiltskin.

Y peth cyntaf oedd arni ei eisiau oedd fy mhedigri ac yr oedd yn wfftio pan ddywedais na wyddwn o ba dywysog yr olrheinir fy achau. Yr oedd hi o linach y Tywysog Elystan Oleubryd o'r flwyddyn 1010. Neu rywbeth. Mae'n amlwg fod y Goleubryd wedi diflannu yng nghwrs y canrifoedd! Synnai fod y Clwb wedi anfon rhywun mor ifanc a di-bedigri, mor gyffredin, mor gomon. Disgwyliai hen wraig o dras yr uchelwyr, meddai.

Yr oedd hi'n bur amlwg yn byw yn y gorffennol heb sylweddoli fod uchelwyr Cymru wedi diflannu ers talwm ac nad oes bellach neb sy'n berchen bardd teulu.

Beth oedd arni ei eisiau? Cofiant i un o'i chyn-deidiau, Capten John —— fu'n llywio'r moroedd dan yr East India Co. ac a fu'n garcharor yn yr India. Ar y gwely 'roedd pentwr o bapurau budr ac annarllenadwy, ffrwyth ugain mlynedd o'i hymchwil hi. Ni fedrwn wneud na rhych na rhawn o'r gawdel a sylweddolais fod gennyf goblyn o dasg. Mewn gwirionedd ychydig iawn o fanylion oedd ganddi amdano, y rhag-ddywededig Gapten: ei eni, ei farw a'i achau (o Elystan Oleubryd ac ati). 'Doedd â wnelo gweddill y papurau ddim ag o. Beth oeddynt ond nodiadau am feirdd a chwaraewyr crwydrol, am yr Orsedd a Chyfreithiau Hywel Dda, pethau oedd hi wedi'u copïo o Lyfrgell Kensington.

Credai'n gydwybodol fod hyn i gyd yn mynd i ysgwyd Cymru a thrawsnewid ysgolheictod. Ceisiais ddweud wrthi fod Iolo Morganwg wedi cael ei brofi'n dwyllwr a bod llawer ysgolhaig wedi 'sgwennu am y beirdd a'r cyfreithiau. Dywedodd hithau, gan edrych arnaf fel pe bawn yn hollol dwp, y byddai Cymru yn falch iawn o gael gwybod fod bardd mawr iawn wedi cyfansoddi gweithiau, yr oedd ei waith wedi bod ar goll, heb erioed ei gyhoeddi, ei enw oedd Dafydd ap Gwilym . . .

Ceisio cofio un o'i gywyddau er mwyn profi iddi ein bod yn gwybod amdano eisoes ond yr unig linell a ddeuai i gof oedd honno am y gwylanod yn heidio i gario'r elor . . .

Erbyn hyn 'roeddwn yn crynu fel deilen aethnen gan yr oerfel a'r annifyrrwch. Penderfynais wneud rhyw fath o ymdrech i'w phlesio a dechrau edrych drwy'r papurau ond yn sydyn dechreuodd fy holi unwaith eto. Rhibidires o gwestiynau. Yn Saesneg y siaradai ond gydag arlliw o acen Gymraeg.

'Beth yw eich barn am Gleopatra? On'd oedd hi'n hen bits?'

' 'Does neb yn fy nheulu i wedi cael cyfathrach rywiol cyn priodi. Ydych chi?'

'Beth wyddoch chi am Sir Aberteifi?'

'Ydi'r perlau yna yn rhai iawn?'

'Peidiwch â chroesi'ch coesau, cariad. Nid yw *ladies* yn gwneud pethau felly.'

'Wyddoch chi fod yr Americaniaid wedi dyfeisio tabledi i ferched eu rhoi i'w gwŷr a pheri iddyn nhw golli pob awydd er mwyn arbed cael plant?'

'Ydych chi'n hoffi dynion?'

'Roeddwn yn chwysu yn yr oerfel. Ni wyddwn beth ddywedai nesaf. Yn sydyn sylwodd fy mod yn gwisgo modrwy (anrheg gan John a Margaret ddydd eu priodas fel mae'n digwydd) a dechreuodd sgrechian ac ysgyrnygu, 'Ydych chi wedi dyweddïo? Efo *dyn*? Gwrandewch, *darling*, 'dyw priodas yn dda i ddim. Tydi o ddim yn neis. Peidiwch byth â phriodi. A pheidiwch byth â gadael i *ddyn* roi ei law . . . fan hyn . . . na fan hyn . . .' meddai dan osod ei chrafanc arnaf. Gwthiais hi i ffwrdd. Cododd hyn ei gwrychyn fel wombat, cododd o'i sedd fel rhyw jeli enfawr a 'ngwthio ar y gwely. Neidiais i'r gornel. Ceisiais fflachio fy llygaid yn fileinig ac aeth hithau'n ôl i'w chadair. Yr oedd arogl ei chorff yn fy llorio a 'nghnawd yn cerdded. A'i llygaid banwes yn fy ngwylio.

Dywedodd y buasai'n rhoi £300 i mi ar un amod. Fy mod yn cysgu efo hi.

Edrychais arni'n hurt. Cysgu efo hi? Yn y gwely carpiog hwn? I beth? Yna yn sydyn - mor ddiniwed oeddwn i - mi wnes i ddeall. Bron i mi chwydu. Dywedais wrthi am stwffio'i hen bres budr. Galwodd fi'n hyll, yn hurt, yn butain, yn hen fuwch, yn greulon, yn afiach, yn aflan, yn gul. Cefais drafferth i agor y drws a rhedais nerth carnau oddi yno fel pe bai'r Diafol ei hun ar fy ôl. Yn wir, credwn fy mod wedi bod wyneb yn wyneb â'r Hen Nic ei hun. Rhedais i lawr y stryd fel miliast. Cerddaswn yn hollol ddiniwed i we pry copyn gwenwynig.

Ebrill 21

Dechreuais chwerthin ganol nos wrth ddychmygu beth ddywed Peter Lloyd pan glyw hanes fy ymweliad â'r 'hen wraig gyfoethog, garedig, ddaru dy wahodd di i de'. Cael fy nhemtio i ddweud wrtho fod y gwaith yn rhy gymhleth i mi: beth am anfon Rhydderch? Gallai ef wneud job well o lawer! Ond yr oedd yr atgof fel hunllef ac wedi gadael blas drwg yn fy ngheg.

Mai 1

I gyfarfod arall o Gymdeithas Awduron Cymru sy'n cwrdd yn gyson yn y *Lamb* yn Covent Garden, ar draws y ffordd i Moss Bros. Daw criw diddorol at ei gilydd i drafod a gwrando gweithiau newydd. Cerddi newydd heno gan Bryn Griffiths, Seamus Heaney, John Tripp a Tom Earley: pedwar hollol wahanol i'w gilydd. Bryn yn aml-eiriog Ddylanesg, Seamus yn ffyrnig wleidyddol a delweddol, John yn ddeifiol-ddoniol a Tom yn delynegol ond â cholyn yn ei gynffon. Ymwelwyr eraill achlysurol yw Dannie Abse, Harri Webb, Robert Morgan a Sally Roberts. Math ar fascot wyf i gan mai fi yw'r unig un sydd yn 'sgwennu' (os dyna'r gair) yn Gymraeg. Ond hen griw iawn.

Mai 14

Eistedd arholiadau'r Orsedd a mwynhau yn fawr er na allwn yn fy *myw* gofio enw merch Lleifior. Y munud yr euthum allan drwy'r drws bloeddiais 'Greta' dros y lle ond rhy hwyr.

Mae newid mawr ar droed yn y fflat gan fod Elaine wedi penderfynu symud i Richmond i fod yn nes i'r ysgol. Ac yn nes at Peter wrth gwrs! Daeth Marjorie atom i rannu. Un o Benrhyn Coch ger Aberystwyth yw hi ac yn gweithio ym Manc Coutts yn y Strand. Mae hi'n wên i gyd ac yn llawn hwyl. Hefyd symudodd Lola i mewn atom, un o Aberafan yw hi ac yn gweithio efo IBM y tu ôl i Selfridges. Mae hi'n hŷn na'r gweddill ohonom ac yn mwynhau gwau a choginio. Hynny'n plesio'n iawn! Dyma ni yn deulu bach cytûn unwaith eto a phawb yn tynnu'i bwysau. Cawn lawer o hwyl a phobl yn galw yn aml. Yn wir, bedyddiwyd y fflat yn 'Llysgenhadaeth Gymreig'.

Bydd yn chwith heb Elaine oherwydd 'roedd ei chymeriad heulog yn codi ein calonnau. Un bai mawr oedd ganddi sef ei bod yn mynnu siarad amser brecwast. Lawer gwaith y teimlodd Irene a minnau fel ei thrywanu efo'r gyllell fenyn ond ein bod yn rhy swrth i wneud.

Mai 22

Allan am y p'nawn efo Andrew i Barc Richmond a mwynhau awel iach a gwirioni ar y ceirw dof a'u trwynau melfed. Yma 'roedd Harri'r 8fed yn arfer hela. Wrth gau fy llygaid bron na allwn ddychmygu clywed sŵn y carnau yn taranu heibio a thuchan yr hen Harri fel y ceisiai arllwys ei gorff afrosgo oddi ar gefn ei geffyl. Yr unig beth arall a wyddwn am Richmond oedd mai hwn yw'r Pwyllgor Addysg mwyaf cybyddlyd yn y wlad gyda Thorïaid ffroenuchel yn meddwl nad oes angen gwario ar ysgolion y wladwriaeth gan fod mwyafrif y plant yn berchen rhieni sy'n eu hanfon am addysg breifat. 'Does dim angen rhoi addysg i'r 'werin' - mae tipyn bach o addysg yn beth peryglus ac yn esgor ar gwestiynau a wnaiff hynny mo'r tro o gwbl. Cadwed nhw mewn tywyllwch.

Mai 30

Mynd â dosbarth i Hampton Court. Wedi rhoi darlith iddynt cyn cychwyn am bwysigrwydd bod yn gwrtais a chynnig sedd ar y trên i rai hŷn na nhw ac yn y blaen. 'Roedd tair ohonyn nhw'n eistedd yn un rhes yn y trên heb sylwi fod gwraig yn sefyll a dyma fi'n rhoi pwt a winc i Joycelynne. Cododd hithau. 'Siddown!' meddai wrth y ddynes. Honno'n mynnu 'Na! diolch yn fawr 'rwy'n mynd allan yn yr orsaf nesaf . . .' Meddai Joycelynne, 'Mah teacha sez for ya to siddown.' 'No. It's quite all right . . .' dechreuodd y fenyw. Gwthiodd Jo hi'n ddiseremoni i'r sedd gan ddweud yn uchel dros y trên, 'Siddown ya silly old cow.' Gwên fawr i mi, cystal â dweud ei bod wedi

102

gwneud ei dyletswydd a minnau'n troi 'nghefn gan gymryd arnaf nad oeddwn yno a bron marw eisiau chwerthin.

Wrth gwrs, cefais drafferth ofnadwy i gael y diawchiaid allan o'r Ddrysfa *(Maze)*. Dilyn eu sgrechfeydd.

Mehefin 6

Cyrhaeddodd merch fach o Dwrces o Ynys Cyprus heddiw. Ei henw yw Shengul. Hi yw'r peth bach fwyaf truenus a welais erioed. Er ei bod yn bedair ar ddeg oed nid yw'n pwyso mwy na phedair stôn ac y mae lliw ei chroen fel un yn dioddef o salwch y môr, rhyw wyrdd nychlyd. Mae hi'n amddifad a lladdwyd ei theulu i gyd pan ffrwydrodd bom ar ei chartref yn Famagusta a bu hithau'n gaeth dan y meini am wythnos cyn i achubwyr ddod o hyd iddi. Dywedir ei bod yn dioddef o *leukaemia*. Mae ei choesau a'i breichiau fel priciau tân ond mae ganddi wên fel y wawr.

Mehefin 8

Sylweddoli nad wyf wedi clywed y gog ers tair blynedd.

Gorffennaf 20

Diwedd cyfnod 'hanesyddol'. Mae amryw o 'griw'r Werin' yn gadael Llundain a hwylio'n ôl am yr hen wlad. Minnau'n teimlo fel torri tebot yr un fath â merched Clawdd. Ffarwelio torcalonnus iawn. Fydd pethau byth yr un fath. Buom yn griw clòs am dair blynedd fel un teulu mawr. Yr achlysur olaf inni fod efo'n gilydd oedd Eisteddfod yr Urdd yn Nolgellau mae'n debyg.

Breuddwydiais neithiwr fod Twm a minnau yn cerdded i fyny Shaftesbury Avenue ac o flaen cofgolofn Shakespeare yn Leicester Square daeth anaconda enfawr o'r ddaear a llyncu fy mag llaw. Rŵan te: beth tybed ydi ystyr y fath freuddwyd?

Cefais ddiwedd tymor reit braf gan fod y Brif. wedi f'anfon ar gwrs wythnos i ddysgu sut i gynllunio taflen amser i'r ysgol. Wythnos o siarad siop yn Stoke D'Abernon, plas sy'n eiddo i'r Cyngor Sir, a chymharu nodiadau gydag athrawon eraill o bedwar ban Llundain. Barn unfrydol - gwaethygu y mae disgyblaeth a dwysáu y mae'r straen. Darogan y bydd ysgolion y dinasoedd mewn dirfawr stâd ymhen ugain mlynedd ac mai bugeilio fydd gwaith athrawon y dyfodol, nid dysgu.

Credaf mai gwastraff adnoddau fu fy anfon gan fod gweithio taflen allan yn beth tu hwnt o gymhleth ac yn trethu fy meddwl anfecanyddol yn lân. Tueddwn i wneud pethau fel trefnu i chwe dosbarth droi i fyny mewn un ystafell i gael gwers ar bedwar gwahanol bwnc, ond heb athro ar eu cyfyl!

I'r Eisteddfod yng Nghaerdydd ac aros yn griw mawr mewn ysgol yn y Gabalfa sydd braidd yn bell o'r maes. Fore Mawrth, o fewn muriau'r Castell, cefais f'urddo yn aelod Llên Ofydd o'r Orsedd. Profiad hyfryd iawn dan haul y bore. Llun ohonof yn y *Cymro* drannoeth yn sefyll wrth droed y Maen Llog a 'nhraed fel chwarter i dri.

W.J. Gruffydd, Y Glôg, yn ennill y Goron am bryddest i 'Unigedd'. Cael blas ar ei darllen a 'meddyliau'n mynd yn ôl mewn fflach i ddyddiau plentyndod wrth ddarllen ei gerdd yn sôn amdano'n chwilio am yr iâr a honno'n gwneud sŵn dreng yn y gwrych ac am ganfod corpws 'cyw a fu'n afradlon' ac yn bradychu 'olion dannedd cyndyn sugn y wenci'.

A chofio mynd yn y gwyll, barugog, efo Mam i hel y cywion cyn iddyn nhw ddysgu mynd i'r cut ar eu pennau eu hunain. Byddent un ai yn crwmpian yn haid ddiymennydd mewn cornel o'r cae neu'n clwydo ar y coed. Rhaid oedd eu dal a gafael yn eu coesau clogyrnog a'u traed melyn yn agor a chau fel seren fôr a'u brygawthan aflafar yn deffro'r 'sguthanod. Gwn yn union beth y mae W.J. yn ei olygu wrth 'cyw a fu'n afradlon'. Dim ond pentwr o blu lle bu.

Atal y Gadair. 'Rhyfedd ac ofnadwy' meddai Meuryn am yr awdl orau! Trebor Roberts, Porthmadog, yn ennill am gampwaith o gywydd i 'Tryweryn' lle mae'n cofio am yr hen bobl arferai addoli yn y capel sydd bellach dan ddŵr.

Mae'r cywydd fel miaren ar groen. Mae rhai o'm gwreiddiau yno yng Nghwm Celyn. 'Roedd fy hen-hen-hen-daid, David Williams, Coed y Mynach, a fu farw yn 1872, yn flaenor yn y capel yn y cwm. Ef felly yn un o'r 'hen weddïwyr'. Cafodd ei droi allan o Goed y Mynach gan y meistr tir, Preis y Rhiwlas, am ei ddaliadau gwleidyddol.

Rhiannon Davies Jones yn ennill y Fedal Ryddiaith gyda chanmoliaeth uchel am *Fy Hen Lyfr Cownt*. Hi oedd athrawes Gymraeg Helen yn Ysgol Brynhyfryd. Ddydd Iau derbyn Philip, gŵr y Frenhines, i'r Orsedd. Yr Archdderwydd, Trefîn, uwch ben ei ddigon. Twm yn amharchus iawn ac yn ei alw yn 'Duck Caeredin'.

Ond pinacl yr wythnos i ni oedd ein Cwmni Drama yn ennill dan feirniadaeth John Gwilym Jones am berfformio *Y Cymro Cyffredin*. Ryan yn actio'r brif ran yn wych ac yn rhoi mwynhad i bawb. Cawsom hwyl hefyd ar ein Noson Lawen a gwneud ffŵl o'r gynulleidfa yn y fargen! Wrth i'r llenni agor dechreuodd Ryan chwarae cordiau agoriadol yr anthem genedlaethol ac yn naturiol cododd y dorf fawr ar ei thraed ond yr un mor sydyn newidiodd y dôn a llifodd aelodau'r Aelwyd ar y llwyfan gan ganu:

Eisteddwch i lawr, 'sdim rhaid i chi godi!
Eisteddwch i lawr i'r hwyl ac i'r miri,
O Bicadili daethom oll i Gaerdydd lon
O hen brifddinas Lloegr i'r brifddinas newydd hon.

ac eisteddodd y dorf gan chwerthin a chymeradwyo'n braf wrth gael eu dal! Mae ein nosweithiau llawen yn enwog erbyn hyn. Y gyfrinach yw cynllunio gofalus, ymarfer a sgriptio. Ac wrth gwrs y mae cael Ryan a Rhydderch ac eraill yn gymorth!

Eisteddfod dda er gwaethaf clywed lleisiau ar y stryd yn dweud *'Lots of Welsh 'ere today, love,'* mewn acen fwy Cymreigaidd nag a glywais ers talwm! Mwynhau diwrnodau ffrenetig a nosweithiau hwyr. Gŵr amlwg yn y byd cyhoeddus yng Nghymru yn mynd â mi *'on the town'* a chael pryd o fwyd Indiaidd bendigedig yn ardal y Dociau ac yna i glwb nos tra mentrus. Minnau'n mynd mor ddiniwed â cholomen ond bu rhaid ei atgoffa'n bur chwyrn ei fod yn ŵr priod parchus . . . Gadewais y coleg yn meddwl mai pethau llywaeth di-glem oedd dynion. Erbyn hyn, gwn yn amgenach: bleiddiaid mewn croen ŵyn yw mwyafrif llethol yr hil. Caf fy syfrdanu fwyfwy wyneb yn wyneb â rhai o'u sgiamiau.

Awst 25

Ym Mharis efo Andrew. Wrth gerdded heibio Notre Dame yn hwyr y p'nawn a'r awel fel mêl, pwy a welais yn eistedd yn mwynhau diod yn yr haul dan ambarel liwgar, ond Angharad! Sgrech uwch adsgrech wrth weld ein gilydd. Anghofio Paris a pharadwys y pernosau a dechrau'r sgwrs yn y man lle gadawyd hi fisoedd lawer yn ôl. Gwichian chwerthin wrth gofio'r dawnsiwr gwerin ar y lawnt a llenni Gwen yn mynd ar dân, y tywysog o Matabele ac adnodau Robin Lloyd ar y Cyfandir, Twm yn malu'r drws a James Idwal yn tisian yn Siambr Tŷ'r Cyffredin . . .

Ond adeilad sy'n werth ei weld yw Notre Dame, prif eglwys Paris, gyda'i ddau dŵr sgwâr a'i ffenestri crynion. Adeilad hollol gytbwys. Mae un ffenest luniwyd fel rhosyn a'i phetalau coch a phinc yn taflu cysgodion arall-fydol ar du mewn yr eglwys. Bu addoli yn y fangre hon ers dwy fil o flynyddoedd gan fod y Rhufeiniaid wedi codi teml yn y fan. Buaswn wedi mwynhau bod yn bresennol yma ar Ragfyr 2il 1804 pan ddaeth y Pab Pius VII i Baris i goroni Napoleon. Ond er mawr syndod i'r Pab cipiodd yr hen Nap y goron oddi arno yn bifis a'i goroni ef ei hun a'i annwyl Josephine! Ni chlywais gloch Emaniwel yn canu. Drwy drugaredd. Ar adegau o drychineb yn unig y clywir hi. Mae hi'n pwyso tair tunnell ar ddeg a'i thafod yn pwyso bron i ddeg cant. Yn ôl traddodiad, pan oedd y gloch yn cael ei bwrw dair canrif yn ôl, taflwyd peth wmbredd o fodrwyau a gemau aur ac arian i'r pres berwedig a dyna pam mae'r donyddiaeth mor bur.

Ac yma wrth gwrs y bu'r hen Gwasimodo druan, yn siglo ôl a blaen ar y clychau ac yn cael ei erlid oherwydd y crwb ar ei gefn. Cofio perfformiad cofiadwy Charles Laughton a'i *'Why was I born so ugly?'*

Awst 26

'Roeddwn wedi bod wrth yr *Arc de Triomphe* o'r blaen efo Monsieur Bolaffi (ys gwn i ble mae o?) ac yr oedd y wefr yr un yr eildro. Yr hen Napoléon yw'r prif gymeriad yma eto gan mai ef a benderfynodd godi'r bwa hwn er cof am holl filwyr Ffrainc. Bu peth trafferth efo'r adeiladu a phedair blynedd yn ddiweddarach, yn 1810, pan oedd yr Ymerodres Marie-Louise yn gorymdeithio ar hyd y Champs Elysées, dim ond ychydig droedfeddi o'r bwa oedd wedi'i godi. Bu raid i'r pensaer druan, Chalgrin, osod model yno i dwyllo pawb! Ni orffennwyd ef tan 1836. Un o'r pethau mwyaf eironig a ddigwyddodd oedd i gorff Victor Hugo gael ei osod yno i'w anrhydeddu gan bawb wrth fynd heibio: ond trannoeth aed ag ef i fedd tlotyn i'r Panthéon.

Yn 1923 y goleuwyd y fflam oesol uwch ben y Milwr Na Ŵyr Neb Pwy Yw. Mwynhau cerdded ar lan y Seine a bwyta wrth y Sorbonne lle mae'r bwyd rhataf gan mai yno yr heidia'r myfyrwyr.

Nid yw pob dyn yn llywaeth na'i fryd ar larpio . . .

Awst 27

Mae'r Marechal Bassompierre yn swnio'n ddyn diddorol. Bu ef yn byw ym Mhalas Chaillot, palas adeiladwyd iddi hi ei hun gan Catherine de Medici. 'Roedd y Marshall, meddir, yn ŵr ffraeth, dewr, hynaws a deniadol; llenwodd bob eiliad o'i fywyd gyda moethusrwydd a llawenydd. Yn anffodus fe lwyddodd i ddigio Richelieu ac yn 1631 anfonwyd ef i'r Bastille. Cyn mynd llosgodd dros chwe mil o lythyrau caru. Dyna i chi fonheddwr! A dyna i chi golled!

Heb fod ymhell y mae Tŵr Eiffel. Pan godwyd ef yn 1887 hwn oedd yr adeilad uchaf yn y byd sef 984 troedfedd o uchder. Nid oes dim byd yn hardd ynddo a'r unig ddefnydd a wnaed ohono mewn gwirionedd oedd fel pegwn i'r gwasanaeth radio cyntaf ar draws yr Iwerydd. Ei ogoniant yw'r olygfa a geir o'r copa ond rhaid bod yn lwcus iawn i gael diwrnod clir - 'run fath â phen yr Wyddfa! Y ffaith ryfeddaf yw ei fod chwe modfedd yn uwch ar dywydd poeth! Credaf fod hynny'n cyfateb i'r ffaith gyntaf a ddysgais yng ngwersi Ffiseg yr hen Fr. Roderick ers talwm. *'Heat expands'* gwaeddai arnom. 'Doedd dim ots gen i beth wnâi - fedrwn i ddim diodde'r pwnc yn yr hen 'stafell oer honno yn Ysgol Tŷ Tan Domen. Peth rhyfedd felly oedd i mi gofio'r wers honno heddiw!

Bwyta malwod heno. Bendigedig!

Awst 28

Treulio'r bore yn eistedd yn yr haul yn yfed coffi yn y *Place de la Concorde* a cheisio dychmygu'r olygfa oedd yma ym mis Ionawr 1793 pan godwyd yr hen genawes frawychus, Madame Guillotine, er mwyn dienyddio Louis XVI. Ar ei ôl ef aeth gyddfau eraill yn aberth i'r hen gyllell fawr: Marie-Antoinette, Madame du Barri a Robespierre yn eu plith. Wedi'r gwaedlif daeth diwedd ar y Fadam hefyd ac i geisio rhoi naws fwy heddychlon i'r sgwâr fe'i galwyd *Place de la Concorde*. Lle o dangnefedd a chynghanedd. Yma hefyd y mae Nodwydd Cleopatra. Gwelais ei chymar ar lan yr afon yn Llundain.

Yn y p'nawn i weld Gerddi'r Tuileries ar lan yr afon, canolfan hamdden syber yn y 17eg ganrif. Hyd yn oed yn y gerddi chwaethus hyn fe welwyd tywallt gwaed pan ymosododd y dorf ar y gwarchodwyr oedd yn gofalu am Louis XVI a lladdwyd nifer fawr ohonynt yn y fan lle tyf blodau o bob lliw a llun yn batrymau cytbwys.

Awst 29

I weld L'Opéra, y theatr fwyaf yn y byd, ac wrth ddringo'r grisiau allanol meddyliwn am yr holl gerddorion sydd wedi troedio'r cerrig hyn. Wedi pryd o fara brau, briwsionllyd, a chlwff o gaws, aethom i weld eglwys enwog Sacré Cœur gyda'i thyrau siâp lemonau yn sgleinio yn yr haul.

Ymweliad byr â'r Louvre (mae angen wythnos i weld popeth yno). *Ond* mi welais y Mona Lisa a cheisio penderfynu fel miloedd cyn hyn, beth yw ystyr y wên gam ar ei hwyneb. A dylai pawb weld y Venus de Milo. Dywedir mai ganddi hi mae'r mesuriadau perffeithiaf a chan eu bod yn rhai gweddol hael codir llawer calon!

Y mae cerdded i fyny'r *Champs Elysées* yn crisialu ymweliad â Pharis, coedlan lydan a'r cafés yn denu ar bob tu a digon o goed deiliog i gysgodi danynt. Tebyg iawn i Stryd Fawr y Bala!

Traed yn sgaldio a theimlo mai anfantais yw gwyliau i rywun sy'n llawn chwilfrydedd. 'Rwy'n siŵr fod y rhai sydd heb ddiddordeb mewn dim ond torheulo a diota yn medru ymlacio'n llawer gwell. Croes i'w chario yw addysg.

Awst 30

Rhaid oedd cael cip sydyn ar y Bastille. Yma y carcharwyd y Dyn yn y Mwgwd Haearn a Voltaire ac yma y bu cyflafan pan ymosododd y dorf ar y carchar wedi cael llond bol ar yr oruchwyliaeth ac a ddatblygodd yn Chwyldro yn 1789. Cofio darllen *A Tale of Two Cities* yn yr ysgol heb y mymryn lleiaf o syniad am na Pharis na Llundain yr adeg honno - llyfr gosod hollol amherthnasol i blant cefn gwlad Cymru. Methais â darllen dim o waith Dickens byth oddi ar hynny.

Wedi'r ias oer aeth drosof wrth sefyll wrth yr hen adeilad bygythiol hwn braf oedd cael mynd i siopa cyn dychwelyd adre. Dotio ar y dillad a'r gemau a'r gwaith lledr ond mynd allan o'r siopau yn waglaw gan na fedrwn fforddio dim. Felly mynd ar drot i Montmartre, rhanbarth sy'n llawn o strydoedd culion, lliwgar, rhyw bentref bach yng nghanol y ddinas, tebyg iawn i Chelsea neu Soho. Yma y denwyd artistiaid a cherddorion, pobl fel Berlioz a Toulouse-Lautrec. Yma hefyd y mae'r *Moulin Rouge*. Prynu llun dyfrliw am ychydig ffrancau. Rhywbeth i'w osod yn y fflat.

Dod adre wedi dyweddïo ag Andrew.

Medi 10

Irene a minnau'n cael profiad digri neithiwr - os digri hefyd. Wrth gerdded i fyny o Bicadili i Tin Pan Alley daeth dyn i'n cyfarfod a chanddo anferth o drwyn a hwnnw'n biws gochddu o ansawdd mefusen or-aeddfed. Meddai Irene, 'Jawch! 'na ti drwyn mawr!' 'Ddim mor fawr â dy geg di'r diawl!' meddai yntau wrth fynd heibio. Eiliad o barlys cyn rhedeg rownd y gornel i Brewer Street a chwerthin ein perfedd allan.

Cofio'n sydyn am Mam yn adrodd hanes rhywun o ardal Iâl - ei bro enedigol. 'Roedd dau ddyn yn y pentre - un â thrwyn rhyfedd a'r llall yn berchen clust fel cabejen. Ar fore Calan daethant wyneb yn wyneb ar y Gefnffordd (neu ar Y Big - nid wyf yn cofio'n iawn) ac meddai'r dyn efo'r trwyn rhyfedd, '*Happy New Year* i ti.' 'A *Happy New Nose* i tithe'r cythrel' atebodd y llall.

Yn ôl Mam y dyn efo'r glust gabejen oedd yr un y gofynnwyd iddo gan Sais, '*Is it far to Corwen?*' '*Six miles*' ebe yntau. '*No more?*' '*No, no môr, no mynydd, ffordd wastad bob cam.*' Stori big yn wir.

Medi 17

Mae Shengul, yr hen bwt afiach o Gyprus, wedi marw.

Medi 27

Ymweld â'm darpar rieni-yng-nghyfraith. Eu fflat fel pin mewn papur. Gwelais y llwch yn sgidio ar y *polish* ar y dresel. Beth pe baent yn gweld y fflat 'cw?

Hydref 16

Noson yn yr Aelwyd heno i groesawu parti o'r Clwb Gwyddelig a bu criw ohonom yn brysur yn paratoi brechdanau a sosej oer a manion o'r fath ar eu cyfer. Methu deall pam fod pob un yn gwrthod cymryd rhywbeth i'w fwyta.

Deall ymhen y rhawg nad ydynt yn bwyta cig ar ddydd Gwener! Pam na fuasai rhywun wedi meddwl am hyn, ni wn, ond gwastraff oedd yr holl fwyd a'r holl baratoi. Nid oeddynt yn hapus iawn efo'r te a choffi chwaith gan eu bod wedi gobeithio cael rhywbeth cryfach a methent gredu eu clustiau pan glywsant nad oes bar-yfed yn ein Clwb ni! Bu'r noson yn gam gwag ym myd cyfathrach Geltaidd o'r dechrau i'r diwedd. A chysidro mai ni oedd wedi eu gwahodd, buont yn gytrin o anghwrtais; aethant adre yn surbwch gan fwmian pethau reit gas am y Cymry.

Hydref 22

Parti! Ugeiniau yma a'r wifren fyw oedd Ryan yn adrodd straeon a chanu. Ar y llwyfan y dylai fod. Mae o'n rhannu fflat efo Rhydderch a Huwcyn yn Croydon ac yn ôl yr hanes y mae yno le garw! Ryan yn dweud ei hanes yn ceisio cysgu rhwng y ddau ac yn cael ei daflu i'r nenfwd fel cocyn hitio mewn ffair pan fyddai'r ddau arall yn troi. Ac yr oedd ei ddisgrifiad o 'sanau Rhydderch yn ddigon i 'sigo sant.

Prynais biano'n ddiweddar (am £5) a Ryan yn ei morio arno tan tua dau y bore pan ddaeth curo megis daeargryn wrth y drws. Plismon! Y cymdogion yn cwyno'n hallt. Cymro glân oedd y plismon a ddaeth i mewn ac ymhen dau funud yr oedd ganddo beint yn ei law ac yn pwyso yn erbyn y piano gystal â neb. Pe bai'r dyn dreng y drws nesaf wedi gweld yr heddwas yn pyncio 'Moliannwn oll yn llo-o-o-on' a'i fawd dan ei fresus, byddai wedi colli pob ffydd mewn cyfraith a threfn.

Un arall difyr oedd Gareth o Langennech gyda'i straeon anhygoel am rai o drigolion y pentre hwnnw. Mae un dyn yno sydd wedi gwirioni ar bopeth o fyd y Gorllewin Gwyllt yn yr America. Y mae hyd yn oed yn gwisgo fel cymeriad allan o ffilmiau'r *Westerns*. Rhyw fore daeth ar draws corff yn y coed y tu allan i'r pentre a rhedodd i'r ffordd a dweud wrth y modur cyntaf a ddaeth heibio, '*Ride hard for the sheriff, there's a stiff in the forest.*' Gareth yn taeru ei bod yn stori wir. Gobeithio ei bod hi!

John Tripp yn y gegin gefn yn difyrru criw efo darnau o'i farddoniaeth a Howard Goodfellow yn penderfynu cael practis Côr yr Aelwyd yn y sbensh; Tudor David mewn un gornel eisiau trafod addysg a Bryn Griffiths mewn cornel arall eisiau trafod merched a chriw o Saeson eisiau gwybod pam fod y rhif 6 ar ddrws y tŷ-bach . . .

Bu hi'n nos tan bore.

Tachwedd 10

Rhai o gyfeillion Irene yn mynd â ni i Glwb Nos ar Ynys Sheppey. Yn ein plith yr oedd peunes o'r enw Marjorie Proops, un o bobl adnabyddus Fleet

Street, medde hi. Nid oedd yn rhy hapus pan ddeallodd nad oeddem erioed wedi clywed amdani! *'My darlings'* meddai a'i llais fel triagl, *'what dull lives you must lead!'*

Hen le comon oedd y clwb - poteli stowt a *knees-up* a rhai hanner meddw yn cael eu galw i'r llwyfan i ganu, ac yn canu fel llwynogod rhwym am *'Nellie Dean'* a *'Mebbe Becos I'm a Londoner'* a *'Pop goes the weasel'*. Meddai Irene yn ei dull dihafal, 'Reit te! ddangosai i'r jiawled!' ac i'r llwyfan â hi a chanu 'Hen Wlad fy Nhadau'. Sôn am chwerthin.

Rhagfyr 12

I ble'r aeth y tymor?

Am dro heno i Regents Palace i weld pwy welwn o Gymru gan fod llond Llundain o ffermwyr i fyny i'r Sioe. Clywn y canu o ben draw'r stryd! Y cyntedd dan ei sang a rhes ar ôl rhes o ffarmwrs braf yn eistedd ar y grisiau yn canu o'i hochr hi: 'Calon Lân' yn treiddio i strydoedd amheus ardal Wardour Street; 'Sanctaidd, Sanctaidd' yn treiglo dan ddrysau'r Windmill y drws nesaf; 'Rho d'anian bur' meddent wrth gwsmeriaid Raymond's Revue Bar ganllath i ffwrdd . . . Sgwrs braf a 'Paid â d'eud wrth neb dy fod wedi 'ngweld i yma' meddai'r blaenor o ffermwr . . . Ddywedais i ddim gair.

Rhagfyr 20

I gyngerdd Nadolig myfyrwyr Ysbyty Middlesex efo Andrew. Beth ddywedodd William Jones wrth gyrraedd y Sowth? 'Y nefoedd, dyma le!' Shandifang, chwedl Irene. Gweiddi, crechwen, sarhau, taflu pethau. 'Roedd rhaid i bob artist fod yn anghyffredin o dda cyn cael gwrandawiad; un gafodd wrandawiad astud a derbyniad gwresog oedd Ron Moody wedi'i wisgo fel Fagin. Un a fŵiwyd oddi ar y llwyfan oedd Max Bygraves.

Rhagfyr 31

Stori fach neis o gapel Holloway i ddiweddu'r flwyddyn. Gwasanaeth undebol yno fore Sul a'r plant yn dweud eu hadnodau. Y Gweinidog yn gofyn i un, 'I ba gapel wyt ti'n mynd?' Ei ateb oedd 'Chelsea'. Gofyn i'r nesaf - hwnnw yn brin ei Gymraeg braidd - a'i ateb oedd 'Arsenal'. Pêl-droed oedd ei ddileit ef mae'n amlwg.

5

1961: Rhoi eli ar y briw

Ionawr 5

Penblwydd y Diafol. Dynion yma yn tynnu wal llofft Helen a minnau i lawr ac yn gosod tarpolin dros y twll a'i rwymo wrth goes y gwely. Yn ein dychymyg mi welem wynt nerthol yn rhuthro berfeddion y nos a'r tarpolin yn hedfan tua'r Amwythig a'r gwely ynghlwm wrtho a ninnau ein dwy ynddo. 'Run fath â Wynken a Blynken a Nod yn chwifio ar y sêr wrth fynd heibio.

Ionawr 9

Eistedd ar y Tiwb yn swrth yn meindio fy musnes fy hun a dyma rhyw foi eisiau shêf yn troi ataf a dweud, 'Hei!' Ceisio peidio â sylwi a theimlo'n annifyr wrth weld llond carej yn glustiau i gyd. (Rhai blynyddoedd yn ôl buaswn wedi ei ateb yn herfeiddiol, 'Hei tithe!' - ond mae rhai o arferion Llundain wedi c'luro ynof.) Bron methu credu pan ddywedodd wrthyf yn gyfrinachol a'i law dros ei geg, 'Mae gen i ewythr yn Rhosygwaliau, wyddoch chi.' Distawrwydd hir wedyn a minnau'n ceisio treulio'r newyddion ysgytwol. Yna, 'Ia! a hen gythrel ydio hefyd.' 'Tewch â deud' meddwn innau'n llywaeth ac allan am fy mywyd yn yr orsaf anghywir.

Sut gwyddai 'mod i'n deall Cymraeg? Efallai na wyddai.

Irene wedi rhoi ei throed ynddi tra bûm adre dros y Gwyliau. Mae Dafydd Bryn, Tŷ Capel, yn arfer rhoi 'ring' inni bob bore i'n deffro gan ein bod wedi datblygu imiwnyddiaeth llwyr i'r cloc larwm. Canodd y ffôn echdoe. Irene yn codi ac arthio iddi, 'Sut wyt ti'r diawl dwl!' Pwy oedd yno ond gwraig y gweinidog . . .

Ionawr 18

Syr Ben Bowen Thomas yn darlithio yng nghymdeithas Willesden Green ac yn sôn yn ddifyr iawn am yr holl Gymry a gyfarfu yn ystod ei deithiau pan oedd yn gweithio i UNESCO. Y Cymry wedi gadael eu gwlad yn aml oherwydd erlid, angen, uchelgais. Mae hanes y Mormoniaid yn ddiddorol. 'Does ryfedd fod Côr Dinas yr Halen yn canu mor fendigedig: mae cyfran helaeth ohonyn nhw o dras Cymreig.

Mae capel Willesden Green yn un llewyrchus iawn ar hyn o bryd. John Thickens oedd un o'r gweinidogion enwocaf fu yma - bu wrthi am dros ddeunaw mlynedd ar hugain. Yr oedd yn gredwr mawr yn yr Ysgol Sul ac wrth gynllunio'r capel newydd yn 1911 mynnodd fod pob dosbarth yn cael ystafell ar wahân. Yr oedd hefyd yn awdurdod ar Howell Harries.

Cyfarfod hir ar ôl yr ysgol heno a'r Brif. dan y felan oherwydd diffyg disgyblaeth. Un athro gwan yn medru tanseilio holl waith yr ysgol, meddai. Ambell dro gwelaf lyfrau, desgiau, dillad, cadeiriau, yn hedfan heibio fy ffenest o'r llawr uwch ben, ac mewn rhai ystafelloedd y cyfan a glywir o ddechrau'r wers i'r diwedd yw sgrechian a bangio. Anaml iawn y caf wers heb i rywun anfon amdanaf ac y mae'n sefyllfa luddedig iawn.

Ionawr 21

Parti yn Kentish Town yn fflat Justin. Mae ef yn gymeriad. Myfyriwr meddygol pur anghonfensiynol yn gwisgo sandalau-Iesu-Grist a mantell Dracula ac yn rhegi fel carthffos.

Mae gwahaniaeth mawr rhwng parti o Gymry a pharti o feddygon. Yn gyntaf y mae'r sgwrs yn ddigon i droi'r iachaf yn heipocondriac: mae pob gwayw a phigyn yn argoel o dwf ar yr ymennydd neu thrombosis marwol.

Ionawr 25

Ryan yn adrodd hanes Rhydderch yn saethu'r tôst amser brecwast fel yr oedd yn codi fel Fenws o grombil y craswr!

Ionawr 27

Haulwen yn 21 oed a daeth ei chwiorydd o'r Sgeti i'r parti yn y fflat gyda'r newyddion fod y byji wedi marw. Criodd drwy gydol y parti. Deugain yma'n dathlu ac yn cael hwyl braf: Haulwen yn y gegin gefn ar goll mewn cadachau poced. Llwyddo i gael gwared o bawb o'r diwedd a syrthio'n ddiymadferth i'r gwely am bedwar o'r gloch y bore. Deffro am bum munud wedi pedwar i glywed Haulwen yn beichio wylo uwch tranc y blwmin deryn.

Chwefror 2

Leonard Clarke, un o arolygwyr ei Mawrhydi, i mewn heddiw. Mae ganddo enw drwg ac y mae ei ofn ar bawb. Ei brif nod mewn bywyd meddir yw achosi i gymaint o'r staff grio ag y medr o. Mae'n fardd o fri. Ar ganol gwers Hanes dyma fo i mewn fel huddug i botes. Ond syrpreis, syrpreis! Cyfarchodd fi yn Gymraeg! Bu'n darlithio yn y Coleg Normal ac yr oedd yn gyfaill mawr i Ambrose Bebb. Holai fi am hwn a'r llall. Eisiau gwybod a wyddwn hanes fy ngwlad fy hun gan fod hynny'n bwysicach na dim. Oeddwn i wedi clywed am Gerallt Gymro, Griffith Jones, Robert Owen, O.M. Edwards? Wel, oeddwn siŵr iawn.

'Gorau diwylliwr, athro da' meddai gan chwifio'i law o'r drws yn wên i gyd. Fy nosbarth a'u cegau'n dal gwybed. Hen foi iawn. Dweud yr hanes yn stafell yr athrawon, *The bloody Welsh!*' ebychodd athrawes a'i llygaid yn goch a chwyddedig gan ddagrau . . .

Chwefror 5

Cyfeillion cyfoethog yn mynd â ni mewn Rolls i faes awyr Redhill i gael tro neu ddau mewn awyren breifat. I fyny â ni bob yn un. Cau fy llygaid yn dynn a gorfodi fy hun i'w hagor yn araf deg i weld panorama o olygfa fel bwrdd gwyddbwyll o tanom. Profiad . . . y . . . diddorol. Balch iawn o deimlo'r ddaear gadarn dan fy nhraed er hynny.

Irene wedi bod braidd yn wrol yn brolio nad oedd arni ofn. Aeth y peilot â hi drwy '*loop the loop*' a daeth yn ôl i'r ddaear yn wyn fel nigar chwedl Twm Tomos y trempyn wrth Taid pan redodd tarw Tŷ Gwyn ar ei ôl.

Neithiwr bûm yn gweld *West Side Story* efo Arnold. Sioe ardderchog a chanu cofiadwy, yn seiliedig ar stori Romeo a Juliet ond wedi'i lleoli yn Efrog Newydd. Dull difyr iawn o weld Shakespeare!

Arnold yn gwaredu wrth weld 'Llyfr Ymwelwyr' ein fflat: mae ynddo dros ddau gant o enwau er pan ddechreuwyd ei gadw fis Medi! Gan gynnwys pobl fel Dewi Bebb, Hywel Teifi, Eirwyn George, Ray Smith, Peter Goginan a rhyw wag o'r enw Judas Isgariot. Ceir hefyd sylwadau rhyfedd ac ofnadwy gan rai. Sylw coeglyd Wyn Beulah, 'Braint, braint, yw cael cymdeithas gyda'r saint.' Hy! Ond pob un yn canmol y croeso a'r diwylliant! Mae'r berdoneg bumpunt wedi talu am ei lle!

Chwefror 8

Recordio rhaglen o *Sêr y Siroedd* yn erbyn Sir Ddinbych (o bawb) a cholli!

Chwefror 11

Eisteddfod y Cymdeithasau ac enillais y Gadair! Daeth Alun o Fôn a Llwyd Llangar i'm hebrwng i'r llwyfan a galwodd yr arweinydd, Meic Parry, ar y beirdd ymlaen a chyfarchwyd fi gan Erfyl Blainey, Elis Aethwy, D.T. Richards a Wyn Hughes. Dafydd Bryn yn canu cân y cadeirio a mwynheais bob eiliad.

Chwefror 12

Darllen hanes Eric ('tynn dy ddwylo o dy boced') yn *Y Cymro* - yr argien y
mae o mewn strach oherwydd ei fod wedi mynd i'r ysgol mewn hers!
Teithio'r cyfandir mewn bws-mini ddim yn ddigon cyffrous mae'n amlwg!
P'run bynnag, y mae'r Pwyllgor Addysg ar Ynys Môn wedi gwylltio ac heb
weld y peth yn ddigri o gwbl. Yr oedd yn teithio ar draws yr ynys ac yn rhoi
lifft i athrawon eraill ac wedi rhoi braw marwol bron i amryw o bobl ar ochr y
ffordd wrth i'r rheiny weld 'cyrff' yn codi o'r elor ac yn chwifio arnynt yn
dalog drwy'r ffenest ôl.

'Roedd criw o weithwyr y ffordd yn Rhosybol wedi tynnu eu capiau a
sefyll yn barchus wrth i'r hers fynd heibio a beth welsant ond athrawes
benfelen yn hanner-orwedd lle dylai'r arch fod ac yn codi'i llaw arnynt yn
serchog. Eric wedi prynu'r hers yng Nghaernarfon (oddi ar Smith Plu
tybed?) gan fwriadu ei haddasu i fynd i'r cyfandir ond y bore o'r blaen
methodd â chychwyn ei gar i fynd i'r ysgol. Yn ddoeth iawn, aeth yn yr hers.
Cafodd bregeth gan y Prifathro a rhybudd gan y Pwyllgor Addysg. Dylent
fod wedi rhoi medal iddo am wneud ymdrech mor lew i fynd i'w waith.

Sôn am storm mewn padell ffrïo! Gall athrawon Llundain wneud fel y
mynnon' ac ni fuasai neb wedi edrych ddwywaith pe bai un ohonom wedi
cyrraedd yr ysgol mewn hers. Neu hyd yn oed mewn arch ar olwynion.
'Does neb yn ysbïo arnom ond y mae rhyw gorachod o gynghorwyr yng
Nghymru yn meddwl mai nhw sy'n rhedeg y bydysawd.

Chwefror 25

Cael brecwast yn Covent Garden ar ôl bod yn dawnsio drwy'r nos yn y
Festival Hall. Lle gwych am baned a brechdan sosej! Cael llond fy hafflau o
Gennin Pedr gan y gweithwyr boreol a herian lond y lle. Bûm yn dawnsio
neithiwr efo Alun Williams, BBC, un medrus ei draed a'i sgwrs! Ni wyddai
ar y ddaear pwy oeddwn ond yr oedd yr un mor gwrtais â phe bawn y ferch
bwysicaf yn y ddinas. Taro ar fachgen o Ardudwy a'i fedyddio'n
'Bob-gwneud-i-ffwrdd' gan ei fod eisiau cael gwared o'r Urdd, yr
Eisteddfod, Bertrand Russell a Marghanita Laski. Yn y drefn yna. Cefais
innau wared sydyn arno yntau.

Wedi prin ddwyawr o gwsg aethom am dro i erddi Kew. Bendigedig o le!
Mwynhau gweld y Pagoda a'r Orenfa a'r gwahanol goed a phlanhigion.
Wedi'r jyngl yn yr ardd gefn sydd gennym yn y fflat, yr oedd yn baradwys.
Mae fy ngwybodaeth o arddio'n affwysol. Tynnu popeth o'r gwraidd: os
tyfith eto, yna chwyn ydoedd efe.

Mawrth 1

Cinio Gŵyl Ddewi yn y *Savoy* ac yr oedd yno 40 Davies, 37 Jones, 29 Williams, 27 Thomas, 25 Evans, 17 Lloyd, meddai'r *Evening Standard.* Y gŵr gwadd oedd Selwyn Lloyd. Fûm i ddim yno i'w cyfrif oherwydd 'roedd y Jones yma yng nghapel Ealing yn canu penillion a Dewi Lloyd yn ŵr gwadd. Fo yw trysorydd y Clwb Llyfrau, clerc Bwrdeistref West Ham a chyd-berchennog Chwarel Aberllefenni. Dyn diwylliedig, darllengar.

Mawrth 4

Cyngerdd Gŵyl Ddewi yn yr *Albert Hall* ac aeth ugain ohonom efo'n gilydd. Côr Godre'r Aran yn wych ac enillwyd y dyrfa fawr yn llwyr gan Fand Ysgol Gynradd y Bala a Phedwarawd Colin Jones o'r Rhos. Aeth pawb yn ddistaw, ddistaw, pan gerddodd arweinydd naw oed band y Bala i'r llwyfan, pwten fach o'r enw Pat Davies, a chodi ei baton fel hen gant cyn dechrau ar y perfformiad o fiwsig gan Schubert. Llond tŷ yn y fflat wedyn tan berfeddion y nos. Dadlau gwyllt ynghylch moesoldeb dathlu Gŵyl Ddewi mewn gwlad estron. Rhaid cofio'r Salmau, 'Pa fodd y canaf gerddi'r Arglwydd mewn gwlad ddieithr . . .' ond ildio fyddai crogi ein telynau ar yr helyg. Ar ganol y ffraeo poeth ceisio meddwl pa bryd y caf amser i smwddio.

Mawrth 8

I theatr y *Globe* i weld Paul Scofield yn actio rhan Thomas More yn *A Man for all Seasons* gan Robert Bolt. Yr oedd yn syfrdanol o berffformiad. Buasai John Gwilym Jones yn ei seithfed nef!

Pryd o fwyd Eidalaidd wedyn yn y Tŷ Pizza yn Goodge Street: *antipasto*, pastai pizza, hufen iâ nefolaidd Bertorelli a photel o win y tŷ. Cael lifft adre gan Jehu o'r ugeinfed ganrif a cherdded i mewn i'r fflat â 'ngewynnau dynned â thannau telyn Caer-gai ar ôl dal fy ngwynt wrth fynd drwy un golau coch ar ôl y llall . . .

Mawrth 10

Diwrnod melltigedig yn yr ysgol: bu rhaid dileu ffilm am eu bod yn gwrthod gwylio'n ddistaw. Ni allaf fentro mynd â nhw i Dŷ'r Cyffredin yn eu mŵd presennol. Ni wn be' sy'n eu corddi. Chris B. yn taflu potel o inc ataf a difetha sgert newydd. Medrwn ei darn ladd. Codi calon heno yn y dosbarth Cymraeg pan ofynnais i ferch o Dde America pam ei bod yn dysgu Cymraeg. *'Self defence'* meddai. 'Mae fy mam-yng-nghyfraith yn siarad Cymraeg!' Adre mewn tacsi efo Des Rowe. Hwnnw'n peri i'r gyrrwr daflu ei ddwylo i'r awyr mewn anobaith wrth geisio dweud wrtho ffordd i fynd, *'Right! You turn left right here!'* Nid yn aml y mae gyrwyr tacsi o Gocni tafodrydd yn 'distewi a mynd yn fud' ond dyna wnaeth o.

Mawrth 18

Parti i ffarwelio ag Eirwyn Charles (neu Charles Irwin fel y'i geilw ei hun erbyn hyn!) sydd ar fin cychwyn am Bayreuth ar ôl ennill ysgoloriaeth Sieglünde Wagner, wyres y cerddor o'r un enw. Mae ganddo lais bâs sy'n cychwyn yn ei esgidiau. Un o Drefîn yw ac ef oedd asiant Waldo Williams yn yr Etholiad llynedd.

Yn y parti daeth henwr i'm cyfarch gan ddweud, *'Good evening! My name is Reggie Rugg. What's yours?'* Llyncodd ful pan chwarddais. 'Fedrwn i ddim peidio er y gwyddwn 'mod i'n anghwrtais iawn. Ac ymddengys ei fod yn dweud y gwir! Yr enw'n gweddu fel mae'n digwydd, gan fod ganddo gyflawnder o fatiau drud dwyreiniol ar y lloriau a'r waliau. Bwyta coesau llyffant, dail yr olewydd wedi eu stwffio â reis, cafiâr a chanu rownd y piano efo Eirwyn. Ray Smith ac Irene yn trafod barddoniaeth, Andrew yn dadlau Plaid Cymru efo criw o siniciaid adain-chwith o Hampstead (dywedir mai y *New Statesman* yw eu papur lleol!) ac enwau megis Rosa Luxembourg a Gwynfor Evans yn gymysg â Trotsky a Saunders Lewis. Dal y tiwb olaf adre ac i'r gwely cyn dau am unwaith.

Mawrth 19

Wedi gwneud adduned. Glynu ati: ac yr oedd y pedair ohonom yn y gwely erbyn deg. Suddo i drymgwsg. Hyd nes daeth Dennis - un o'r criw sy'n byw yn y stryd nesaf (Goodfellow a'i giang). Am hanner nos daeth Dennis, eisiau benthyg cloc larwm. *'Time flies'* meddwn wrtho a'i luchio iddo drwy'r ffenest.

Suddo eto. Ffôn yn canu. John Hendrick mewn tafarn yn Highgate ar ganol dadl benboeth. Eisiau gwybod os mai alaw Gymraeg oedd 'Calon Lân'. Ei regi heb arlliw o fod yn llawn daioni ac yn ôl i glwydo. Cloch y drws yn canu. David a John Cody eisiau paned o goffi. Gwely am dri.

Mawrth 26

Byth wedi cael noson gynnar. Cael hwyl yn y *Tate* am ben lluniau Salvador Dali: maent yn edrych fel pe bai o wedi'i dal-hi (!) wrth eu peintio nhw. Adre wedyn gan fy mod ar ddyletswydd smwddio a daeth criw o'r bechgyn yma a dillad lond eu hafflau. Den. wedi colli ei grys ar y ffordd a bu raid iddo ail-gerdded ei lwybr i chwilio amdano. Daeth o hyd iddo yn y stryd yn fwd i gyd. Wedyn mi syrthiodd meilord ar draws y ceffyl dillad newydd

116

smwddiedig a minnau'n blagardio wrth ei weld yn eistedd mor ddi-sut ar y dillad pendramwnwgl. Yntau'n hel esgusion: wedi blino, medde fo. Pwy sydd ddim?

Mawrth 27

Un o 'nghas bethau yn yr ysgol (heblaw am ddyletswydd buarth chwarae) yw gorfod cymryd 'ymarfer emynau'. Mae hyn yn digwydd yn achlysurol pan nad oes digon o staff ar gael i gychwyn gwersi. Peth anodd ydi cadw llygad ar ddau gant efo'i gilydd a chanu'r piano yr un pryd. Heddiw 'roedd yn wyntog ac y mae plant yr un fath â moch - yn gweld y gwynt ac yn gwichian. 'Roedd rhyw sisial isel i'w glywed drwy'r canu ond ni allwn yn fy myw ddal neb. Gwastraff amser ac amynedd.

Ebrill 2

Bwrw'r Sul efo Haulwen yn Sgeti a mynd i Aberdâr efo parti noson lawen ei thad a bu raid i mi ganu penillion. Clwb yfed oedd y lle ac nid oeddynt wedi clywed cerdd dant o'r blaen! Mae'n siŵr nad oes llawer o ddatgeiniaid yr hen gelfyddyd yn mynychu llefydd o'r fath. Am dro i Graig y Nos, hen gartref Adelina Patti. Tŷ hynod iawn gyda theatr yn rhan ohono. Ysbyty hen bobl sydd yno rŵan. Priododd yr hen Fadam deirgwaith, dau farwn ac ardalydd. Ys gwn i pa un oedd Ned? (Mae Pontshân yn canu rhyw gân sy'n dweud, 'Os yw Ned a Madam Patti yn y nef'.)

Ebrill 3

Am dro i Benrhyn Gŵyr a Rhosili. Syrthio mewn cariad â'r lle. Ni welais erioed le tlysach: traethell lefn a milltiroedd o dywod a thonnau gwyn yn slefrian hyd y glannau. Gwyrddlesni ym mhobman a ffermydd bychain yn swatio a phentre Rhosili ei hun yn cysgu yng nghesail y môr. I mewn i'r eglwys fechan gyda phorth Normanaidd gwreiddiol a thabled y tu mewn er cof am yr Evans a aeth gyda Scott i'r Pegwn. Lle delfrydol i smyglwyr.

Ebrill 20

Daeth perchennog y fflat heibio fel bollt o'r ffurfafen. Ar fore Sadwrn y daw fel arfer i gasglu ei rent. Mae o wedi derbyn cŵyn gan 'Rywun' fod gormod o ymwelwyr yn dod i'r tŷ hwn. Pa fath o ymwelwyr ydyn nhw? Dyna'i gwestiwn. Credai ein bod yn rhedeg puteindy! Ar ôl eiliad o ddistawrwydd syfrdan ffrwydrodd ein chwerthin dros y tŷ. Am anhygoel! Chwarae teg i'r hen Philpotts, mi dderbyniodd ein heglurhad yn syth - ein bod yn ganolfan i fywyd Cymraeg yr ardal. Mae rhai o'r bechgyn yn medru arogli paned o goffi ddwy stryd i ffwrdd. Ond nid oes dim anfoesol yn mynd ymlaen!

Ebrill 24

Diwrnod y Cyfrifiad Cenedlaethol. Bydd ein henwau yno hyd dragwyddoldeb. Ac o leiaf un ohonom wedi dweud celwydd ynghylch ei hoed . . .

Llythyr oddi wrth Twm sydd adre yn Llandudno ers dros hanner blwyddyn erbyn hyn. Mae bywyd yn dawel, medd ef, bywyd Trapistaidd. 'Nid wyf yn meddwl i mi erioed dreulio blwyddyn ddistawach ers pan ddysgais siarad!' Yna disgrifiad torcalonnus o dref Llandudno a'i dirywiad, 'Mae'r lle 'ma wedi newid yn enbyd ers pan euthum dros y nyth; y dref wedi chwyddo allan o bob trefn nes troi yn fath o gyn-fynwentol drigfan i filoedd o gefnog estroniaid ymddeoledig. Mae pob mymryn o dir glas wedi'i gladdu dan ,dai a byngalos rhyw ddiawliaid yn heidio i'r awyr iach i farw.'

Ai dyna sy'n digwydd y tu ôl i'n cefnau? Beth sy'n digwydd yn Rhuthun a'r Bala? Rhaid holi pan af adre. Ydi pobl ddim yn gwarchod fy nghartref tra byddaf i ffwrdd?

Hwre! 'rwyf wedi cael swydd fwy cyfrifol yn yr ysgol fel Pennaeth Tŷ (os mai dyna'r dull Cymraeg o ddweud *'House'* mewn ysgol?) ac y mae'n golygu mwy o gyflog a llawer iawn mwy o waith. Meddai Irene, 'Ma ishe whilo dy ben di. Os da ti ddim digon ar dy blât, w?'

Ebrill 29

Eistedd am dair awr ar lan y llyn yn Highgate yn gwylio'r hwyaid. Maen nhw'n dweud mai un o'r pethau gorau i lonyddu'r meddwl yw eistedd a gwylio pysgod mewn tanc, y symud esmwyth, cadwynog, yn tawelu'r gwewyr meddwl. Gwell gen i wylio hwyaid ar lyn. Maen nhw'n fy mesmereiddio efo'u nofio llyfn heb fradychu fod eu traed yn mynd fel padlau gwallgof o'r golwg dan y dŵr. Yn debyg iawn i 'mywyd i ar hyn o bryd.

Dyma fy hoff adar. Heblaw am dylluanod. A'r rheswm pennaf pam 'rwyf mor hoff o dylluanod yw eu bod nhw mor debyg i gathod . . .

Mai 1

Bu raid mynd at y meddyg. Cefais eli ganddo bythefnos yn ôl i'w roi ar hanner dwsin o ddefaid a gododd megis llosg-fynyddoedd ar fy llaw ond erbyn hyn y mae fy nghroen yn gignoeth ac yn ysu'n lloerig. Cafodd y meddyg fraw! Efallai y buasai'r hen ddull wedi gweithio'n well. 'Roedd dwy ffordd o gael gwared ar ddefaid gennym ers talwm. Un oedd lapio pentwr o gerrig mân mewn cadach poced a'i ollwng ar y ffordd dyrpeg: byddai pwy bynnag a godai'r bwndel yn cael y defaid yn eich lle! Ffordd arall oedd

118

rhwbio darn o gig moch ar y defaid, claddu'r cig yn yr ardd heb ddweud wrth neb ym mhle, ac fel y braenai'r cig yn y ddaear, felly y braenai'r defaid ar y cnawd!

Dweud hyn wrth y meddyg ac edrychodd arnaf fel llo, fel pe bawn wedi crwydro yn syth i'w syrjeri oddi ar long o Bapiwa Gini Newydd. 'Doedd y dyn ddim yn meddwl 'mod i'n llawn llathen ers y tro cynt, beth bynnag, gan fy mod wedi dweud wrtho fod gennyf 'sheep' ar fy llaw. Mi chwarddodd Irene nes oedd y dagrau'n powlio pan ddywedais wrthi. Bu'n chwerthin am oriau: bob hyn a hyn byddai'n ebychu 'sheep!' a sgrechian chwerthin nes syrthio o'i chadair.

Mai 12

Cerdded i Brighton efo myfyrwyr meddygol Llundain i godi arian tuag at beiriant gofalu am fabanod cyn-amserol - y rhai wedi'u geni'n annhymig ys dywedai Paul o Darsus. Swigennod megis balŵn Montpelier ar fy sodlau cyn diwedd y daith. Ond yr iechyd! mi gawsom ni hwyl. Cysgu mewn sach ar y traeth a dal y trên yn ôl. Ffrae fawr ar ganol nos ar y traeth efo dau grinci, un o Ynysybwl a'r llall o Gasgwent, oedd yn dweud pethau dirmygus am iaith fy mam. Nodweddiadol o un garfan o'r Cymry. Nodweddiadol o un garfan o'r Saeson hefyd mai hefo fi 'roeddynt yn ochri!

Mai 22

I Hyde Park i weld y treialon cŵn defaid mewn haul crasboeth. Miloedd yno. Cymru yn cipio pob gwobr. Cynhaliwyd treialon o'r fath yma ers dros ddeng mlynedd ar hugain ac y maent yn denu'r torfeydd. Teimlad od yw eistedd ar y glaswellt yng nghanol Llundain gyda sŵn diddiwedd ceir a bysus yn chwyrnu yn un glust a chwibanu a chyfarth cŵn defaid yn y glust arall.

Mai 26

Llond bws o'r Aelwyd yn mynd i Eisteddfod yr Urdd yn Aberdâr. Wedi ennill ar yr ysgrif! Y testun oedd 'Mewn Siop Lyfrau' a'r cyfan wnes i oedd disgrifio Siop Griffs ac ambell siop anarferol arall yn yr ardal honno. John Gwilym, Parc Nest, yn ennill y Gadair a'r hen Beter Goginan yn ail. Eigra'n cael y Goron. Hoffaf ei harddull yn fawr; mae hi'n medru ymdreiddio i feddyliau pobl rywsut. Ein Côr Meibion ni dan arweiniad Ryan yn ennill.

Cael croeso anhygoel yn Aberdâr, pob siop a gwesty'n estyn eu breichiau amdanom a Tawe G. yn arwain y canu fin nos yn union fel y gwnaeth yn y Genedlaethol yma ym '56. Y mae'r Darian a gyflwynwyd iddo gan y trigolion fel gwerthfawrogiad o'i gyfraniad i lwyddiant yr Eisteddfod honno yn addurno'r Clwb yn Grays Inn Road. Honno oedd y 'Steddfod gyntaf i mi gael mynd iddi am yr wythnos ac y mae lle cynnes yn fy nghalon i 'Swit 'Berdâr' o achos hynny oherwydd rhoddwyd dimensiwn pellach i 'mywyd.

Hope Hanlon, groen-dywyll, yn ennill am adrodd ac Aneurin Jenkins-Jones yn cael gwaredigaeth wyrthiol. Pan oedd yn eistedd wrth fwrdd y beirniaid yn y gystadleuaeth Noson Lawen, daeth esgid un o'r perfformwyr drwy'r awyr fel torpedo heibio'i ben! Teithio'n ôl drwy'r nos a chysgais ar lawr y bws hyd nes i Gwyneth Hartwell fy sathru efo'i stileto. F'ymateb yn profi nad wyf yn cymryd arwyddair yr Urdd o ddifri . . .

Mehefin 3

I theatr *Stratford East* i weld *Waiting for Godot* gan Becket. Drama od ar y naw ond mae pawb yn sôn amdani. Dau drempyn yn sefyll ar ochr y ffordd yn aros am un na ddaw, a'r ddau wedi syrffedu'n lân ar ei gilydd heb ddim i'w ddweud na dim i'w wneud. Cafwyd araith o nonsens pur perffaith gan Lucky, yr ynfytyn. Drama Ffrengig gan Wyddel a byddai'n cyfieithu'n dda i'r Gymraeg, 'rwy'n siŵr. Wedi'r dryswch cyntaf wrth geisio darganfod beth oedd yn mynd ymlaen daeth y gynulleidfa'n fuan i fomentwm y ddrama ac i ddeall fod yr actorion wrth ddweud dim byd yn dweud llawer.

Adre a bwriadu cael gwely cynnar. Gobaith ffŵl. Ugain yno yn yfed coffi ac yn rhoi'r byd yn ei le. Rhywun wrth y drws, un arall yn dod i lawr llwybr yr ardd, y ffôn yn canu, cnoc ar y ffenest, tonc ar y piano pumpunt . . . Cyfaill o Lerpwl wedi galw efo sachaid o datws. Gwneud llond berfa o sglodion am un y bore. Nid ydym yn hanner call.

Dweud hanes y caniad budr a gefais ar y ffôn echnos a hynny'n arwain at adrodd hanes fy hen-daid a'r teliffon. Nid oedd ganddo ddim i'w ddweud wrth deliffon ac os canai ac yntau adre ar ei ben ei hun, codai'r crud a gwaeddai, 'Neb adre!' ac i lawr â hi. Buasai'n gant oed erbyn hyn a phrin y medrai gredu ei lygaid pe gwelai ni heno. Byddai ein sgwrs mor annealladwy ag eiddo Lucky ar y llwyfan yn y theatr. Mae llawer o bobl yn ei gofio'n dda ac yn dweud ei hanes wrthyf pan af adre. Hugh Hughes oedd ei enw a chafodd ei eni yn y Tŷ Mawr Morfudd yn y bryniau uwch ben Carrog dan gysgod Moel Morfudd a Moel Ffenna. Ond ym Mryn Tangor ym Mryneglwys yn Iâl y magodd ei deulu. Mor bell o'r fan hon . . .

Mehefin 7

Cwmni Theatr Cymry Llundain yn perfformio *A Oes Heddwch?* cyfieithiad gan Rhydderch o *Offshore Island* gan Marghanita Laski. Perfformiad da iawn yn arbennig gan Ryan, Mari Vaughan Jones a Ieuan Davies. Y peth mwyaf effeithiol oedd tawelwch llethol y gynulleidfa a chlec y gwn yn sodro pawb i'w sedd. Drama frawychus.

Poeni'n fawr heno. Rhoddais glusten i hen sopen fach yn yr ysgol a'm galwodd yn '. . . *old cow*' a chyn meddwl eilwaith, dyna fy llaw allan ac yn cyrraedd y targed. Os bydd ei thad meddw yn aros amdanaf wrth y giât fory, mi roddaf dro ar fy sawdl ac mi gaiff Cyngor Llundain stwffio'i job.

Mehefin 12

Bu cymylau'n cronni o gwmpas yr ysgol ers dyddiau a heddiw bu terfysg. Y Groegiaid o Gyprus a'r plant duon yn troi ar y rhai gwyn a'r cyfan wedi deillio oherwydd fod athrawes lanw o Awstralia wedi galw un ohonynt yn 'nigar' a dweud wrthi am fynd yn ôl i'r jyngl! Os do fe, chwedl Irene. Aeth yr ysgol yn gynddaredd, sgrechfeydd a rhegfeydd a chyllyll yn chwifio. 'Roedd neuadd yr ysgol fel y Crimea. Bu'n b'nawn diawledig yn ceisio eu tawelu ac anfonwyd yr athrawes hiliol o'r Antipodes yn ôl i'r swyddfa a'i bwmerang rhwng ei choesau.

Wedi diwrnod mor erchyll penderfynais chwilio am hafan o warineb ac i Siop Griffs ar fy mhen am sgwrs gall. Prynu *Chwedlau Pen Deitsh* gan William Owen. Ei ddarllen ar y tiwb. Camgymeriad mawr oherwydd bu bron i mi gael fy nghymryd i'r ddalfa am greu cynnwrf dan rym fy chwerthin. Wel! mae o'n ddoniol. Neuso fi fwynhau stori 'Gelat' yn fwy na dim.

Mae Haulwen am ein gadael a mynd yn ôl i Abertawe. Daeth newyddion hefyd o Edmonton lle mae Elaine ar flwyddyn gyfnewid. Y mae hi'n cael trafferth byw yng Nghanada ar gyflog Burnham a'r staff yn gwneud casgliad iddi yn fisol. Wrth gwrs y mae'r ferch o Ganada sy'n gweithio yn Richmond yn ysgol Elaine yn cael cyflog Canada ac yn teimlo'n gyfoethog iawn! Dyna annheg!

Mrs Whitehead sy'n byw yn y fflat uwch ein pennau yn ffrwydro i mewn i'r gegin ac yn beichio wylo. Meddwl am funud fod ei gŵr wedi'i tharo yn ei ddiod ('rydym wedi achub ei cham lawer gwaith) ond dyma hi'n dweud mewn llais oedd yn esgyn wythfed, *'He's dead!'* Wedi disgyn yn farw gelain. Galw meddyg, plismon, ambiwlans a brandi. Am ddiwrnod!

Gorffennaf 7

Teithio dros nos i 'Steddfod Llangollen. Côr gan Ryan o'i ysgol yn Croydon a chafodd lwyfan. Eistedd yn y babell boeth yn un rhes a phob un ohonom yn cysgu'n drwm nes i Gôr Meibion nerthol o Fwlgaria ein deffro gyda rhaeadr o leisiau. Dechrau teimlo ein hoed. Ni allwn ddygymod â cholli noson o gwsg bellach. Cael nerth i chwerthin wrth wrando bachgen a'i lais ar hanner torri yn crwydro'r maes dan grochlefain, *'Western Mail! Souvenir Pictures!'*

Gorffennaf 18

Haf poeth. Pawb yn flin. Mynd i weld Cwmni Theatr Coleg Cerdd a Drama Caerdydd yn perfformio *Roots* gan Arnold Wesker. Drama ddiddorol am deulu sy'n llesg gan ddiogi meddyliol a difrawder. Teulu sy'n derbyn popeth yn ddigwestiwn. Gelyn mwyaf pobl gyffredin yw diffyg addysg a gwrthod manteisio ar gyfle i wella eu hunain. Dyna fyrdwn y ddrama. Mwynhau'n fawr; yn arbennig berfformiad Lisabeth Miles.

Gorffennaf 26

Helynt gwyllt. Selwyn Lloyd wedi chwifio'i fwyell ac ni fydd codiad cyflog inni; mae am dorri pum miliwn a hanner oddi arnom. Y canlyniad yw streicio ym mhob cyfeiriad. Yr Undeb yn benderfynol o bwyso am gyflog dechreuol o £700 y flwyddyn. Teimladau chwerw ymhlith yr athrawon ar hyn o bryd. Teimlo nad oes neb yn deall ein hanawsterau. 'Rwyf i'n teimlo'n arbennig o unig fel yr unig aelod o UCAC am filltiroedd!

Awst 7-12

I'r Eisteddfod yn y Rhos. Aros mewn ysgol yn Johnstown. Pobl yn ciwio am ein Noson Lawen yn y glaw am ddwyawr yn aros i'r ddrama orffen! Fore Mawrth yr oedd yn draed moch yn yr Orsedd gan ei bod yn bwrw hen wragedd a ffyn a bu raid mynd dan do a'r ystafell yn llawer rhy fechan. Sŵn mawr a phobl yn gwthio. Di-âm, chwedl pobl y Rhos. Trefîn wedi colli'i lais a phawb yn boeth a neb yn clywed. Galw yng Nger y Llyn am sgwrs efo Angharad a chyn inni sylweddoli 'roedd diwrnod wedi mynd! Sôn am siarad! Y Parch Haydn Lewis o Don y Pentre yn cael y Goron.

Wythnos brysur iawn. Cwmni Cymry Llundain yn cystadlu ar y ddrama ac yn ennill eto. Yn ogystal â hynny fe enillodd Reg, y cynhyrchydd, gwpan Meredith Edwards. *A Oes Heddwch* oedd y ddrama ac yr oedd llawer o ôl perffeithio arni er y perfformiad a welais rai wythnosau'n ôl. Pawb wedi'u plesio, beth bynnag. Taro ar Reg mewn ciw *chips* ac yntau'n gofyn oes gennyf awydd ymuno â'r Cwmni Drama. Eitha syniad, meddyliais, a chlywed llais Irene ar yr awel, 'Ma ishe whilo dy ben di. Os da ti ddim digon ar dy blât?'

Llond llwyfan ohonom yn ein Noson Lawen yn canu ar y dôn, *'California here I come'*:

> Dyffryn Maelor, dyma ni,
> Wedi dyfod atat ti,
> Eisteddfod, Eisteddfod, yma'n yr haf,
> Caru a chwrw, mae yma le braf,

Fe gawn eistedd ar y maes,
Gweld y beirdd mewn dillad llaes,
Felly codwn ninnau'n llais,
Dyffryn Maelor, dyma ni!

Wedyn i ddiweddu'r noson cytgan nerthol ar y dôn *'Oklahoma'*:

Dyffryn Maelor y mae'r amser wedi dod i ben,
Cawsom hwyl a sbri yma gyda chwi,
Ond mae'n amser inni dynnu'r llen.
Dyffryn Maelor, fe ddaeth amser inni fynd i ffwrdd,
Wedi chwerthin iach am ennyd fach
Bûm yn falch ein bod ni wedi cwrdd!
O ypi ai e ai e ai e!
O ypi ai e ai e ai e!
Rhosllannerchrugog yw'r gore!
Dyffryn Maelor! Hwre!

Nid y farddoniaeth orau yn y byd, rhaid addef! Ond 'roedd y gynulleidfa wrth ei bodd gyda'r afiaith a'r ffaith ein bod ni wedi mynd i drafferth i baratoi ar eu cyfer.

Emrys Edwards gafodd y Gadair am awdl 'Moliant i Gymru'. 'Rwy'n hoff o englynion milwr am eu bod yn medru dweud llawer mewn plisgyn ac yn aml yn gywrain a chofiadwy. Mae'n darlunio'n drawiadol iawn mai yng Nghymru y mae'r gwir harddwch er bod llawer iawn yn teithio i wledydd tramor i chwilio am nefoedd. Pam helcid i'r Tyrol? 'Ond, a welaist Gwm Dyli?' Eraill wedyn yn croesi i Iwerddon heb erioed weld Aberdaron!

Hanes am John Gwilym Jones yn colli 'steddfod ddydd Iau am ei fod yn was priodas am y pedwerydd tro. Fel y dywed *Y Cymro*: pwy gaiff fod yn was iddo fo ryw ddydd? Ond y cwestiwn sydd gen i yw: Pwy ar y ddaear sy' mor wirion â phriodi ganol wythnos yr Eisteddfod?

Gwneud nodiadau yn Ymryson y Beirdd ar ddarn o bapur er mwyn eu cofnodi yn Fy Annwyl Ddyddiadur. Edrych ar y darn papur ddiwedd yr wythnos a'r unig frawddegau darllenadwy yw, *'empties o Ffestiniog'*. 'Pwy falodd y Pafiliwn?' 'Brawd o anianawd nionyn'. 'I'r mart yr aeth rhyw ffarmwr tal/Un twt - ond nid titotal'. A ddaw goleuni ar y llinellau rhyfedd ac ofnadwy hyn ryw ddydd tybed?

Medi 12

Anodd credu fy mod ar fy mhedwaredd flwyddyn yma. Yn ôl yn llawn ynni a nwyf ac Angharad a minnau wedi cerdded o Rhuthun i Gaerdydd mewn wythnos - gyda chymorth caredig llawer modurwr ar y ffordd.

Dwy ferch newydd yn ymuno ag Irene a Marj. a minnau yn y fflat: dwy y daethom i'w 'nabod yn dda yn yr Aelwyd a theimlaf ein bod yn siŵr o fedru cyd-fyw. Mae Ann yn athrawes a'i chartref ym Mhencader. Mae ganddi lais adrodd ardderchog a wyneb sy'n medru mynegi a'i geirio a'i thafodiaith yn wych. Wyn o Frynaman yw'r llall, athrawes yn ysgol Max Morris yn Willesden; yn berchen cyfoeth o eirfa ddiddorol a hiwmor heintus ac yn sosialydd hyd fodiau ei thraed. Heblaw am eu personoliaethau hapus, peth braf hefyd yw cael cwmni dwy sydd wedi eu magu mewn mannau mor Gymreig â Phencader a Brynaman. Ofnaf y cawn lawer mwy o nosweithiau hwyr a boreau o banic.

Medi 13

Cofio darllen copi o'r *Picture Post* yn yr hostel ym Mangor a gweld ynddo hanes teulu yn Holloway, tad a mam a phedwar ar hugain o blant! Tawn i byth o'r fan - mae un ohonyn nhw yn fy nosbarth i y tymor hwn. Druan o Eileen - golwg digon llwyd sydd arni. Mae'r fam yn gwthio pram yn *llawn o fara* ar hyd yr Holloway Road bob dydd i fwydo'r llwyth. Daw pobl allan o'u siopau i'w gweld. Ac y mae hi'n werth ei gweld, am wn i, yn edrych fel sach o flawd a rhywun wedi clymu cortyn beindar am ei chanol. Dywed y tad ei fod am gario 'mlaen i gael plant nes y bydd ar ei liniau. Yr hen hulpyn gwirion. Fedr o ddim bwydo'r rhai sydd ganddo hyd yn oed. 'Does gen i ddim amynedd efo teuluoedd mor ddidoreth.

Medi 30

Wedi gwneud camgymeriad dybryd. Wedi anghofio rhybuddio Ann am y *geyser* byr ei dymer uwch ben y bath. Un anwadal iawn yw. Heno fe benderfynodd roi braw i Ann ac yn sydyn rhoddodd ru nes crynu seiliau'r tŷ a chwipiodd tafod o dân o'i grombil gan lyfu wyneb Ann yn garuaidd. 'Roedd ei sgrech hi fel rhywbeth o ddyfnderoedd iasol yr isymwybod a diflannodd i fyny'r ardd mewn colofn o fwg yn gweiddi mwrdwr.

Hydref 10

Daeth Wyn â chath fach o'r ysgol a syrthiais mewn cariad dwfn â hi. Ei bedyddio yn Sioni Cadwaladr Williams Jones. Llond dwrn o flew coch yn canu crwth wrth edrych i fyw fy llygaid. Gwirioni. Irene yn dweud na chawn ei chadw. Ffrae fawr, gweiddi, sgrechian, ymbilio ac edliw achau. Aros wna'r gath!

Hydref 12

Ail-fedyddio'r gath yn - Siani! Gwnaed camgymeriad elfennol echdoe ym merw'r gwirioni. Siani yn cwrcwd ar ysgwydd Irene amser te ac yn canu ei

124

chrwth lond ei chlust. Ni fu mwy o sôn am gael gwared ohoni. Ew! mae cathod yn gyfrwys.

Hydref 21

Rhywun wedi dwyn fy unig gôt yn yr ysgol. Rhwng hynny a gwario ar Kit-e-Kat 'rwy'n dlawd drybeilig.

Tachwedd 8

Refferendwm yng Nghymru ynglŷn ag agor tafarnau ar y Sul. Y mwyafrif wedi penderfynu agor: 453,711 o blaid a 391,123 yn erbyn. Wyth sir yn parhau'n sych. Er nad wyf yn hoffi gweld traddodiadau'n newid rhaid cyfaddef mai peth rhagrithiol iawn yw'r system sy'n peri i osgorddau o foduron groesi Clawdd Offa neu o Ddinbych i Fflint ar ddydd Sul.

Sioni/Siani wedi hen gynefino ac wedi penderfynu mai'r lle gorau i gysgu yw ar droed fy ngwely. Ildiais.

Tachwedd 30

Criw o ynyswyr o Tristan da Cunha yn cyrraedd y wlad heddiw am fod eu hynys wedi'i difrodi gan losg-fynydd. Pobl gyffredin a diniwed, heb arfer gyda'r bywyd modern, nwydwyllt, ac yn siarad y math o Saesneg a siaredid yn nyddiau cynnar Victoria - rhyw gymysgedd o Gocni a Dickens. Teimlo drostynt yn colli eu cartrefi dan amgylchiadau mor frawychus ond hefyd yn cael eu taflu i ganol bywyd yr ugeinfed ganrif mor ddiseremoni.

Rhagfyr 3

Yn fy nosbarth 'Cornel y Llenorion' y mae hen ŵr diwylliedig dros ben, Gwilym Jones, a fu'n brifathro yn y Rhondda. Mae wedi ymddeol at ei fab sy'n feddyg yn Hampstead ffasiynol. Yr hen ŵr yn Undodwr rhonc ac yn byrlymu o wybodaeth am hanes y Smotyn Du a hefyd yn un o gyfeillion agos Iorwerth Peate a H.J. Fleure. Yn ystod y Rhyfel Byd Cyntaf yr oedd yn heddychwr ac fe'i hanfonwyd i weithio efo'r Groes Goch. Yr oedd yn cerdded drwy'r tywyllwch un noson pan waeddodd llais 'Avante!' Yn reddfol atebodd 'Nos da'. A llais Eidalaidd yn ateb a dweud yn Gymraeg, 'O ble ti'n dod?' Yr oedd yr Eidalwr wedi'i fagu mewn siop hufen iâ ym Mhontypridd! Lawer gwaith y dywed yr hen ŵr fod yr iaith Gymraeg wedi achub ei fywyd.

Siom fawr iddo yw nad yw plant ei fab yn siarad Cymraeg (yn wir y mae dwy o'r merched yn Roedean, ysgol ddrud tu hwnt) ac na fyddant yn medru gwerthfawrogi'r llyfrgell dda sydd ganddo o lyfrau Cymraeg. Cefais ganddo gopi o *Diwylliant Gwerin Cymru* (Iorwerth Peate) gyda llofnod H.J. Fleure ynddo.

Rhagfyr 6

I'r *Royal Court* i weld drama newydd Gwyn Thomas, *The Keep*, gyda Jessie Evans, Mervyn Johns a Windsor Davies. Drama am deulu o dad a phump o blant sydd yn addoli coffadwriaeth eu mam. Hyn sydd yn cadw'r teulu yn uned. Ond daw'r gwir cas amdani yn amlwg ac y mae'r teulu'n mynd yn deilchion. Y mae gan Gwyn Thomas feistrolaeth lwyr ar yr iaith Saesneg a gall fod yn ddoniol dros ben wrth ymlawenhau yn ddiafolaidd mewn rhagrith a hunan-bwysigrwydd. Fe welais i ddameg yn y ddrama ond nid oedd neb arall yn cyd-weld . . .

Yr oeddwn wrth fy modd yn gweld fod Windsor yn dechrau gwneud marc ar y llwyfan - heb ei weld ers gadael y coleg. 'Roeddwn wedi clywed ei fod wedi cefnu ar y stafell ddosbarth.

Rhagfyr 30

Angharad yn priodi yn Wrecsam a chawsom ddiwrnod hwyliog dros ben er i Olga a minnau fynd yn sownd yn yr eira yng Nghoedpoeth. Wedi disgwyl ambell dro trwstan o 'nabod Angharad ond aeth popeth yn rhwydd. Ffarwel yr hen ffrind!

126

6

1962: Gysfennu i'r wasg

Ionawr 1

Diwrnod claddu Llwyd o'r Bryn. Dyn annwyl iawn a gafodd ddylanwad anfesuradwy ar ei fro ac ar Gymru gan ei fod yn crisialu'r syniad o wladwr diwylliedig. Bu'n ddarlithydd ysgubol, yn arweinydd eisteddfodau athrylithgar, yn gerddwr diflino, yn storïwr diddan, yn hyfforddwr diball, yn fardd a cherddor ac adroddwr a Christion a ffermwr. Enillodd galonnau o Fôn i Fynwy. Yr oedd yn un o aelodau cyntaf Plaid Cymru ac yn genedlaetholwr greddfol. Gwên enfawr ar ei wyneb bob amser a rhyw ddywediad cofiadwy a chwerthin mawr yn ei ddilyn ble bynnag yr âi. Llond gwlad o ddyn.

> 'Roedd y lluwch ar Ffridd y Llyn - yn y Cefn
> 'Roedd y coed yn glaerwyn,
> A rhoddwyd distaw briddyn
> Daear bro am Lwyd o'r Bryn.

meddai Gerallt Lloyd Owen, bardd ifanc a ddysgodd gerdd dafod wrth draed y Llwyd. Ni faliodd Bob Lloyd erioed am erwinder yr elfennau ac yng nghanol eira caled y bu ei angladd. Carodd ei wlad a'i fro ac yn arbennig 'yr hen blant'.

Ionawr 10

Ennill y rownd gyntaf o *Sêr y Siroedd* yn erbyn Sir Fôn.

Ionawr 11

Calennig gwerth chweil gan Andrew heddiw, *The Oxford Book of Welsh Verse*. Y mae'n gyfrol werthfawr ac yn llawn o drysorau o Aneirin i Bobi Jones. Etifeddiaeth anhygoel ac un yr wyf wedi bod yn ceisio ei phwysleisio yn fy nosbarthiadau.

Chwefror 21

Mi ddaru ni chwerthin yn yr ysgol heddiw - rhywbeth anarferol iawn. Yr athrawes Saesneg wedi rhoi gwaith geiriadur i'r plant ail-iaith. Gofynnodd iddynt am ystyr y gair *frugal* ac i'w roi mewn brawddeg. Bu Pandora, sydd yn awyddus iawn i blesio, yn chwilio yn y geiriadur, gweld fod y gair *save* yn cael ei grybwyll a dyma'i brawddeg, *'A girl was drowning in the river and she screamed "Frugal me! Frugal me!" and a man on the bank jumped in and frugalled her and they lived happily ever after.*

Mawrth 3

Cyngerdd yr *Albert Hall* a theyrnged i'r Urdd yn ddeugain oed oedd y thema. Saith mil a hanner yno yn diolch i'r Mudiad. Yr oedd lliain cefn enfawr yn ymestyn ar draws y llwyfan wedi'i liwio'n ddu a bathodyn yr Urdd a'r addewid arno. Ar y llwyfan yr oedd dros dri chant o bobl ifanc o wahanol Aelwydydd (yn cynnwys ein Haelwyd ni) yng ngwisg yr Urdd. Terry James yn arwain y Côr mawr oedd yn cynnwys Aelwydydd Caerdydd, Aberystwyth, Castell Haidd, Crymych, Treforus, Llanymddyfri a Chôr Ieuenctid Cymry Llundain. Sian Hopkins yn canu, drama yn portreadu bywyd Syr Ifan, a Ryan yn y brif ran. Wedyn tîm trampolin o Gaerdydd a Randall Bevan, pencampwr Prydain, a chyn-aelod o Aelwyd Dyffryn Aman, bron iawn â mynd allan drwy do crwn y neuadd!

Yna daeth Alun Williams ar y llwyfan i gyflwyno rhai o hen aelodau enwog yr Urdd, Cliff Morgan, Carwyn James a Rhys Williams, y tri yn talu teyrnged ac yna Cliff yn arwain pawb i ganu'r 'Sosban Fach'. Cafodd Howard Goodfellow un o funudau mawr ei fywyd! Fo ddaeth ymlaen i arwain y corau a'r gynulleidfa i ganu caneuon yr Urdd. Toreth o ddoniau, Anita Williams, Hope Hanlon, Evan Lloyd, Ryan a Rhydderch, Ysgol Daniel Owen. Gorffen gyda meim wefreiddiol gan Goleg y Drindod dan gyfarwyddyd dewinol Norah Isaac, yn portreadu canrif o Hanes Cymru. Creodd hyn naws annisgrifiadwy yn y neuadd.

Peth trydanol arall oedd y cyhoeddiad sydyn fod Syr Ifan a'i deulu yno. Diffoddwyd y goleuadau, tawelwch, yna llif-olau llachar yn cyfeirio i'r oriel a gwelsom Syr Ifan yn sefyll. Pob man arall yn dywyll. Un dyn yn sefyll yn swil yn y pelydr. Bonllef fawr o rywle ac aeth y lle'n wenfflam, curo traed a dwylo a gweiddi, yn distewi ac ailddechrau am ddeng munud cyfan. Ni chafodd yr un brenin well croeso yn unlle.

Yr oedd yn brofiad cofiadwy bod ar y llwyfan a gweld llond Neuadd Albert fel môr mawr o'n blaenau: yn wir bron na theimlais ryw salwch y môr wrth weld y saith mil yn siglo'n ôl a 'mlaen, lan a lawr, wrth ddilyn cyfarwyddiadau un o ganeuon yr Urdd. Marciau llawn i'r trefnwyr, i Aneirin Talfan am sgript orchestol, ac 'i'n tad ni oll' - John Williams 'Albert Hall' sydd yn gwybod popeth am drefnu a llywio. Gŵr hwyliog, diwylliedig a llawen.

Llond drws o blismon yn y fflat am bedwar y bore yn dweud y drefn am yr holl sŵn a chanu. Nid oedd y plismon erioed wedi clywed am yr Urdd . . .

Mawrth 19

Y Cwmni Drama yn perfformio yn Blackfriars a chafwyd tyrfa dda. Cwmni capel Holloway yn perfformio *Y Cam Gwag* gan Eic Davies ac yna Cwmni Cymry Llundain yn llwyfannu *Y Ddraenen Fach* gan Gwenlyn. Enillodd wobr y llynedd am ei sgwennu a chafwyd actio tan gamp heno. David Richards yn cynhyrchu, a Lynn Jones, Ryan, Rhydderch, Bryn Richards a Huwcyn yn cymryd rhan. Rhagbrawf oedd hi heno tuag at y Genedlaethol: dylent gael y llwyfan o leiaf. Mae'r ddrama'n delio â rhywbeth ddigwyddodd noswyl y Nadolig.1942 pan benderfynodd milwyr y ddwy ochr gael cadoediad. Ryan oedd y milwr ofnus, Lynn yn filwr tadol, Bryn y bwli, Rhydderch yr athronydd. Dim ond dau air oedd gan Huwcyn i'w ddweud - ef oedd y milwr o'r Almaen - sef 'Nadolig Llawen'. Cafodd ei saethu'n gelain am ei drafferth. Drama dda.

Ebrill 6

Ystadegau diddorol allan heddiw ar ôl y Cyfrifiad llynedd. Ymddengys fod dros chwarter miliwn o Gymry yn Llundain. Duw a ŵyr ble mae eu hanner. Ac y mae'r hanner arall wedi galw yn ein fflat ni rywbryd neu'i gilydd! 'Welais i 'rioed y fath le.

Fel ym mhob metropolis arall y mae *ghettoes* yn Llundain hefyd: y Groegwyr yn ardal Holloway, y Gwyddelod yn Kilburn a Chamden, yr Iddewon yn Golders Green a Stamford Hill (y rhai Uniongred yno), pobl India'r Gorllewin yn Notting Hill a Brixton, yr Eidalwyr yn Soho, yr Awstraliaid yn Earls Court, a'r Cymry yn Islington, Harrow, Muswell Hill, Holborn a phob man arall! Ni wn ble mae'r Saeson yn byw! Un peth sy'n sicr, y mae hi'n beryg' bywyd siarad Cymraeg yn unlle. 'Roedd dau lanc yn eistedd gyferbyn â mi ar y tiwb y noson o'r blaen ac yn trin a thrafod pawb o'u cwmpas gan ddweud pethau reit bethne am rai o'r merched. Codais i fynd allan yn Oxford Circus a dweud 'Nos dawch, hogie' ac edrychodd y ddau fel lloi a chochi hyd fodiau eu traed.

Ebrill 14

Noson fendigedig. Daeth y Parch William Morris i Gymdeithas Arfon i ddarlithio ar 'T. Gwynn Jones - yr Arbrofwr'. Mwynhau pob sill. Darlithydd wrth fy modd: llais mwyn, fflachiadau o hiwmor, dull gafaelgar o annerch. Dechreuodd drwy ddyfynnu Geraint Bowen o *Gwŷr Llên*, 'Cynganeddu geiriau oedd beirdd y ganrif ddiwethaf; ar y llaw arall, cynganeddu cystrawennau oedd T. Gwynn Jones.' 'Rwyf wedi dotio at waith y bardd hwn ers dyddiau lefel A: y disgrifiadau perffaith o'r wylan a'r garan ar y ffordd i Benmon, y rhianedd ar y llyn, mannau dirgel yn Argoed a'r cywydd gwych i'r 'Hydref', sy'n cynnwys llinell all fod yn ddihareb, 'Marw'n hardd er mor hen yw'.

Allan o'r capel yn Charing Cross a charlamu rownd y gornel rhag ofn i'r blaenoriaid ein gweld a bu Irene a minnau yn jeifio mewn clwb drwy'r nos a chyrraedd adre mewn pryd i roi brecwast i Siani a theimlo fel golau cannwyll.

Ebrill 30

Bob Owen, Croesor, wedi marw. Dyna gymeriad arall wedi mynd. Cefais lythyr ganddo unwaith a rhad arnaf na fuaswn wedi'i roi mewn lle diogel.

Clywais ef yn darlithio ym Mangor a chynulleidfa fawr o fyfyrwyr yn Neuadd y Cymric yn gorwedd chwerthin. Soniai amdano ef a Nel, ei wraig amyneddgar, yn mynd i Aberystwyth ar eu mis mêl; Nel ar y prom ac yntau'n chwilota yn y Llyfrgell Genedlaethol! Y greadures. Stori dda arall amdano oedd pan aeth i Balas Buckingham i dderbyn yr O.B.E. ac iddo weiddi-ateb y Frenhines, *'Yes, my mother!'*

Dyn bychan o ran corff ac anferth o gymeriad a'i gof fel lastig. Arian byw a'i lygaid yn medru melitennu wrth ddryllio ambell ddelw. Neb yn meindio pan fyddai'n rhegi: pawb yn ei 'nabod ac yn ei edmygu, pawb yn syn uwch ei wybodaeth anhygoel o achau a hanes Cymru a'i phobl. Welir neb tebyg iddo fo eto.

Mai 8

Bu raid fy llusgo at y deintydd. Wedi bod mewn poen erchyll drwy'r nos. Codi i wneud paned ac eistedd o flaen y tân a Siani ar fy nglin a'i thrilliw meddal yn erbyn fy moch. Eistedd yn ystafell aros yr ysbyty dannedd ymysg y criw distawaf a welais ers tro, pob un yng ngefeiliau y duw Ofn. Gorfod sillafu fy enw i'r ferch efo'r teipiadur wrth borth Annwn a honno'n edrych arnaf i lawr ei thrwyn wrth glywed y fath lond ceg o 'enwau estron'. Y tro nesaf galwaf fy hun yn Mary Jones. (Na! ni fydd tro nesaf . . .). Yn fy wynebu 'roedd merch ac un ochr i'w hwyneb fel pledren mochyn. Wrth ei hochr hen wreigan Siapaneaidd mewn kimono a'i hwyneb wedi gwsno fel afal, heb ddant yn ei phen. Yr hen beth lwcus. Yn y fan, i mewn â mi i'r gell arteithio a llais Albanaidd yn canu grwndi uwch fy mhen a phlymiodd ei nodwydd i grombil tejws fy ngheg. Ymhen ugain munud 'roeddwn wedi rhewi'n gorn a daeth y bôn derwen canghennog allan fel corcyn o botel bop. A minnau'n methu deall pam fod rhai pobl yn gwneud cymaint o ffwdan ynglŷn â mynd at y saer dannedd.

130

Mai 22

Y mae teulu diddorol iawn yn byw yn Tufnell Park, Mr a Mrs James Thomas Williams a'u dau blentyn. Athro cerdd o ardal Aberystwyth yw ef - ei enw barddol yw Iago ap Hewyd. Mae ganddo atgofion tu hwnt o ddifyr am rai o enwogion y byd y cafodd y fraint o'u cyfarfod: yn eu plith Albert Schweitzer, Gandhi a Bernard Shaw. Yr oedd ei dad-yng-nghyfraith yn offeiriad yn Ayot St Lawrence lle'r oedd Shaw yn byw.

Mae'n siŵr gen i fod Shaw yn alluog iawn ac yn ffraeth hefyd ond gallai fod yn affwysol o anghwrtais. Dywed Gwilym Lloyd iddo anfon gwahoddiad iddo i ddarlithio i'r Gymdeithas Lenyddol ond i'r llythyr ddod yn ôl a 'No' wedi'i sgwennu ar ei waelod!

Mae cartref Iago a'i wraig yn ryw fath o *salon* i ddeallusion Hampstead a heno cefais wahoddiad i fynd yno i gyfarfod George Targett sydd newydd gyhoeddi llyfr *The Teachers*, sydd wedi codi gwrychyn pobl ar hyd a lled y wlad. Ymosodiad yw ar anfoesoldeb athrawon. Dywed ein bod yn sadistig, annysgedig ac anweddus. 'Roedd wedi mynd i'r drafferth i brynu papur newydd o bob rhan o'r wlad am wythnos er mwyn rhestru pob tor cyfraith gan athrawon. Y drosedd fwyaf erchyll oedd rhyw athro yn rhywle wedi cael dirwy am reidio beic heb olau. Hy! hen ddyn gwirion.

Ei bechod mwyaf yw fod ei lyfr yn llafurus ac anniddorol. Cawsom fath o seiat holi wedyn a dywedodd na ddylai merched di-briod fod yn athrawon am eu bod yn suro'r plant ac yn gwyrdroi eu hagwedd tuag at ryw. Dylai pob athrawes fod yn fam. Yna croes-ddywedodd ei hun - adre y dylai pob mam fod! Beth am hen lanciau, gofynnais. Ydi'r rheiny ddim yn debyg o wyrdroi agwedd y plant? Na! yr oedd pob dyn, priod ai peidio, wedi cael profiadau rhywiol ac felly'n gwybod be' 'di be'. Cyfaddefodd ei fod ef a'i wraig yn gwahodd eu plant i'w llofft i'w gwylio'n caru. Hen grinc a hen granc!

Hoffwn ei gloi i mewn am awr efo'r pedwerydd dosbarth sydd gen i ar b'nawn Gwener. Deuai hynny â fo at ei goed a phrofi iddo mai'r plant yw'r sadistiaid, nid yr athrawon!

Mai 25

Wedi gadael pâr o esgidiau ym mharlwr Iago druan. Daethant drwy'r post y bore 'ma mewn bocs cacen yn jam drostynt. Tybed beth fyddai wedi digwydd pe bawn wedi gadael teisen yn ei dŷ. A fyddai wedi cael ei dychwelyd mewn bocs esgidiau?

Mai 30

Mae'n amhosib mynd i unlle yn y ddinas 'ma heb ddod ar draws Cymry mewn swyddi cyfrifol. Heno cefais fy rhwydo i fynd efo Jean Nurse, yr athrawes adfer, i gyfarfod gan y Fabians yn Red Lion Square. Mae hi'n Sosialydd i'r carn, yn hanfod o Gaerdydd, a'i gŵr yn ymgeisydd seneddol dros Bafiliwn Brighton, sedd sy'n ddiogel yng ngofal y Toriaid.

Cerdded i mewn i'r neuadd yn reit swil wrth feddwl am wynebu'r deallusion dosbarth-canol - ond 'roedd y lle'n ferw o Gymry! Cyn i'r cyfarfod ddechrau 'roedd pawb yn clegar ac yn sydyn clywais air cyfarwydd yn saethu allan o'r fabel - 'Plaid Cymru'. Edrych o 'nghwmpas i weld pwy oedd yn yngan geiriau cableddus yn y fath gwmni Ffabianaidd. A gwelais dri dyn ifanc yn syllu arnaf fel pe bawn yn ysbïwr. Ond wedi ymchwilio i mewn i'r mater, wedi gweld bathodyn yr Urdd yn fy llabed yr oeddynt.

Siaradwr y noson oedd George Thomas, A.S., a'i destun oedd problemau addysg a phrinder athrawon. Er na ellir dweud llawer o bethau newydd ar y pwnc gan fod pob papur a chylchgrawn yn llawn erthyglau am y broblem, fe lwyddodd G.T. i godi rhai pwyntiau newydd a bu cryn dipyn o ddadlau amdanynt wedyn. Soniodd am ei ymweliad â'r Unol Daleithiau ac am y drysau electronig newydd sydd ganddynt yno - drysau sy'n agor ohonynt eu hunain pan fyddwch o fewn rhyw lathen iddynt oherwydd gwrthdrawiad rhyw belydr arbennig. Americanwr yn gofyn iddo, 'Beth ydych yn ei feddwl o'r drysau 'ma sy'n agor o'ch blaen?' 'Campus' meddai G.T., 'ond yn ein gwlad ni y mae tei ysgol yn medru gwneud yr un peth!' Stori dda, gwir ai peidio. Ond wrth gwrs yr oedd yr hanesyn yn dangos beth yw cnewyllyn y broblem addysg sef nad oes gobaith gwella addysg y wladwriaeth hyd nes bydd rhaid i bawb anfon eu plant i'w hysgolion.

Mehefin 2

Rhagbrawf y Cwmni Drama at y 'Steddfod. Perfformio *Modryb Charlie* sef cyfieithiad Rhydderch o *Charlie's Aunt*. Edwin Williams yn beirniadu. Wel! sôn am anfarwol oedd Ryan mewn drag! Ei glyfrwch mawr fel actor yw ei amseru ac y mae hynny'n holl bwysig mewn ffars. Fu erioed y fath chwerthin yn theatr y Cripplegate.

Mehefin 4

Bu cyfarfod teyrnged i Lwyd o'r Bryn yn y Bala ddydd Sadwrn ac ni welodd yr hen dre'r fath dyrfaoedd ers dyddiau'r Sasiwn ar y Green yn y ganrif o'r blaen! Fel hyn y dywedodd Jennie Eirian amdano, 'Pan awn i Eisteddfod Llanelli, deuwn wyneb yn wyneb ag ef. Bydd yn gydwybod y genedl, i'n deffro o'n cysgadrwydd. Dyna'r deyrnged fwyaf allwn ei dalu iddo. Trwbadŵr oedd Llwyd a daflodd sbaner i beiriant dienaid ein confensiynau.'

Mae'r fflat 'ma fel Ffair Fawrth bob dydd: Irene a Wyn yn rhuthro i bractis côr, Ann i bractis drama, y cwbl ohonom i'r Aelwyd, Cornel y

Llenorion a dosbarth Cymraeg, cariadon yn ciwio a gwaith a gwaith a gwaith.

Mehefin 5

Mae aelod o'r staff yn 'sgwennu pytiau i'r *Guardian* yn achlysurol a chododd ysfa ynof i roi rhywbeth ar ddu a gwyn. Wedi 'sgwennu at Gwilym R. i ofyn os hoffai gael tipyn o hanes Llundain i'r *Faner*. Tybed beth ddywedith o yn wyneb y fath ddigywilydd-dra?

Mae Heulwen, sy'n athrawes ar y dosbarth Cymraeg yn Ysgol Hungerford, yn symud i Gaerdydd, wedi gwneud gwaith canmoladwy iawn. Bydd yn golled fawr ar ei hôl. Wrth lwc y mae athrawes benigamp arall yn mynd i lenwi'r bwlch sef ein Ann *ni*! Mae hanes diddorol i'r ysgol hon. Mi ddechreuodd ar foreau Sadwrn yn y Clwb dan ofal Gwenlyn a Joye. Wedyn ar ôl cryn frwydro gan bobl megis Meredith Edwards, Mathew Griffiths, Syr David Hughes Parry ac eraill, llwyddwyd i berswadio Cyngor Addysg Llundain i roi ystafell mewn ysgol yn stryd Hungerford (stryd sy'n cysylltu Camden Road a Caledonian Road) - gan fod yno brifathrawes o Gymraes, Elizabeth James, ac yno y mae hi. Yn llwyddiannus dros ben.

Mehefin 14

'Llythyr Llundain' yn cychwyn yn *Y Faner*! Wel! 'roeddwn wrth fy modd pan ddaeth copi drwy'r post heddiw. Rhyw fath o ragarweiniad oedd gennyf ynghyd â'r stori honno am Irene a minnau'n cyfarfod y dyn â'r trwyn mawr . . . Mae gennyf wers rydd y peth olaf ar b'nawn Gwener (bendigedig o amser i gael un) a bwriadaf gloi fy hun yn fy swyddfa i 'sgwennu 'llythyr' wythnosol. Anghofiais ddweud wrthyt, Ddyddiadur, fod gennyf swyddfa a theliffon i mi fy hun erbyn hyn yn rhinwedd fy swydd fel Pennaeth Tŷ.

Mehefin 15-18

Eisteddfod yr Urdd yn Rhuthun. Mynd efo Ann i ragbrawf adrodd a hithau'n anghofio'r geiriau a thorri allan i chwerthin wrth fy ngweld yng nghefn y festri yn ceisio ei helpu fel rhyw bysgodyn gwallgof a 'ngheg yn agor a cau. Be 'haru'r eneth? Mae hi wedi bod yn adrodd 'Cofio' (Waldo) yn ei chwsg ers wythnosau!

Gerallt Lloyd Owen yn ennill y Gadair am gerdd foliant i'r 'Meddyg'. Oni fuasai'r Llwyd wrth ei fodd? Jacob Davies oedd yn arwain y ddefod a bu chwerthin mawr pan ddywedodd, ' "Y Meddyg" yw'r testun. James Nicholas yw'r beirniad ond gallaf eich sicrhau nad oes cysylltiad rhwng y bardd a Doc Penfro!' Mae Jacob D. wrth ei fodd yn chwarae â geiriau.

Frank Price Jones oedd yn llywyddu b'nawn Iau. Yr oedd yn werth i'w glywed. 'Gall unffurfiaeth farwol gerdded dros ein byd gyda'r holl gyfryngau mas-gynhyrchiol sydd o'n cwmpas. Gall dynion a merched ddirywio i fod yn salach na defaid yn dilyn ei gilydd yn un praidd penwan a difeddwl gan eistedd a gadael i ychydig o arbenigwyr gyfeirio holl weithgarwch eu hoes . . . Ond y mae Cymru yn wahanol. Rhaglenni teledu Cymru yw'r unig rai sy'n cael eu cynhyrchu yn gyfan gwbl gan y genedl sy'n eu gwylio.'

Cododd y dorf ar ei thraed b'nawn Sadwrn pan ddywedodd Syr Ifan, gyda phwyslais ar bob gair, 'Dyw'r Gymraeg ddim yn mynd i farw.' Dyma'r Eisteddfod orau erioed, medd ef. A Sir Ddinbych enillodd hefyd! Dim un marc i Faesyfed a dim ond un i Loegr - a hwnnw i Aelwyd Anfield. Llawer yn gofyn beth ddigwyddodd i Aelwyd Llundain. Yn anffodus buom yn rhy brysur: dwy rownd o *Sêr y Siroedd*, teyrnged yr Urdd fis Mawrth, paratoi'r ddrama ar gyfer Llanelli a hefyd y mae llawer iawn o'r aelodau erbyn hyn wedi cyrraedd 'oed yr addewid' - 25 yn rhy hen i gystadlu!

Ann a Helen a minnau yn rhannu gwely adre ac yn cwyno fod ein coesau yn cymysgu. 'Hidiwch befo' medde fi, 'fe sortiwn nhw allan yn y bore.' Chwerthin fel ffyliaid am oriau. Dad yn dyrnu'r wal. Dychmygwn ef yn dweud dan ei wynt, 'Hen bethe gwirion ydi g'nethod.'

Gorffennaf 10

Wedi cael egwyl fendigedig yn Eisteddfod Llangollen. Llond bws yn teithio drwy nos Wener ac aros un noson ar y ffordd adre yng Nghroesoswallt. Mae'n rhaid ein bod yn mynd yn hen! Arferem deithio'n ôl dros nos hefyd ond erbyn hyn mae colli dwy noson o gwsg yn ein gwneud yn ddreng a hiraethus am wely. Dyffryn Dyfrdwy fel gwlad hud dan dafod o niwl y bore bach ond cafwyd heulwen ar y maes. Mae'r fath beth yn bod â 'Thywydd Llangollen' a gall y ffermwyr ddibynnu ar yr wythnos hon i weithio yn y cynhaeaf, meddir!

Teithio adre drwy ddyffryn Evesham a'r meysydd yn doreithiog ar bob tu a byrddeidiau o fefus ac eirin a mafon yn tynnu dŵr i'n dannedd. Cael te ym mhentre bach Broadway, y pentre tlysaf yn Lloegr meddir. A rhaid cyfaddef, y mae o'n hardd iawn efo'i dai to gwellt a'r muriau o garreg Cotswold, lawntydd fel byrddau snwcer a thai bwyta hen-ffasiwn yn llawn o Americaniaid. Ein holi pa iaith a siaradem. *'Wales? What is Wales?'* Atebodd Afan, *'Wales is the most wonderful country in the world.'* Y gweddill ohonom yn edrych arno'n amheus gan wybod ei fod ymhlith sinigiaid mwyaf Cymry Llundain. Difethodd bopeth wrth ychwanegu, *'But we don't live there . . .'* Y flwyddyn nesaf yn Jeriwsalem?

Gorffennaf 15

Plismon o Borthmadog yn fy 'mhigo i fyny' ar y tiwb rhwng Baker Street a St John's Wood (tae hynny o wahaniaeth). Dim amynedd efo fo ar ôl iddo ddweud ei fod wedi anghofio'i Gymraeg - mewn deunaw mis! Minnau'n meddwl mai rhyw chwiw perthynol i'r tri-degau oedd y fath rodres. A thagna-i mo blismyn. Maen nhw'n gythreulig o hiliol.

Gorffennaf 18

Noson Wobrwyo yn yr ysgol. Beryl Grey, y falerina enwog, yn wraig wadd. Ac yn parlysu'r staff wrth gynghori merched bach amrwd Holloway ar sut i ymddwyn mewn cyfweliad. Cofiwch wisgo het a menig meddai. Y plant yn dechrau giglo a thenau iawn oedd y gwrandawiad a gafodd. Mae rhai pobl yn byw mewn byd arall! Diflannodd gofynion o'r fath hyd yn oed ar athrawon heb sôn am y plant. Pe gwelem ni athrawes yn dod i weld yr ysgol ac yn gwisgo het a menig gwyddem mewn eiliad nad oedd obaith iddi.

Ffarwelio â'r Brifathrawes sy'n symud i Vauxhall Manor, ysgol fawr yr ochr arall i'r afon. Colled ddychrynllyd ar ei hôl. Er ei bod yn ymddangos yn amhlygadwy a digyfaddawd a chyn stiffied â phrocer, y mae wedi gweithio'n galed a bu'n gefn i'w staff. Bu o gymorth arbennig i mi ac yn swcwr doeth bob amser. Ond pan gododd Mrs Chaplin, cadeirydd y rheolwyr, draig o ddynes a'i bys ym mhob potes ar Gyngor Llundain, yn y cyfarfod heno, prin y gallem fod wedi dychmygu ei bod am ollwng bom. Cyhoeddodd fod y Brif. yn priodi! Distawrwydd llethol! Aeth cryndod o sioc drwy'r neuadd fawr yn yr Archway. Priodi? Ond . . . mae hi'n rhy hen! O leiaf ddeugain oed . . . Yn sydyn dyma un o'r plant yn ffrwydro, 'Hip hip . . .' a thorrodd hynny'r rhew a bu bonllef uwch bonllef.

Gorffennaf 25

Diolch am ddiwedd tymor. 'Rwyf bron ar fy ngliniau. Rhyw barlys marwol yn f'ysigo. Dim ond y sawl a ŵyr all ddeall. Tybed beth ddywedai f'athrawon coleg annwyl pe clywent farn athrawon 'yn y maes' amdanyn nhw! Ffars yw coleg hyfforddi ym marn llawer. Ni chawsom ein paratoi i wynebu erchyllterau plant ac ysgolion y dinasoedd. Peth ofnadwy yw gwthio athro neu athrawes ifanc i ffau'r llewod rheibus. Mae'r cyfan y tu hwnt i ddirnadaeth athrawon cefn gwlad a darlithwyr coleg yn eu nythod sidanwe diogel. Barn y plant yw na ddylai athrawon fod yno o gwbl - 'does gennym ddim busnes i ddifetha eu hwyl nhw drwy fynnu eu bod yn eistedd i lawr i ddysgu rhywbeth. Y peth mwyaf anfaddeuol yw gwthio athrawon ifanc i mewn i ddosbarth y mae pawb arall yn gwrthod eu dysgu. 'Tough luck' yw'r arwyddair. 'You won't last' yw'r rhybudd. Y mae straen delio dyddiol ag anufudd-dod, rhegfeydd, terfysg, ymosodiadau, gelyniaeth a diawledigrwydd, yn dangos yn amlwg ar ein hwynebau.

Dyna'r rheswm pam bod pump ar hugain o athrawon yn gadael yr ysgol hon heddiw: llawer yn troi eu cefnau ar ddysgu am byth. Y mae'r wlad yn llawn o *gyn*-athrawon!

Gorffennaf 26

Ar draws y ffordd i Undeb y Myfyrwyr y mae theatr *Vanbrugh* a dyna lle y bûm heno i weld Coleg Cerdd a Drama Caerdydd yn perfformio *Trojan Women*. Anhygoel meddwl mai yn 415 cc y perfformiwyd y ddrama hon gyntaf. Drama drom, dwyawr o bathos a deialog ddyrys, ond yr oedd pob un yn y gynulleidfa heno yn llonydd hyd y diwedd gan mor afaelgar oedd y cynhyrchiad. Profiad llethol oedd gweld y merched o Wlad Groeg, wedi colli eu gwŷr yn Rhyfel Helen, eu plant wedi eu lladd, yn cael eu gorfodi i fod yn gywely â'r cadfridogion. Llwyddwyd i drosglwyddo'r gwewyr i'r gwrandawyr. Rhyfedd pa mor fyw yw neges Euripides heddiw: rhyfel a thrachwant yn achosi dioddefaint y diniwed o hyd.

Un peth ddaru ddifetha'r darlun i mi. Y milwyr. Gan mai Groegiaid oeddynt, disgwyliwn weld rhesaid o Apolos deniadol, ond coesau robin goch a phen-gliniau fel camelod oedd gan y rhain!

Gorffennaf 30

Cyfarfod ag Americanwr yn Siop Griffs. 'Roedd ei daid a'i nain o Abertawe ac wedi magu teulu Cymraeg eu hiaith yn yr U.D. Ond yr oedd eu merch wedi gwrthod magu'i phlant yn Gymry a'r rheiny rŵan yn edifar iawn. Bu Dan yn y fyddin yn yr Almaen a thra yno priododd ferch o Lanfair ym Muallt ac erbyn hyn y mae'r ddau'n dysgu Cymraeg!

Gwelir llawer o enghreifftiau tebyg ymysg Cymry Llundain lle mae'r ail genhedlaeth wedi colli ei Chymraeg ond y drydedd neu'r bedwaredd yn ei hadennill drwy anfon eu plant i'r Ysgol Gymraeg. Dywediad arall yn eu mysg yw fod un genhedlaeth wedi gwneud ei ffortiwn, yr ail wedi byw ar y ffortiwn a'r drydedd yn ei gwario!

Awst 5-11

I'r Eisteddfod yn Llanelli. Wythnos fawr i Gymry Llundain. Caradog Prichard yn ennill y Gadair. 'Roedd gennyf docyn *Y Faner* am yr wythnos (a theimlo'n bwysig uffernol hefyd) ac yn edrych ymlaen am gael gweld y seremoni o seddau'r wasg y tu blaen. Methwn â chredu fy llygaid pan godod y bardd - a minnau'n ei 'nabod! 'Llef un yn Llefain' oedd y testun a chafodd feirniadaeth dda gan Llew Jones, T.H. Parry-Williams a Brinley Richards. Dyn annwyl iawn a diymhongar yw Caradog; dyn yn meddwl yn ddwfn a haen o ddigalondid yn agos i'r wyneb. Ond y mae hiwmor yn ei lygaid ac y mae'n gwmni difyr dros ben gyda stoc o straeon am fywyd rhyfedd Stryd y Fflyd a ffaeleddau dibendraw dynion papur-newydd. Mae o'n baradocs o ddyn - Cymro i'r carn sydd wedi llwyddo mewn byd lle mae 'ci yn bwyta ci'. 'Roedd llawenydd mawr ym mhabell Cymry Llundain.

Nos Iau, ennill cystadleuaeth y ddrama hir efo *Modryb Siarli*. Achosodd hyn gryn ddadlau. John Gwilym Jones yn dweud y dylai drama ddweud rhywbeth ac mai nid Eisteddfod yw'r lle i ffars. J. Gwyn Griffiths yn llawdrwm hefyd ac yn ein condemnio'n llym am ein dewis, mewn erthygl hir yn y *Western Mail*. Er hynny, dywedodd y beirniad, Edwin Williams, mai'r perfformiad oedd yn bwysig ac nid y dewis. Dyma'r trydydd tro inni ennill. I goroni'r cyfan Reg Evans yn ennill y cwpan am gynhyrchydd gorau'r wythnos. Ryan yn destun siarad ar ôl ei berfformiad hysterig o ddoniol o'r hen Fodryb a chlywais si fod y BBC am ei ddwyn oddi arnom. Go drapio!

Nos Sadwrn, cystadleuaeth actio drama un-act. *Y Ddraenen Fach* (ein cwmni ni) yn erbyn cwmnïau o Ynys Afallon a Nefyn. Buddugoliaeth arall! Y beirniad (Islwyn Thomas) yn darogan dyfodol da i'r ddrama yng Nghymru gan fod cwmnïau o'r diwedd yn dechrau dysgu'r grefft o lwyfannu. Er hynny, y mae prinder mawr o ddramâu a neuaddau pwrpasol.

R.E. Griffith yn Llywydd ddydd Mawrth ac yn dweud mai'r bobl bwysicaf yng Nghymru yw'r rhai 15-30 oed, *yn arbennig y merched*. Cyd-weld gant y cant! Ddydd Iau, D.J. Williams oedd gwron y dydd ac yn ei anerchiad dywedodd mai'r Eisteddfod yw'r sefydliad godidocaf - daeth i fod o athrylith ein cenedl.

Ni wn beth fyddai D.J. druan yn ei feddwl wrth wrando ar griw o fechgyn ifanc a'm cornelodd un noson. Symbol ydynt o'r math newydd o athroniaeth sy'n bod ymhlith y Gymru ifanc: gwrth-sefydliadol hollol. Cyfle am wythnos o slotian yw'r Eisteddfod ac nid oes ganddynt yr un geirda iddi. Parodd hyn gryn dipyn o ddychryn i mi, rhaid cyfaddef.

Ond yr hyn sy'n eu corddi hyd gynddaredd yw Cymry Llundain! Ein trosedd yw ein bod yn fradwyr. Wedi bradychu Cymru trwy ei gadael. Y mae chwarter miliwn ohonom: beth pe baem i gyd yn mynd i Gymru ac eisiau gwaith, cartrefi ac adloniant? Ond gwell gan y bechgyn hyn fod ar y dôl yng Nghymru nag yn athrawon yn Lloegr, meddent. Sentiment ddewr iawn. Datganiad sy'n dangos na wyddant ddim am fyw ar y plwy. Fe aeth o ddrwg i waeth a bu ffraeo mawr a siarad ar gyfer ar y ddwy ochr. Dywedais wrthynt am stwffio'u culni diwylliadol a'u gorwelion cyfyng, eu rhiwmatics pleidiol a'u hilyddiaeth.

Diolch am ambell belydr o oleuni yn ystod yr wythnos: llawer yn mwynhau darllen 'Llythyr Llundain' (arhoswch tan y rhifyn nesaf, bois bach!) a Norah Isaac yn dweud ei bod wedi dweud wrth ei darpar-athrawon yn y coleg am ddarllen yr erthygl honno ar fywyd athrawon yn y dinasoedd!

Clywed yn y lle-merched un bore, *'A lot of Welsh here, isn't there?'* Clywed ar y maes un p'nawn, ' 'Does yma lawer o Saeson, dwedwch!'

Medi 2

Wel yr iechyd! 'rwyf yn ei chael hi gan lythyrwyr yn *Y Faner* fel canlyniad i'r erthygl anfonais am ymosodiad y 'penboethiaid' arnom am ein brad. Mae'r giwed·am fy ngwaed - llond tudalen gyfan o lythyrau cigog a chas gan Kitty Edwards, Dafydd Iwan, Rhiannon Preis, Geraint Jones, Gwyneth Williams a Neil Jenkins. Pob un yn medru trin geiriau ac anelu am yr ystlys. Y mae llythyr Neil J. yn orchest (pwy bynnag yw) a dyma fyrdwn ei neges:

Yr oedd erthygl Hafina Clwyd yn amddiffyn 'Cymry' Llundain yn dangos yn glir mai cwbl ddi-werth a rhagrithiol yw'r dadleuon a ddefnyddir i gyfiawnhau eu brad hanfodol. 'Qui s'excuse, s'accuse'. Prin fod ei hesgusodion tila yn werth rhoi pin ar bapur i'w hateb; ond fel un o'r 'pedwar penboethyn' a feiddiodd ddweud y gwir (am unwaith) am yr haid hunangeisiol sy wedi gwerthu eu genedigaeth-fraint am swyddi breision yng ngwlad y Sais derbyniaf ei her yn llawen . . .

Y gwir plaen yw nad oes ronyn o hunan-barch yn yr un ohonynt. Ni byddai mentaliti 'Cymro' Llundain yn gallu amgyffred, heb sôn am werthfawrogi aberth dyn fel Saunders Lewis . . .

Ond er mwyn cyfiawnhau eu safle ddiraddiol eu hunain rhaid i'r bradwyr wrth ryw arwydd o hunan-ymffrost ac uwchraddoldeb. Er enghraifft, fe'n cyhuddir ni yng Nghymru o feddu ar orwelion cyfyng, a chulni diwylliadol, eithr beth yw mesur eangfrydedd y 300,000 honedig yn Llundain? Beth a ddanfonasoch atom ni'r ogofawyr yn Eisteddfod Llanelli eleni? Wesker? Osborne? Nage! *Charley's Aunt!* Cedwch eich blydi diwylliant 'eang' os cyfrwng adloniant ffarslyd yn unig yw'r Gymraeg i chi . . .

Sylwaf y mis hwn i'r Golygydd 'Saesneg' (y *London Welshman*) fynd yn gas wrth wraig o Gaerdydd a sgrifennodd mai prif atyniad y Cymry ifanc yn Llundain oedd cael tragwyddol heol i 'welyneidio'. Ond ni ddylai ef ymddigio wrth hynny gan mai'r Cymro Llundain enwocaf ohonynt oll a gychwynnodd y ffasiwn sef Harri'r Wythfed, Brenin Lloegr!

ac ymlaen ac ymlaen yn glyfar iawn, rhaid addef. Ac meddai Geraint Jones:

138

Hwyrach pan fydd y Gymraeg wedi llwyr ddiflannu o Gymru y gallwn sefydlu 'Welsh Reservation' yn Soho, (a hefyd 'Welsh Restaurant'). Dyna fendigedig fuasai clywed yr heniaith annwyl ym mherfeddion Soho a chael potes maip a llymru i swper ar ôl y noson lawen . . .

ac ymlaen ac ymlaen yn goeglyd. A dywed Dafydd Iwan:

Er nad af mor bell â galw Cymry Llundain yn eu crynswth yn fradwyr, gwneuthum innau lw nad af byth o Gymru i weithio.

Maen nhw i gyd yn dweud llawer o wir (ond nid wyf yn mynd i gyfaddef hynny dros fy nghrogi) a gwelaf yn eglur fod ar Gymru ein hangen i 'sefyll yn yr adwy' ac y mae hi'n ddilema fawr i lawer un. Magu plant ar y ddôl neu eu magu ar gyflog o ryw fath yn Llundain - mater anodd i unrhyw dad a mam ei datrys. Y datganiadau sy'n fy mrifo fwyaf yw'r rheiny sy'n edliw inni ein bywyd 'bras': bras, myn dian i, nid oes bywyd bras iawn i'w gael ar gyflog athrawes beth bynnag.

I fyny'r ardd i 'eistedd ar ben llidiart a meddwl beth i'w wneud'. Sut medraf ddial arnynt i gyd tybed? Pam y gwnes i ddechrau peth mor hurt â 'gysfennu i'r wasg'? Ydi hi'n ddiogel i mi osod troed ar ddaear Cymru byth eto? Nid oedd gan Siani ateb er bod ei llygaid gwyrdd yn llawn doethineb.

Medi 19

Noson i guro cefnau ein gilydd heno! Tyrfa fawr yn dod i'r Clwb i dalu gwrogaeth i enillwyr Llanelli. Prys Roberts, y Cadeirydd yn cyflwyno Maxwell Fraser ac yn cydymdeimlo â hi ym marwolaeth ei gŵr, Trefîn. Ef oedd i fod i lywyddu heno. Dywedodd hithau fod Trefîn wrth ei fodd pan glywodd am gadeirio Caradog. Dioddefodd gystudd caled a cheisiodd arbed ei lais er mwyn cael mynd i Lanelli, ond nid felly y bu. Yr oedd y crygni yn y Rhos llynedd yn fwy difrifol nag a ddychmygodd neb ohonom.

Y dihafal Meic Parry oedd yn arwain heno ac ef a gyflwynodd yr holl enillwyr: Eifion Owen, unawd bariton, Lorna Irving, unawd soprano ac enillydd medal Osborne Roberts. Gwilym Evans yn cynrychioli'r Côr Meibion a ddaeth yn drydydd; Gwilym T. Hughes enillodd am gyfansoddi drama fer a drama gyffrous; David Richards, cynhyrchydd *Y Ddraenen Fach* a Reg, cynhyrchydd y ddrama hir. A'r brif seren, wrth gwrs, oedd Bardd y Gadair.

Darllenwyd detholiad o'r awdl gan Clifford Evans oedd wedi teithio bob cam o Gaeredin i fod yno. Siaradwyd gan Syr John Cecil-Williams, Aneirin Talfan a Kenneth Thomas. Dywedodd Syr John fod beirniadu llym wedi bod ar Gymry Llundain yn ddiweddar ond fod y cyfan yn hollol afresymol a dichwaeth. Cyfeiriai'n arbennig at erthygl Marion Griffith Williams yn

Llythyr Ceridwen yn ein beirniadu am ein hathroniaeth epiciwreaidd ac ecsistensial; erthygl hefyd gan Andrew Davies yn y *Listener* ynghyd â'r llwyth llythyrau yn *Y Faner*. Y mae Andrew D. yn chwerthinllyd! Dywed fod rhieni plant Cymry Llundain â mwy o ofal am burdeb llafariaid nag am burdeb moesau. *'I am very worried about Blodwen. I think she's losing her vowel purity. Duw mawr! Oh no!'*

Dywedodd Aneirin Talfan (a'r fath fonheddwr ydi o) iddo ef ein collfarnu yn y gorffennol ond yr oedd yn barod rŵan i warchod ein henw da. Mae'r Cymry yn ofnadwy o groendenau, meddai. Dylai trigolion gwlad mor oleuedig fod yn fwy gofalus a pheidio â neidio ar ôl pob abwyd. Gan droi at Caradog dywedodd pe bai *Un Nos Ola Leuad* wedi'i sgwennu yn Saesneg y byddai'r byd wedi gwirioni ar y llyfr. Offrymwyd cyfarchion i'r bardd gan Isylog (y Canon Enoch Jones, Eglwys Sant Bennet), Alun o Fôn, Elis Aethwy a minnau.

Medi 20

Mae helynt yr ymosod ar Gymry Llundain wedi cyrraedd tudalen flaen y *Western Mail*. Y term 'gwelyneidio' yn cael ei luchio o gwmpas megis cenllysg. Heblaw am y ffaith fod y peth yn dechrau mynd dros ben llestri mi fentrwn awgrymu gair arall - 'bed-lam'! Eistedd yn yr ardd efo Siani a chael sgwrs hir. Sut wyf i'n teimlo ynglŷn â'r holl helynt? Yn enwog! Yn euog. Teimlo fy mod wedi cael fy nghamddeall . . . Siani'n cyd-weld.

Medi 25

Rhaid canolbwyntio ar y gwaith a dechrau poeni am y criw newydd o blant. Mae gennyf ddosbarth newydd. Deugain o ferched pedair ar ddeg oed, pob un yn gymeriad ar ei phen ei hun. Cras eu hiaith, cynnes eu gwên. Dyna Anastasia a Theadora yn parablu'n ddiddiwedd mewn Groeg, yn brwydro i raffu geiriau Saesneg efo'i gilydd ac yn danheddu'n Helenistaidd ar ôl llwyddo. Dyna Teresa, gron fel hocsied, wyneb fel lleuad llawn, o Iwerddon, Pabyddes ronc, ateb parod a ffraeth bob tro, *'Yes, me dearr'* medd ei llais fel crwth wrth anwesu fy mraich. Sylvette o strydoedd cefn yr Archway, o gartref dieflig, yn fy nghyfarch bob bore, *'Good morning, gorgeous!'* Merch tafarnwr yw Janet, yn rholio mewn pres ac yn cysgu'n rheolaidd efo'i chariad. Violet hen-ffasiwn, ffwdanus fel iâr, yn cario papur arian i'r ysgol fesul sachaid i hel pres i'r deillion. Mae ganddi chwaer fach ddall. Princess o Jamaica, dannedd gwyn yn fflachio, cnoi gwm yn beiriannol, siriol a thymherus, dyrnau parod. Jennie sy'n cael ei churo'n giaidd gan ei thad; Carmenita, merch bwyty Eidalaidd, yn cludo teisennau gogoneddus i mi ar gyfer y bore goffi; Christine sy' wedi bod yn dwyn o siopau er mwyn rhoi anrhegion i mi a minnau mewn trafferth efo'r heddlu am eu derbyn!

Mae yma hefyd Brifathrawes newydd. Argoeli'n ddrwg! Pabyddes o Lerpwl a'r peth pwysicaf ar ei desg yw potel o *gin*.

Medi 28

Mynd i weld Kate o Seland Newydd yn yr ysbyty, wedi cael mab echdoe. Mae hi'n bwriadu ei alw yn Rhiannon!

Cefais drafferth mawr i geisio ei darbwyllo mai enw geneth yw Rhiannon. Gan ei bod o dras Cymreig y mae hi'n awyddus i gael enw Cymraeg ar y babi. 'Roeddwn wedi rhoi rhestr o enwau Cymraeg iddi - o Aneirin i Ynyr! Clywed wedyn mai enw'r babi yw - Lucas! Mae eisiau gras.

I noson lawen Plaid Cymru yn y *Phoenix*, Cavendish Place, a chael hwyl am ben Meredith Edwards a'r Parch Mathew Griffiths yn gwneud y *twist*. Noson dda gyda pharti dawnsio o'r Wcrain, Philip Madoc yn arwain a Windsor Davies a Mark Dignam yn cadw pawb i chwerthin.

Hydref 2

Cyfarfod agoriadol tymor y gaeaf o'r Undeb yng nghapel Holloway. Cael te capel: bara brith, teisen lap a sgons. Myfyrwyr o'r Coleg Brenhinol yn ein diddanu: Hazel Jenkins (o Aberdâr sy'n byw yn y fflat uwch ein pennau), Janice Jones (o Aberystwyth) ac Eifion Owens (o Fiwmares). Mae gan Hazel lais fel y môr - contralto cyfoethog. Weithiau mae hi'n ein byddaru wrth ymarfer uwch ein pennau. Iddi hi mae'r diolch 'mod i wedi darganfod a gwirioni ar lais Alfred Deller, yr uwch-denor, gyda'i lais sy'n rhoi iasau i mi, yn arbennig pan mae'n canu *'To Music'* gan Purcell a rhai o ganeuon gwerin oes y Tuduriaid.

Yn 1889 y cychwynnwyd Undeb y Cymdeithasau. Syniad Tom Ellis, A.S., oedd o a bu'r cyfarfod cyntaf yn hen gapel Cymraeg Fetter Lane ar Fawrth 26ain. Ymysg y cyn-lywyddion y mae Tom Ellis ei hun, Lloyd George, Rhys Hopkin Morris, Ernest Rhys, Syr D. Hughes Parry a Syr Wyn Wheldon. Ymysg y gwahanol weithgareddau y mae eisteddfod flynyddol, cystadleuaeth ddrama a thwrnameint tennis bwrdd.

Saif capel Holloway mewn stryd fechan, Sussex Way, sy'n deillio o ffordd fawr brysur Seven Sisters Road, ryw hanner canllath cyn iddi groesi heol brysur arall, yr Hornsey Road. Y mae'n debyg mai hwn yw un o'r capeli Cymreiciaf yma gyda mwyafrif yr aelodau o Ogledd Cymru a Sir Aberteifi. Sefydlwyd yn 1865. Y gweinidog cyntaf oedd Richard Owen, y 'Diwygiwr'. Yng nghofnodion y capel nodir i William Jones, a ddaeth yn A.S. Arfon wedyn, gael ei ddiarddel yn 1887 oherwydd ei ddaliadau anuniongred.

Beth oedden nhw tybed? Ddwy flynedd yn ôl unwyd y capel gydag un Wood Green o dan weinidogaeth y Parch W. Lloyd Price, dyn gweithgar ac agos-atoch-chi, dyn clên iawn sy'n llwyddo i fagu tair merch fach yn Gymry Cymraeg, Gwenno, Carys a Luned.

Hydref 4

'Rwy'n gredwr cryf mewn undebau llafur heddiw oherwydd mae streic ar y rheilffyrdd a chawsom ddiwrnod o wyliau! Mwynhau diwrnod pwyllog, golchi a smwddio, darllen a sgwrsio o flaen y tân a Siani yn gorwedd fel twrban wrth fy nhraed. Twm yn galw (heb ei weld ers dwn-i-ddim-pryd) ac yn awgrymu y dylem osod hysbysfwrdd y tu allan yn dweud, *Ann's Caff* neu *Irene's Pull Inn*!

Wedi prynu peiriant cnau-coffi ac y mae'r arogl coffi ffres yn persawru'r tŷ. Bendigedig! Y lle gorau i sawru arogl coffi yw Fitzroy Street lle mae siop sy'n gwerthu cannoedd o wahanol fathau; byddaf yn sefyll yno'n syllu ar y gwahanol gnau gyda'u lliwiau cyfoethog o felyn fel y gwenith i ddu fel cyrrens.

Y mae llawer ardal yn cael ei chymeriadu gan y gwahanol aroglau a glywir: Soho yn codi archwaeth gyda'i salami, pasta, olewydd a bara; Heol Farringdon gan gig a gwaed y farchnad yn Smithfield, Billingsgate a'i bysgod, Covent Garden a'i flodau a'i lysiau, a heol Fitzroy a'i goffi. Yn ymyl y tŷ-coffi y mae tafarn y *Fitzroy* lle mae criw go amheus bob amser yn hel. Dywedir eu bod yn ymhel â chyffuriau. Bu Dylan Thomas a'i ffrindiau, Augustus John a'i ffrindiau cyn hynny, yn cadw reiat yn yr ardal hon hefyd. Yn y stryd nesaf, heol Charlotte, ceir bwytai ardderchog megis *Schmidt* sy'n arbenigo mewn bwyd o'r Almaen, *Bertorelli* a'i ddanteithion Eidalaidd, a'r *Tŷ Gwyn* sy'n llawer rhy ddrud i ni'r bobl gyffredin ond sy'n gyrchfan i aelodau seneddol, darlledwyr, actorion a newyddiadurwyr y *New Statesman* yn fwyaf arbennig meddir. Gwelir Sosialaeth ar ei orau o fewn y gwesty moethus hwn!

Gallaf rŵan greu awyrgylch hyfryd Fitzroy Street yn ein cegin ein hunain gyda'r peiriant bach newydd. Mae gan Clement Freud stori dda am goffi a stori hefyd sy'n darlunio'r math o snobeiddiwch sy'n perthyn i rai ynglŷn â bwyd a diod. Dywed ef mai'r ffordd orau i yfed coffi yw rhoi dwy neu dair cneuen o dan y gril ac yna rhoi coffi powdr (neu goffi-syth-bin) i'ch gwesteion. Fel y byddai Nain yn arfer dweud, 'Mi fase brechdan yn dda hefo'r ogle!'

Hydref 8

Twm druan! Cafodd siwrne hunllefus yn ôl i Landudno. Llythyr oddi wrtho y bore (a'r pennawd *Llythyr Llandudno* arno yn wawdlyd!) yn dweud fod rhywbeth wedi mynd o'i le ar y modur, 'Yn ffliwt yr aeth y Liwton. 'Roedd yn mygu fel odyn galch a *diesel* yn chwistrellu allan ohoni fel o beiriant difa chwyn. Yng nghanol gwlad estron a'r brodorion yn hollol ddi-gic, mynd am baned o de i'r lle agosaf. Cael te llugoer, *chips* fel coed tân wedi'u ffrio mewn saim troliau a wyau wedi'u cenhedlu gan grocodeil. Ac ar ben y cwbl, clamp o jiwc bocs fel talcen tŷ gwair yn cynhyrchu'r nadau mwyaf aflafar a glywais erioed. Os gelli ddychmygu rhywun yn lluchio cathod i focs injian ddyrnu mewn storm o fellt a tharanau, bydd gennyt syniad pa mor swynol oedd.'

Ac arwyddo'i enw, Twm Creuddyn. 'Rydw i'n cael digon o helynt efo'r *Faner* heb iddo fo ddechrau dychanu!

Hydref 10

Aeth ambarel Afan ar dân yn yr Aelwyd! Rhywun wedi gollwng stwmp iddi (yn fwriadol neu ddim, ni wyddom) ac yn sydyn gwelsom fflamau yn llamu fel tafodau tân y Pentecost ar draws y neuadd. Afan yn digwydd bod yn pwyso arni ar y pryd a phan welodd yr infferno oedd ar fin ei draflyncu fe'i lluchiodd fel pe bai'n sarff fyw. Ymhen dau funud, y cyfan oedd ar ôl oedd pentwr o barddu a gwifrau fel nyth brân. Ac arogl mwg lle bu.

Yr oedd arnom ofn chwerthin gan fod cyn-berchennog yr ambarel yn medru bod yn raselaidd ei dafod ond yn sydyn daeth hyrddiadau o chwerthin o'i grombil: sŵn fel bastad-mul yn diasbedain o Grays Inn i Gravesend.

Hydref 16

Clywed gyda braw fod William Griffiths, Siop Griffs, wedi marw yn 64 oed. Colled fawr i lawer cylch. Gadawodd y Gilfach Goch ym Morgannwg yn 1922 yn ystod y dirwasgiad yn y pyllau glo ac enillodd ei fara yn Llundain drwy ganu'r ffidil mewn ffilmiau-mud cyn cael swydd yn siop Foyles a dod yn oruchwyliwr yr adran Gymraeg yno. Daeth yn un o gyfarwyddwyr y cwmni cyn agor Siop Griffs yn 1946 yn Cecil Court efo'i dri brawd. Daeth y lle yn gyrchfan i Gymry o bedwar ban y byd. Gwyddai bopeth am lyfrau Cymraeg a bu'n gyfaill da i amryw o awduron gan gynnwys Dylan Thomas.

Bu'n gadeirydd Cymdeithas Cymry Llundain ac yn olygydd *Y Ddinas* am gyfnod. Trueni mawr na chafodd gyfle i orffen ei lyfr ar hanes y Cymry yn Llundain.

'Roedd yn ddyn hardd gyda shoch o wallt gwyn, trwchus, llygaid treiddgar, wyneb ffein. Bob amser yn fawr ei groeso.

'Roedd ganddo farn lenyddol ddiogel hefyd oherwydd ef gyhoeddodd *Gwŷr Llên* Aneirin Talfan; *Nest* Geraint Dyfnallt Owen a rhai o gyfrolau T. Rowland Hughes. Tair cymwynas fawr i'w genedl.

Hydref 18

Balch iawn o gael egwyl hanner tymor ar ôl y trafferth gawsom yn yr ysgol yr wythnos ddiwethaf. Bu argyfwng yn Ciwba ac ni welais erioed ddim byd yn cael cymaint o effaith ar y plant. Ar y dydd Iau hwnnw pan oedd llongau'r U.D.A. yn bygwth archwilio llongau Rwsia fe ysgubodd math o hysteria drwy'r ysgol a'r plant i gyd yn *llwyr* gredu mai hwn oedd eu diwrnod olaf ar y ddaear. Ni allent ddeall pam fy mod mor ddigynnwrf a bu'n uffern iddynt drwy'r dydd. Daliodd Kennedy'n gadarn ac ildiodd Rwsia. Ond clwyfwyd ei pharch. Ni cheir maddeuant am hynny.

Cylchgrawn newydd Cymraeg yn cyrraedd - *Barn*. Ei larpio a'i fwynhau a hwre! mae ynddo groesair - y 'busnes masocistig hwnnw' chwedl Harri Gwynn. Peth rhwystredig iawn yw'r prinder o groeseiriau Cymraeg. Cefais wobr am un y *New Statesman* yr wythnos ddiwethaf a phrynais *Cerdd Dafod* J. Morris-Jones efo'r tocyn.

Hydref 26

Darlith yn yr Aelwyd gan J.R. Jones, Talybont, ar 'Ofergoelion', a chawsom lond y neuadd i wrando arno gan gynnwys criw o gyffiniau Llanbrynmair ac Aberystwyth oedd yma i ymweld â Sioe Smithfield. Rhai o straeon J.R. yn rhoi iasau i lawr ein cefnau yn arbennig y rhai am arferion yr Wylnos pan lusgid y corff i fyny'r simdde gerfydd rhaff a'r rhai oedd yn parhau ar dir y byw yn dawnsio a gorfoleddu ac un ohonyn nhw yn gorwedd yn yr arch i'w chadw'n gynnes hyd nes y deuai'r corff yn ôl o'i wibdaith!

Tachwedd 10

Diwrnod trist. Bu farw Irene yn 24 oed. Cefais ei gweld yn yr ysbyty am ddau o'r gloch ac fe wyddwn ar amrantiad fod y sefyllfa yn un ddifrifol. Rhoddodd hanner gwên i mi, 'Welai di, Haf!' Ymhen dwyawr 'roedd wedi mynd. Y dasg waethaf oedd torri'r newydd i'w mam pan gyrhaeddodd y fflat.

Rhagfyr 10

Wedi cael mis o dristwch mawr. Ugeiniau o lythyrau wedi cyrraedd yn cydymdeimlo ac yn sôn yn annwyl am Irene. Y fath wastraff o fywyd ifanc. Bu'n ffrind triw, yn llawn bywyd, calon fawr yn llawn cymwynas, hiwmor di-ben-draw. Cynhesodd ei dwylo o flaen tân bywyd. Y mae yna lawer o waith maddau . . .

Balch iawn o weld diwedd hen genawes o flwyddyn. Bu'r Dyddiadur yn wag am wythnosau. Yn ogystal â dwyn fy ffrind gorau oddi arnaf bu 1962 yn greulon â Chymru hefyd. Collwyd Bob Owen, Jubilee Young, Trefîn, Dr Tom Richards, Gwilym Bethel, J.E. Daniel, Rolant o Fôn a Clement Davies. Pobl amhrisiadwy. Ganwyd *Barn* a *Theledu Cymru* ac ar waethaf y ddau Mr K. [Kennedy a Kruschev] yr ydym yn parhau yn O.K. Ond dymchwelodd ein cymuned ac y mae'r fflat yn chwalu.

7

1963: Wedi'r fwyell

Cyrraedd yn ôl (yn anfoddog am y tro cyntaf ers talwm) a strydoedd Llundain yn glytwaith budr o eira hudduglyd. Gan gofio bod trigain tunnell o barddu yn awyr Llundain yn ddyddiol, pa ryfedd fod yr eira mor hyll? Meddwl am y caeau adre dan eu cwrlid dilychwin, dim ond ôl ambell sgwarnog wedi bod yn chwarae sbonc-llyffant ar draws Cae Tŷ yn y bore bach. Ac wrth gofio'r olygfa adewais y bore 'ma, cofio hefyd am hanesyn a glywais dros y Sul ac a achosodd lawer o firi.

Ffermwr cyfagos wedi gosod concrit ar hyd y buarth a beth welodd ond criw o'i hwyaid yn cerdded yn hamddenol ar ei draws - mam a thad ac wyth plentyn yn gosod patrwm pert yn y concrit gwlyb. Wrth lwc, cerddent yn un rhes daclus ac nid oedd y llanast cyn waethed ag y gallasai fod. Yn anffodus fe gollodd y ffermwr ei ben a gwaeddodd arnynt. Rhoddodd hyn syniad ym mhen y ci defaid oedd yn stelcian yn llygadog gerllaw. Llamodd i ganol y concrit a hysio'r hwyaid. Hwythau'n dechrau ffwndro ac yn codi sbîd. Bloedd ar y ci, 'Cer o'ne'r lluman gwirion.' Yntau'n styrbio ac yn troi yn ei unfan fel olwyn Catrin nes gadael y ponsh rhyfeddaf. Trowyd y buarth llyfn yn ferbwll.

Deuthum innau wyneb yn wyneb ag anwadalwch anifeiliaid heddiw hefyd. 'Roeddwn yn cario cath. Bu Siani yn treulio'r Nadolig yng Nghymru a mwynhau ei hun yn fawr. Creulondeb oedd mynd â hi'n ôl i'r jyngl goncrit. 'Doedd y tri gŵr sbectolaidd yn yr un gell â ni ar y trên ddim yn or-hoff o gathod yn ôl eu hymateb oherwydd pan ddechreuodd Siani hwrjio ei thrwyn melfed i bob twll a chornel, daeth rhyw anesmwythyd i'r awyrgylch. Rhag ofn llanast gwaeth nag un iâr ddu, euthum â hi allan a'i gosod yn dwmpath ar lawr y tŷ-bach. Edrychodd arnaf yn llawn gobaith a'i llygaid yn eiriol am blatied helaeth o Gathfwyd.

Ond yr hunllef fwyaf oedd cael Siani drilliw i mewn i fag a chau'r sip gan adael lle i bawen ac anadl. Ni allaf gymeradwyo'r profiad; cario cês a bag a hwnnw'n llawn o gath - a honno'n poeri, protestio, pawennu, paffio. Bob tro y gosodwn y bag ar lawr byddai'n dechrau symud oddi wrthyf fel rhyw robot gwinglyd a llygaid pobl yn fy nghyhuddo o ryw anfadwaith. Cyrraedd adre yn llesg a llwyd, wedi 'nal gan y bargod, wedi llithro ar balmant y dref, fy nwylo'n gareiau - a chael tri-pheint-ar-ddeg o lefrith ar fy rhiniog. A dyna'r tro cyntaf i Siani fwyn wenu ers oriau.

Ionawr 14

Mae'r Diafol am fy ngwaed. 'Rwyf yma wrthyf 'hunan fel Job ar ei domen a heth yn teyrnasu y tu allan. Bu'n rhewi'n filain ers dyddiau ac y mae'r palmentydd fel gwydr dan wrthban o rew du. Cyrraedd adre o'r ysgol a chanfod dyfroedd Niagara'n llifo i lawr y grisiau o'r fflat uwchben lle'r oedd pibell wedi cael trawiad ar y galon. Rhoi tro i gorn-clag y stop-tap a bu tawelwch. Dros dro. Oherwydd paradwys ffŵl ydoedd ac ymhen ychydig dyna glec fel gwn cipar yr Oror a'r papur top-llawr yn hollti fel gwe pry copyn a galwynni o ddŵr melyn yn dechrau pistyllio. Y carped yn ffrwtian fel siglen dan fy nhraed a minnau'n rhuthro o gwmpas fel ellyll efo bwcedi a jygiau a sosbenni. Erbyn y bore 'roedd popeth wedi rhewi'n gorcyn a medrais sglefrio o'r llofft i'r gegin heb lyncu poer. Buaswn yn gynhesach mewn iglŵ ar Faes Maelor. Siani'n edrych yn syn ac yn cerdded fel iâr mewn olwyn trol.

Ionawr 20

Fel y mae bywyd wedi newid mewn blwyddyn. Diflannodd cymdeithas glos y fflat. Er gwaethaf yr Aelwyd a'r Cwmni Drama, y dosbarthiadau a'r cymdeithasau, 'rwy'n teimlo fel pelican yn yr anialwch. Wedi gosod hysbyseb yn yr *Evening Standard* am dair i rannu a chanodd y ffôn yn ddiddiwedd. Derbyn y gyntaf a ddaeth, Viv o Gaerwrangon. Camgymeriad! Heno canodd cloch y drws a dyn blin yn sefyll yno yn rhegi a rhantio am fy mod yn cuddio'i wraig oddi wrtho. Gŵr Viv: yr oedd hi wedi rhedeg i ffwrdd oddi wrtho! Llusgodd hi allan gerfydd ei gwallt a hithau'n sgrechian mwrdwr. 'Roedd arni ei ofn. Wyddwn i ddim beth i'w wneud . . .

Ionawr 28

Efo ffrind o'r ysgol i barti actorion. Dyna griw swnllyd. Dyna griw hunan-ymwybodol! Anodd iawn cael sgwrs gall efo neb am fod llawer ohonynt yn rhy brysur yn gwneud argraff ac yn 'actio' drwy'r amser. Cefais sgwrs, 'wrth basio' fel petai, â dau neis iawn, Jane Asher, merch i feddyg o Harley Street, merch ddeallus hynod gydag amrywiaeth o ddiddordebau, a'i chariad Paul McCartney, un o'r 'Beatles'. Bachgen hyfryd gyda diddordeb mawr yng Nghymru.

Chwefror 2

I barti penblwydd Liz Ferris sydd wedi ennill medalau am blymio. Cyw doctor yw hi. Clamp o ddrip-ffîd yn ei chegin a photeleidiau yn cael eu tywallt iddo - gwin gwyn, coch a phinc, gin, chwisgi, fodca, martini, sherri, rwm - i mewn â nhw! Cymysgedd wenwynllyd. Ni chyffyrddais â'r hylif pwerus hwn gan fy mod i wedi clywed straeon am bobl yn cael eu dallu gan y stwff.

Un o'r bobl fwyaf diddorol yno oedd Seiciatrydd Ymgynghorol gyda hanesion digon i godi gwallt ein pennau am y gwahanol fathau o bethau y mae rhai pobl yn eu gwthio i mewn iddynt eu hunain. Iechyd! mae yna bobl od i'w cael. Stori am ddau seiciatrydd yn cyfarfod â'i gilydd. Meddai un, ' 'Rwyt ti'n iawn. Sut ydw i?'

'Roedd y dyn difyr hwn yn ymddangos yn berffaith normal - hyd nes iddo benderfynu mynd adre. Gwisgodd ei siwt foto-beic. Yna gwisgodd wregys ac yn hongian oddi arno yr oedd cynffon fforchog. Yna gwisgodd ei helmet ac ar honno 'roedd cyrn! Yn union fel y Diafol. Chwyrnellodd i lawr Park Lane a'i gynffon fforchog yn chwipio'r awyr.

Chwefror 7

Angharad wedi cael efeilliaid - Sian a Catrin. Yn pwyso 17 pwys! Mae'n rhaid ei bod yn edrych fel morfil ar draeth.

Chwefror 9

Penillion anweddus, marc post Aberystwyth, yn cyrraedd. Wedi'u teipio ond sut na chonstrodd y peiriant wrth deipio rhai geiriau, ni wn.

> Mae Hiraeth yma am Gymru bell
> Ond aros yn London sydd ganmil gwell,
> Cael Ysgol Haf mewn gwely-neidio,
> A phenwythnos arall yn Brighton yn nofio.

Saith pennill. Aflednais. Nid yw'r awdur yn fardd!

Chwefror 15

Recordio 'Barn y Bobl' o'r Aelwyd ar y pwnc, 'Gorau Cymro, Cymro oddi Cartref'. Frank Price Jones yn agor a Ben Jones yn y gadair. Trafod brwd a llawer o siarad trwy hetiau. Rhai o'r hen bobl yn hallt iawn yn erbyn yr holl sarhau yn y wasg yn ddiweddar. Beth petaent yn gweld rhai o'r llythyrau dienw a gefais? Copi o *Llais y Lli* yn cyrraedd a gwelaf eu bod wedi fy medyddio yn 'Gaeafina Giât'.

Chwefror 23

Dianc o awyrgylch Seisnig y fflat (mae'r dair radio-graffydd sydd wedi symud i mewn yn fy myddaru efo'u recordiau pop . . .) Mynd am chwistrelliad o warineb i Eisteddfod y Cymdeithasau yn neuadd fawr Westminster. Y wobr i'r gymdeithas fuddugol yn flynyddol yw rhesel o lyfrau Cymraeg, rhodd Jenkin Alban Davies. Nid wyf yn cystadlu eleni gan fod Elis Aethwy wedi protestio am nad wyf yn aelod o gapel. Minnau'n meddwl fod gennyf hawl i gynrychioli'r Aelwyd! Maen nhw wedi symud y pyst ar ôl cychwyn y gêm.

Cyfarfod â merch o Ynys North Ronaldsey, ynys fwyaf ogleddol yr Alban. Pan ofynnais iddi os oedd hi'n siarad Gaeleg dywedodd, er fy syndod, nad dyna iaith ei hynys eithr Norwyeg! Hyn yn ganlyniad i ryw fargen drawyd rhwng yr Alban a Norwy genedlaethau yn ôl.

D.T. Richards, Clapham, yn ennill ar yr englyn ar y testun 'Llwch':

> Anhydrin elfennau'n crwydro - achau
> Afiechyd geir ynddo;
> Her i wyddon esbonio
> Ei ddeunydd cêl, anwel o.

Chwefror 26

I swpera yng nghapel Falmouth Road heno. Y gŵr gwadd oedd Merfyn Turner a siaradodd am ei waith yn edrych ar ôl cyn-garcharorion yn Norman House. Y mae ganddo syniadau pendant a goleuedig ynglŷn â chosb a charchar. Cred fod carcharu'n aml yn gwaethygu pethau a bod y troseddwyr yn dysgu llawer oddi wrth ei gilydd.

Hanes diddorol i'r capel hwn. Yn ystod y rhyfela yn erbyn Napoleon yr oedd llawer o forwyr a seiri o Gymru yn heidio i Lundain a'r capteniaid yn trefnu pregethau ar fwrdd eu llong. Ond yn nes ymlaen caed lle mwy sefydlog yn Fair Street dan yr enw Cambrian Union Chapel. Wedyn symudwyd yr achos i Crosby Row sydd dan gysgod Pont y Tŵr a gosodwyd carreg sylfaen yn Falmouth Road yn 1888. Un o golofnau'r achos yno am flynyddoedd oedd D.R. Hughes.

Mawrth 5

Dathliadau Gŵyl Ddewi yn parhau am dair wythnos ac y mae angen cryn jyglo ar y dyddiadur. Heno oedd y noson fawr flynyddol, pinacl y dathlu, yn yr *Albert Hall*. Cafodd y gantores ifanc, Elizabeth Vaughan, gymeradwyaeth fyddarol a hir gan y saith mil oedd yno. Ond yr eitem orau o lawer gen i oedd Parti Menlli wrth gwrs. Brolio wrth bawb mai bechgyn Dyffryn Clwyd ydyn nhw.

Mawrth 8

Efo criw o'r ysbyty i wrando cyngerdd jazz gan Miles Davis. Cysgais drwy bob nodyn. Canlynwyr brwdfrydig y math hwn o fiwsig yn methu â 'neall.

Mawrth 16

Siom a sioc wrth ddarllen llythyr yn y *Faner* ar ran Parti Menlli yn cwyno'n dost am y diffyg croeso a gawsant yn yr *Albert Hall*. Llythyr dychanol a chlyfar gan yr hen gyfaill Elwyn Wilson Jones - ond annheg iawn. Chawson nhw ddim hyd yn oed baned o de, meddai! Methaf â deall y peth o gwbl. 'Rhwng llwnc a thamaid buom yn sgwrsio â Chôr Aelwyd Caerdydd - diolch am gael cyfle i gymdeithasu â'r bobl ifanc hyn. Dyma un o'r pethau a gododd fy nghalon' meddai'r llythyr. 'Mae gan ieuenctid Cymraeg prifddinas Lloegr lawer i'w ddysgu oddi wrth Gymry ifanc Caerdydd. 'Doedd dim rhodres na gweniaith, cracheiddrwydd na Seisnigrwydd snobyddlyd yn perthyn iddynt . . .' A llawer pelten arall. Ow! mi gefais loes! A minnau wedi gwirioni cymaint wrth eu gweld.

Llunio rhyw fath o ateb i achub fy ngham. Cyd-weld ei bod yn amhosib' i ŵyl mor fawr blesio pawb. Gwn yn burion am ei ffaeleddau er bod rhyw afael cyfareddol yn perthyn iddi. Cytuno ei bod yn resyn fod rhaid i'r llefarydd, Elwyn Timothy, siarad cymaint o Saesneg ond y ffaith drist yw fod miloedd o Gymry drwy ddamwain ddaearyddol a rhesymau eraill yn methu siarad yr iaith. Y mae dathliadau'r Aelwyd a'r capeli a'r cymdeithasau sirol (heblaw am Forgannwg a Maldwyn efallai) yn uniaith Gymraeg. Ni chafodd pawb y fraint o gael eu magu mewn ardal lle mae cerdd dant a cherdd dafod yn gymysgryw â'r gwaed. Dotiodd pawb ar ganu Parti Menlli (gan gynnwys Côr y Fyddin Goch oedd yn digwydd bod yno!).

Nid oedd rhodres ymhlith y criw ifanc aeth yn ôl i Grays Inn Road i fwydo plant Llanelli. Cymraeg oedd iaith pob un o'r helpwyr. Clywais innau rodres crachyddol o fath arall: gwraig o Lanelli yn siarad Cymraeg â'i gŵr - a Saesneg â'i phlant.

Ac yr wyf yn digwydd gwybod bod ambell aelod o Barti Menlli yn gorfod gwneud eu gwaith drwy gyfrwng y Saesneg . . .

Mawrth 27

Mynd i glywed Cantorion Radnor yn canu. Dim cysylltiad â'r sir ond côr capel Radnor Walk - y capel yn Chelsea y cerddais heibio iddo mor benisel gannoedd o weithiau yn ystod fy mlwyddyn gyntaf yma. Capel llewyrchus (Annibyn.) wedi'i leoli yng nghanol un o 'bentrefi' mwyaf diddorol y ddinas. Yma y bu Thomas More yn byw, o fewn tafliad carreg i'r capel:

150

hefyd Thomas Carlyle. Ef a ddywedodd mai cofiannau dynion mawr yw Hanes. (Dywedodd Emerson rywbeth digon tebyg sef nad oes y fath beth yn bod â Hanes - dim ond atgofion). Heidiodd artistiaid i'r fro ar hyd y blynyddoedd, Whistler, gŵr ffraeth iawn, yn eu plith. Pan ddywedodd rhywun wrtho, 'Nid oes ond dau artist gwerth sôn amdanynt, chi a Velasquez' - ei ateb oedd, 'Pam crybwyll Velasquez?'

Os am wybod pa ddillad sydd ar fin dod yn ffasiynol, y cwbl sydd raid ei wneud yw cerdded ar hyd y King's Road ar b'nawn Sadwrn. Yma y mae hanfod popeth 'trendi' a thu hwnt. Wrth fy modd yn siopa drwy'r ffenestri ar hyd y stryd hon, Mary Quant ac Aage Thaarup, gwestai drud a delicatessens sy'n wledd i'r holl synhwyrau, siop enfawr Peter Jones y ceir sôn amdani yn 1896 fel 'y Tŷ Cymreig enwog hwn'.

Un o'r nodweddion hynotaf yw'r tai hardd yn y 'strydoedd cefn, lonydd fel Cheyne Walk a Pont Street, uwch-ffasiynol a drud dros ben. Pan gerddodd Swift i lawr y stryd yn 1711 disgrifiodd y 'bobl od oedd o gwmpas, lodesi budr mewn hetiau gwellt'. Yn wir gwelais innau olygfeydd tebyg.

Mawrth 28

Côr Meibion Cymry Llundain wedi bod yn Berlin yn canu a chreu tipyn o sôn amdanynt eu hunain a'r wasg yn cael diwrnod i'r brenin. Clywir eu hanes wrth 'Checkpoint Charlie' yn ceisio croesi o Orllewin i Ddwyrain Berlin. Ymysg yr aelodau yr oedd 17 Jones, 12 Evans, cryn hanner dwsin o James, Williams a Davies. Achosodd hyn benbleth enbyd i warchodwyr y pyrth Comiwnyddol. Amau a chiledrych. Troi a throsi pasbordau. Cyfrif ac ail-gyfrif. Llenwi ffurflenni driphlyg a phedwarplyg.

'Mae hyn yn od! Mae hyn yn ffishi iawn . . .' Yno y buont am 105 munud nes llwyddo i'w darbwyllo fod Jones yr un mor gyffredin yng Nghymru ag yw Schmidt yn yr Almaen, Patel yn Southall neu Georgiou yn Holloway. Canwyd calypso ar y rhaglen *Tonight* heno:

> *Welsh say not related,*
> *Cannot see what's wrong,*
> *Lots more Jones and Evans*
> *Back in Land of Song,*
> *Welsh say names are real ones:*
> *Germans say they're not -*
> *Big escape in offing,*
> *Fiendish Western plot.*
>
> *Phone call after phone call,*
> *Question goes up higher -*
> *Are these secret agents?*
> *Or a Taffy choir?*

> Finally the answer,
> 'Better let them in'
> Checkpoint Charlie opens,
> Welsh invade Berlin.

Ebrill 4

Rhydderch wedi cael swydd yn Llanrwst. Bydd yn golled ar ei ôl mewn llawer cylch. Sgwrsiwr diddan, storïwr ffraeth, tynnwr coes, cymêr. Y mae'n werth 'i glywed o a Ryan yn canu penillion 'Llongau Madog' yn Saesneg a Ryan yn cymryd arno egluro *'tooth music'* i gynulleidfa o Saeson ac yn sôn am Madog *'go he is to put a foot where never before a foot was put'* ar yr alaw *'Ash Bush'*. Bydd Rhydderch yn cymryd rhan yn ei ddrama olaf efo ni yn y Steddfod eleni. Cawsom wahoddiad i berfformio *Hanes Rhyw Gymro* drama gomisiwn gan John Gwilym Jones.

Ebrill 7

Ew! 'rydw i wedi alaru ar y dair arall yn y fflat. 'Tydyn nhw ddim *patch* i'r hen griw yn yr oes aur. Mae arnaf hiraeth mawr am Irene a'i doethineb ymarferol, chwerthin bloesg dilywodraeth Ann, dadleuon gwleidyddol Wyn, gwên fawr Marj. a strancio Haulwen hyd yn oed ar brydiau! Y mae'r dair yma syched â chrystion ac yn codi eu trwynau ar bawb sy'n cael hwyl. Go surbwch ydym i gyd amser brecwast. Mae cael llythyr i'w ddarllen efo 'mrecwast yn donic ac yr oedd un Twm heddiw yn well na ffisig:

> Tra'n 'sgafnu fy arfau o'r drol y bore o'r blaen, dyma glamp o fodur llachar a chrachaidd yr olwg yn sleifio i'm hochr. Ynddo 'roedd hen foi bach gyda het Robin Hwd (Twm Sion Cati Lloegr) a sbectol ddi-ffrâm. Rhoddodd frefiad ar y corn a dechrau gwneud rhyw ystumiau dramatig arnaf. *'It's my gutterin'* meddai a'i lais yn dylifo ag acen Manceinion. Fel arfer, gwaith digon syml yw gosod landar a mi a euthum ati yn llawen a llawn hyder. Ond erbyn cyrraedd ei drigfan sylweddolais fod y brawd yn bwriadu costrelu dŵr bargod mewn clamp o gasgen trigain galwyn. Eglurodd yn llawn pwysigrwydd fod arno eisiau peipen o'r landar gyda thap arni fel y gallai droi dŵr o'r to i'r gostrel . . . Yn bersonol ni welais erioed beipen ddŵr glaw â thap arni a chefais drafferth i beidio rhowlio chwerthin . . .

Ebrill 16

I Fangor i aros efo Helen am ychydig ddyddiau - bydd ei harholiadau'n cychwyn cyn bo hir. Teimlad diflas iawn yw cyfarch hen gyfaill yn llawen a hwnnw'n edrych yn hurt heb fod â'r syniad lleiaf o bwy ydych. Rhyfedd

152

felly oedd cyrraedd y ddinas: yr un lle, yr hen atgofion, Mynydd Bangor, Sili Wen, y Plaza - a wynebau gwahanol. Yn y ffreutur newydd ar waelod Allt Glanrafon yn yfed coffi dyma Helen yn dweud, 'Drycha! Dene Rhiannon Preis.' Ond wnaeth hi mo fy mwyta! Twm yn galw ym mwthyn bach Helen am sgwrs a buom yn ceisio penderfynu am oriau pwy ddaru foddi: ai Dewi Wyn o Eifion ynteu Robin Ddu o rywle arall? Ac ai meddw ydoedd ar y pryd? Meddai Maggi Glen, 'Be' di'r ots yn Duw cyn belled â'i fod wedi sgwennu rhywbeth call cyn mynd.'

Ebrill 27

Wedi bod yn brysur yn cyfieithu *Cofiant Trefin* i'w weddw, Maxwell Fraser. Brinley Richards yw'r awdur ac y mae hi'n anghydweld gydag amryw o bethau a ddywedir yn y gyfrol. P'run bynnag cefais siec fach neis iawn ganddi o £25 ac euthum i siop foethus *Galeries Lafayette* yn Regent Street a phrynu côt swêd. Dilledyn y breuddwydiais am ei gael gan wybod na allwn byth ei fforddio.

Llythyr gan Syr John Cecil-Williams gyda gwahoddiad i fod yn aelod o Gyngor y Cymmrodorion (yr unig air yn yr iaith Gymraeg sy'n berchen hawl i ddyblu'r *m*). Penderfynu fy mod ar fin bod yn barchus . . . .

Mai 4

I Gaerdydd am gyfweliad efo'r BBC am swydd ymchwilydd rhaglenni. Gwelais yr hysbyseb yn *Y Cymro* ond nid oedd gennyf y syniad lleiaf beth oedd yn ei olygu gan obeithio y bydden nhw'n egluro! Wnaethon nhw ddim. Pa ryfedd i mi wneud stomp anferthol o'r cyfweliad. Ni fedrwn roi barn ar raglenni teledu Cymraeg - gan nad wyf erioed wedi gweld rhai. Cymysgais yn lân rhwng y BBC a'r 'ochr arall' a phlesio neb. Na, nid oedd gennyf unrhyw syniadau am raglenni na chyfresi newydd; na, nid oedd gennyf unrhyw feirniadaeth am y rhaglenni presennol; na, ni allwn gynnig gwelliant. Mor ddiniwed oeddwn yn meddwl y byddai gwên siriol a thipyn o ddawn dweud yn ddigon o gymhwyster. Euthum oddi yno â 'nghynffon rhwng fy nghoesau ac ar ôl mynd i'r swyddfa i gasglu'r treuliau teimlwn beth yn well.

Wedi prynu siwt newydd yn un swydd (da i ddim i fynd i unlle arall) ac wrth gerdded i fyny coridor y trên y bore 'ma fe shegiodd a 'nhaflu yn erbyn drws a bachodd yr handlen yn fy llawes a rhwygo pum modfedd ohoni. Wedyn wrth 'sgwennu cerdyn i Mam i ddweud wrth am beidio disgwyl fy ngweld ar y radio yn y dyfodol agos, dwynodd rhywun fy waled yn y swyddfa bost a chollais fy nhocyn trên, fy nhreuliau o'r BBC a gwerth £3 o docynnau llyfrau Cymraeg. Rhegais Gaerdydd yn wynias ac ysgwyd llwch y ddinas oddi ar fy sandalau (newydd) a mynd adre yn y felan a'r giamocs o ddiwrnod wedi costio ffortiwn i mi yn ogystal â tholcio fy malchder.

Mynd i 'ngwely a throi fy wyneb at y wal fel Ahab gynt. Cefais fy ngwrthod gan Sir Ddinbych a'r BBC, addewais briodi meddyg o Sais: yma y byddaf weddill f'oes mae'n debyg.

Codi 'nghalon uwch paned o de yn y gwely wrth ddarllen un arall o epistolau Twm. Hanes rhyw:

hen chwaer yn twyso tri o greaduriaid hyll ac ofnadwy heibio'r tŷ 'ma bob bore. Dymuno 'Bore da' iddi bob tro gan ddyfalu beth ar y ddaear oedd yr anifeiliaid rhyfedd. Y tri yn gwisgo siacedi o well brethyn na welodd fy nghefn gwerinaidd i erioed. Un bore gofynnais iddi yn wylaidd yn fy iaith fain orau, be' gythrel oedd y creaduriaid annwyl. Maen nhw'n edrych fel cymysgedd o lygod mawr, daeargwn, morloi a thyrchod daear. Llifodd o enau'r perchennog ddarlith gryno a chynhwysfawr am y Belgian Gryphon. Deëllais mai math o gŵn ydynt. Cefais hanes eu datblygiad o amser Wil Goncwerwr hyd at fore Gwener diwethaf . . .

Chwerthin wrth ddychmygu'r sefyllfa ac yntau'n ceisio bod yn fonheddig ond yn rhowlio chwerthin yn ei fol. Naw wfft i'r BBC.

Mai 10

Cerdded i mewn i'r Clwb heno a phwy oedd yno'n llond eu crwyn a'u llygaid yn sgleinio ond Helen a Cliff. Wedi priodi ddoe. Y taclau bach!

Mai 12

Dal i grynu wedi'r newyddion fod fy 'chwaer fach' wedi priodi. Dad wedi gwrthod caniatâd ac felly aethant ar eu liwt eu hunain. 'Rargien, mi fydd yna helynt.

Mai 20

Ffrind wedi bod yng Nghaernarfon ac yn cael paned yn y caffi ar y Maes a daeth dau go bach, tua deg oed, i mewn. Un yn gofyn am baned. 'Gei di banad' meddai'r perchennog, 'ond ma' co bach arall yn rhy *cheeky*. Rhaid i fo fynd allan.' Hwnnw'n troi am y drws a phan oedd ar y rhiniog yn siglo ar ei sawdl 'run fath â Wyatt Earp ac yn bloeddio mewn llais llawn gwawd a chynddaredd, 'Damia chdi y mochyn pen llyffant uffar' a diflannu. Y werin gyffredin ffraeth!

Eisteddfod yr Urdd ym Mrynaman ac aros yng nghartre Wyn. Lorïau trymion yn cario glo carreg allan o Frynaman ac ar yr un pryd cannoedd o blant yn cyrraedd i mewn. Pentre hynod iawn, llawn croeso a Chymreigrwydd ac yn berchen tafodiaith gyfoethog. Swyn arbennig i'r iaith gan fod hanner y pentre yn Sir Gaerfyrddin a'r hanner arall yn Sir Forgannwg. Ceir llinell derfyn rhwng y cartrefi lle dywedir *blode* a'r rhai sy'n dweud *blote*. Pan oedd Wyn yn byw yn y fflat caem lawer o hwyl yn cymharu geiriau: ei gair hi am *nofio* yw *oefad* a *llwyarn* yw *rhaw dân*.

Cofio Irene a minnau'n chwerthin ganol nos unwaith pan soniodd am 'gadair buwch'. Gwelwn log o fuwch ddu Gymreig mewn cadair siglo ac yn . . . hyd i mi ddeall mai *pwrs* a olygai! A phan ddaeth allan efo'r gair *twndish* fe gododd y to, 'Beth yw d'air di te?' meddai. 'Trwmffed' meddwn innau. ' 'Na air twp!' sgrechiodd.

Y fath hwyl a gawsom. Er fy mod yn hapus mewn cylch o gyfeillion ysgol a chylch arall o gyfeillion yn Ysbyty'r Middlesex - mae arnaf chwithdod enbyd am hen gymdeithas gynnes y fflat cyn y chwalfa. Irene oedd yr angor oedd yn ein cadw efo'n gilydd.

Yr Athro Stephen J. Williams yn dweud ar ei araith fod gweld y tyrfaoedd ifanc yn eli i'r galon. Apeliodd arnom i ddychwelyd i Gymru o Lerpwl a Llundain a Manceinion. Ond y mae erthygl newydd fod yn *Barn* yn honni mai gwastraff amser yw rhestri byrion a chyfweliadau athrawon yng Nghymru gan fod y cyfan wedi'i rag-arfaethu yn y dirgel. Clywais o lygad y ffynnon fod arian yn newid dwylo mewn ambell i le! Bydd Cymru'n dioddef yn y pen draw.

Yng nghanol y gwres llethol ar y maes a pharabl tafodieithoedd o Fôn i Fynwy, yr oedd caredigion yr Urdd yn ymfalchïo yng nghyfoeth y cynhaeaf wedi'r braenaru drwy dymor y gaeaf: R.E. Griffith yn llewys ei grys yn mwynhau sgwrsio efo plant. Dafydd Jones yn foddfa o chwys a'i sbectol fel pendil; J.E. Jones yn hamddena o gam i gam, o sgwrs i sgwrs, a'i feddwl ar Gymru; Tawe Griffiths, brenin Hyde Park, yn ei elfen. A beth, tybed, a wnâi'r Urdd heb yr athrawon?

Teimlo trueni dros Donald Evans, enillydd y Gadair, am iddo orfod colli gwefr fawr y seremoni gan ei fod yng nghanol arholiadau. J. Ellis Williams, y beirniad drama, yn dweud fod safon uchel gan y medrai tri chwmni fod wedi ennill y wobr. Newyddion da i ddilynwyr y ddrama yng Nghymru.

Wyn a minnau yn diflannu i'r cwt ym mhen yr ardd bob hyn a hyn er mawr ddirgelwch i'w rhieni. Ni feiddiem gael ffag yn eu gŵydd!

Traed moch yn Nhŷ'r Cyffredin am fod John Profumo wedi dweud

celwydd! Nage! wedi'i ddal yn dweud celwydd! Ymddengys ei fod wedi
cysgu efo rhyw eneth ac yr oedd honno ar yr un adeg yn cysgu efo aelod o
Lysgenhadaeth Rwsia. Mae sôn hefyd am bartïon yng nghartref yr Astors
yn Cliveden gydag aelod blaenllaw o Dŷ'r Arglwyddi yn actio fel bwtler yn
ei noeth-lymundod. Pawb yn torri eu bogeiliau eisiau gwybod pwy ac y mae
enwau llu'n cael eu crybwyll yn nhafarnau Fleet Street. Ni chawn wybod y
gwir i gyd gan fod y wasg yn gaeth i reolau enllib.

Am dro efo Nesta (Wyn Ellis) i *El Vino*, bar gwin ffasiynol lle mae
bytheiaid y wasg yn anghofio popeth am y ddeddf enllib a chawn glywed
straeon cigog am wleidyddion a darlledwyr ac actorion. Mae hwn a hwn
A.S. yn mwynhau cael ei chwipio; hwn a hwn o'r BBC yn hoffi merched
bach, ond y mae hwn a hwn o ITV yn ffafrio bechgyn bach . . . Mae
cysylltiad rhwng un a'r Maffia, un arall a'r Krays yn yr East End, un arall a'r
brodyr Messina yn Soho. Yr argien fawr, pe baent yn argraffu hyn i gyd
byddai pob papur yn cau fory! Minnau'n glustiau i gyd . . .

Mehefin 28

Mwy o hanes Wil Dŵr Bargod gan Twm. Chafodd o mo'r tap ar ei beipen
am fod ei wraig wedi gosod y ddeddf. Ond erbyn hyn y mae'r creadur mewn
helynt oherwydd pla o wningod sy'n ei herio drwy fwyta ei grysanths a'i
letus. Drwy ffenest ei lofft yn y bore ar doriad glas y wawr fe wêl y
creaduriaid yn cynnal mabolgampau ar ei lawnt. Cafodd fenthyg gwn a bu'n
ymarfer drwy saethu sosbenni. Pe byddai cwningod yn sosbenni ni fyddai'r
un ar ôl yng Nghymru. Byddai wedi eu llenwi â thyllau a rhagori ar weithred
Sant Padrig gyda nadroedd yr Ynys Werdd. Ond methodd â saethu yr un
gwningen o gwbl. Yn wahanol i sosbenni, y maent yn symudol. Aeth Twm
ati i ddad-wningenoli gardd y brawd o Gaerhirfryn gyda chymorth peth mor
syml â weiar netin.

Beth ddywedodd Robin Lloyd ers talwm? Na! nid yw bywyd yn
gymhleth. Pobl sy'n ei wneud o felly.

Gorffennaf 7

Anghofiais ddweud fod syniad Elaine o fynd i Ganada wedi gweithio.
'Roedd gan Peter gymaint o hiraeth ar ei hôl a phriododd y ddau yn ystod
gwyliau'r haf llynedd! Llythyr ganddi heddiw o Awstralia yn dweud ei bod
wedi cael merch fach - Katherine Irene - er cof. Ddaru hi ddim mwynhau
esgor (chlywais i erioed neb yn dweud eu bod) a sgrechiodd yn Gymraeg er
mawr benbleth i'r meddygon. Dere gartre am sgwrs, Elaine fach! Mi synnet
fel y mae'r hen fflat 'ma wedi newid. Darfu am yr holl fynd a dwad, y
sgrechian a'r chwerthin a'r canu.

Gorffennaf 10

Prynu teipiadur! £23 a thalu bob-yn-beth. Sut mae o'n gweithio tybed? Eistedd o'i flaen ac ymosod ar ddalen o bapur. Rhaid mynd â fo yn ôl i'r siop - nid yw'n medru sillafu . . .

Gorffennaf 13

Digwyddodd rhywbeth atgas iawn i mi heddiw ac nid wyf am ddweud wrth neb.

Mae Andrew yn byw mewn fflat uwch ben siop lyfrau wrth yr ysbyty efo pedwar arall, un bachgen a thair merch, myfyrwyr meddygol i gyd. Minnau wedi alaru cymaint ar y merched yn ŷ fflat (nid ydym yn siarad yr un iaith) ac yn treulio cryn dipyn o amser yn y fflat wallgof hon yn y West End. Mae yno ddigonedd o le, chwe 'stafell a lolfa, cegin helaeth a gardd ar y to. Ond y mae'r 'stafell 'molchi ar wahân, ar y *landing* fel petai.

Bore heddiw 'roedd y pump wedi mynd i weithio a 'ngadael innau yn y 'stafell 'molchi. Gwaetha'r modd, dyma nhw'n cau drws y fflat heb sylweddoli. Yn anffodus - 'roeddwn yn fy mhais. Munud o banic coch a phiws. Munud o eistedd ar sedd y crwndwll â 'mhen yn fy mhlu. Rhedeg lap wyllt rownd y bath ac ar garlam i'r stryd bedair canllaw islaw ac i ganol bwrlwm siopwyr bore Sadwrn. Dim siw na miw o'm carcharwyr. Rhedeg ar draws y ffordd trwy geir a chyrn yn canu, gyrwyr tacsi yn chwibanu a cherddwyr yn syllu. I fuarth yr ysbyty heb edrych i dde nac aswy.

Trwy gyntedd yr ysbyty a'r porthor yn meddwl fod rhywun wedi dianc o Fedlam ac yn carlamu at y teliffon. *'Hei! You!'* gwaeddodd. Ond i ddim pwrpas. I lawr y grisiau a heibio i res o gleifion yn aros eu tro. Lawr i'r seleri. Yno mae'r pibelli dŵr poeth a'r boileri a gwres fel Annwn. Dim sôn am neb. Allan â mi i'r ochr arall ac i Heol Mortimer. Yn fy mhais.

Gweld drws yn gil-agored a mac yn crogi ar fach yn y cyntedd - a neb ynddi. Ei dwyn. 'Roedd yn fudr ac yn cyrraedd at fy nhraed. Edrych yn debyg i Donald Pleasence yn y *Caretaker*. Ei lapio amdanaf yn dynn a'i hanwylo fel pe bai'r wisg berffeithiaf o weithdy Kitty Copeland i fyny'r stryd. Gresynu na fyddai gennyf ddarn o gortyn beindar. Ofni i rywun fy 'nabod. Ofn i rywun fy nghymryd i'r ddalfa. Edrych fel trampes a theimlo fel lemon.

Adre ar y tiwb i wynebu tair sur a syn. Rhuthro i orwedd ar fy ngwely er mwyn nadu'n iawn.

Gorwedd yno'n aros i'r llifddorau agor. A dechrau chwerthin. Nes oeddwn yn sâl. Meddwl fel y buasai Irene ac Ann a'r lleill wedi gwichian a dweud, 'Na haden wyt ti! Gwêd yr hanes 'tô, Haf! O! ti'n sgrim!'

Y ffôn. Andrew wedi sylweddoli beth oedd wedi digwydd ac wedi rhuthro yn ôl i'r fflat ac yn methu deall i ble yr oeddwn wedi diflannu. Wedi clywed fod chwilota mawr drwy'r ysbyty am 'ryw wraig wallgof hanner noeth wedi dianc o . . .' ond heb ddychmygu am hanner eiliad mai . . .

Beth wnaf i â'r fac?

Gorffennaf 22

Mynd â'r plant i Sŵ Regents Park a gorfod mynd â nhw'n ôl i'r ysgol yn gynnar gan iddynt greu terfysg yn adran yr eliffantod, dychryn pob neidr allan o'i chroen a chynddeiriogi'r llewod. Gwylltio'n gaclwm efo'r giwed nes colli pob gair a wyddwn o'u hiaith. Heblaw *never again*. Sut mae dysgu plant sut i ymddwyn mewn lle cyhoeddus os yw eu hymddygiad yn rhy ddrwg i fynd â nhw i le cyhoeddus?

Cawsant row iawn a hwy a bwdasant ac a ddywedasant nad oeddynt eisiau mynd i'r effin lle, beth bynnag.

Gorffennaf 27

Cyfarfod â Suyoto-di-Puro, llysgennad Indonesia, gŵr o Ynys Java. Ei bolisi meddai yw dysgu iaith pa bynnag wlad y caiff ei anfon iddi. Gan ei fod eisoes yn siarad Saesneg penderfynodd ddysgu iaith hynaf Ewrop. Pan aeth i'r ysgol yn bump oed yr oedd yn rhaid iddo ddysgu Saesneg, Ffrangeg, Almaeneg ac Is-Almaeneg, yn ogystal â iaith Indonesia a Java. Ac y mae pobl yn meiddio dweud fod dwy iaith yn ormod o dreth ar blant Cymru!

Mae o wedi dotio at y Gymraeg - heb ddod ar draws y sain *ll* o'r blaen. Y mae wedi cael hwyl ofnadwy efo'r gair *teledu*: yn ei iaith o ystyr *teledu* yw mochyn daear drewllyd! (A wyddai panel geirfa'r Brifysgol tybed?)

Awst 1

I'r theatr i weld cynhyrchiad Joan Littlewood o *What a Lovely War*. Y peth a roddodd yr ias fwyaf i mi oedd sylwi pwy oedd yn eistedd y tu blaen i mi. Neb llai na Bertrand Russell! Ni allwn dynnu fy llygaid oddi arno gyda'i ben uchelwrol a'i dalcen braf. 'Rwyf newydd ddarllen peth o'i waith a mwynhau heb lwyr ddeall ei ddeithi meddwl: mae'n meddu'r ddawn i wneud athroniaeth yn ddifyr trwy ofalu bod hiwmor yn amlwg yn y ddadl. 'Sylwaf' meddai, 'nad yw cyfran helaeth o'r hil ddynol yn credu yn Nuw ond nid ydynt yn ymddangos fel pe baent yn cael eu cosbi am hynny. A phe bai Duw yn bod ni allaf yn fy myw weld y byddai mor haerllug â chosbi'r rhai nad ydynt yn credu ynddo!'

Hoffaf hefyd ei farn am fathamateg - gan na wnes erioed fy marc yn y byd hwnnw na theimlo'r golled chwaith - braf yw gweld cadarnhau fy rhagfarn gan feddyliwr mor braff â Russell. 'Mewn prifysgolion, dysgir mathamateg gan ddynion i ddynion sy'n mynd i ddysgu mathamateg i rai sy'n mynd i ddysgu mathamateg . . . Ond ambell dro y mae modd dianc rhag y patrwm hwn. Defnyddiodd Archimedes fathamateg i ladd Rhufeiniaid, Galileo i wella arfau rhyfel Dug Tuscany, gwyddonwyr modern i ddinistrio'r byd. Dyna pam y cred y wladwriaeth fod dysgu mathamateg yn bwysig . . .'

Heblaw am yr ias o weld y dyn hynod hwn yn y cnawd yr oedd yn noson theatraidd arbennig o gofiadwy hefyd gyda llwyfannu celfydd ac ôl ffrwyth dychymyg yr anhygoel Littlewood ar bopeth. Llwyddodd i gyfleu pa mor ddieflig anfoesol oedd y Rhyfel Byd Cyntaf. Uwch ben y llwyfan yr oedd math o stribed newyddion Reuter neu *ticker-tape* yn cofnodi ystadegau o'r rhai oedd yn cael eu lladd yn ddyddiol. Anodd dychmygu'r hysteria imperialaidd a 'sgubodd y wlad yn y blynyddoedd hynny.

Awst 5-11

Eisteddfod Llandudno. Criw yn aros mewn fflat haf yn Church Walks. Chwech oedd i fod ynddi ond erbyn diwedd yr wythnos yr oedd yno bron i 30 - strim stram strellach.

Gwyneth (Reynolds) yn mynd i'r tŷ-bach ganol nos a dyn Lerpwlaidd yn rhuthro allan o'r fflat arall a golwg mi-dy-laddai-di arno, ac yn gafael yn ei braich gan ddweud, 'Cer i eistedd ar wely fy ngwraig.' Gwyneth yn meddwl fod ei munud olaf wedi cyrraedd. *'Sit there while I flush the toilet'* meddai wedyn. Oedd y dyn yn drysu? P'run bynnag, mi wnaeth, a dyna ryferthwy o sŵn rhaeadraidd a thanc yn tuchan yn ysgwyd seiliau'r gwely lle'r eisteddai Gwyneth yn ffwndrus. 'Bum gwaith ar hugain mae'r tsiaen yna wedi cael ei thynnu ers hanner nos,' meddai'r dyn bron yn ei ddagrau. Gwyliau go ryfedd gafodd o.

Atal y Gadair. Tom Parry eisiau ei rhoi i 'Deiniol' sef Euros Bowen, ond William Morris a T.H. Parry-Williams yn erbyn. Tom Parry Jones, Malltraeth, yn cael y Goron am bryddest anterliwtaidd i'r 'Bont' ond anghytuno pellach gan fod Waldo eisiau rhoi'r wobr i Dafydd Owen. Dyna bonsh maip.

Cael wythnos fendigedig yn cwrdd â hen gyfeillion a chymodi â hen elynion! Ni allaf anghofio wyneb Frank Price Jones na Gwilym R. pan welsant Neil J. a minnau yn cerdded o gwmpas y maes yn sgwrsio'n ddiddan! 'Dene ydi hanes chi'r bechgyn' meddai Frank, 'anghofio'ch egwyddorion pan welwch wyneb propor!'

Anelu am Seiat yr Ifanc i wrando Euryn Ogwen, Robin Gwyndaf, Derec Llwyd a Rhiannon Preis yn siarad ar y pwnc, 'Y Gymru a fynnwn pe cawn fy ffordd'. (Testun yn f'atgoffa am bennill a ddysgais yn yr ysgol fach:

'Pe bawn i'n frenin trwy ryw hap/Yn gwisgo coron yn lle cap'.) Disgwyl cael gwreichion ond dim ond tân shafins a gawsom. Pob siaradwr eisiau Cymru Gymraeg, wrth reswm, ond ddaru neb sôn am gael priffordd yn rhedeg o Dde i Ogledd, am bapur dyddiol, am theatr genedlaethol, am wasanaeth teledu Cymraeg, am dai bwyta chwaethus ar hyd a lled y wlad . . . Pam na fuasent wedi gofyn i mi siarad? Diwrnod prysur ddydd Llun gan fod gennym ddau berfformiad o'r Ddrama Gomisiwn *Hanes rhyw Gymro* (J. Gwilym Jones) gyda Ryan yn actio rhan Morgan Llwyd. Meddai J. Ellis Williams yn y *Western Mail*, 'Anaml y gwelir ar lwyfan amatur waith mor broffesiynol ei raen.' Ac meddai Dewi Llwyd Jones yn *Y Faner*, 'Llwyddwyd i greu rhywbeth o'r newydd . . . Cyfunwyd comisiwn eisteddfod, awdur a dramodydd, cwmni a chynhyrchydd talentog, a gweld beth allai theatr genedlaethol ei gyflawni pe bai gennym un.'

Bu peth cwyno am ei bod yn ddrama rhy academig ond ar gyfer pobl ddeallus y mae J.G.J. yn sgwennu a chafodd afael ar thema wrth fodd ei galon, pobl yn bradychu egwyddorion, anghofio addewidion, troi cefn ar gyfeillion, a gwewyr meddwl.

B'nawn Gwener *Cnoi Cil* yn y Babell Lên i drafod y *Cyfansoddiadau*. Tom Parry yn llwyddo i berswadio llond pabell mai Euros Bowen oedd yn deilwng o'r Gadair! Gan nad oedd y ddau feirniad arall yn bresennol cafodd dragwyddol heol i ddatgan ei farn. Eirian Davies a Gwyn Erfyl yn trafod y gyfrol yn orchestol. Yr awdl gafodd y sylw mwyaf oherwydd yr holl anghytuno. Llawer yn dweud mai ar y testun yr oedd y bai ('Genesis') ond Eirian D. yn dweud y gall bardd da sgwennu ar unrhyw destun - hyd yn oed Numeri! (Beth am y Cronicl?) Dywedodd fod y Wladwriaeth Les yn magu pobl sy'n gyndyn o ddarllen pethau astrus. Dyletswydd y darllenydd yw anelu'n uchel yn hytrach na disgwyl i'r bardd anelu'n is. Gwyn Erfyl mewn penbleth wrth sylwi anghysondeb y beirniadu. Ymgeisiodd ef am y Goron ac fe'i gosodwyd yn y 'dosbarth anobeithiol' gan Gwilym R., tua'r canol gan Cynan ac ymhlith y saith gorau gan Waldo!

Ni fu dim trafod ar y rhyddiaith er mawr siom gan fy mod wedi cael cydradd cyntaf ar yr ysgrif. Dyna hwb i'r galon ar ôl y llythyrau sydd wedi bod yn *Y Faner* yn dweud nad yw 'Llythyr Llundain' yn werth ei ddarllen.

Gwyneth a Wyn wedi gweithio cynllun algebraidd allan i dalu am y fflat: tri categori o gysgwyr: a) Gwely a Brecwast; b) Sach gysgu a Brecwast; c) Brecwast yn unig. Wythnos rad i'r gweddill ohonom. Er i Maurice dorri'r gwely - gwely llegach ond Maurice yn yfflon o ddyn mawr.

Awst 22

Mwynhau bod adre dros yr haf a mynd i Eisteddfod Amaethwyr Dyffryn Clwyd neu ar lafar - y Denbiafflint. Yn cael ei chynnal ar y maes lle bu

Eisteddfod Rhyl '53 yn y dyddiau diniwed hynny pan feddyliwn fod pobl yn mynd i'r Steddfod er mwyn diwylliant - cyn darganfod yr hwyl answyddogol sy'n rhan annatod o'r wythnos. Yn y flwyddyn honno geneth ysgol lywaeth oeddwn i, mewn socs gwyn yn mynd adre bob nos am bump i odro. Wedyn y deuthum i ddeall fod y nos yn nos tan y bore ac mai un diwrnod hir yw Wythnos gydag ambell bendwmp ym mhabell Corona.

Mwynhau heddiw hefyd. Cywion diwrnod oed yn sbecian a phob ffurf ar iâr a cheiliog yn ei morio hi - clochdar iasol y Red Leghorn a chrafu gwddf pwysig y Rhode Island a thenor meri-jên y ceiliog dandi. Gwartheg glwth a theirw a'u cefnau fel bwrdd - gorymdaith benigamp o gesyg a chywion, cyfeb a stalwynni; buchod llaeth a chyflo, swynogiaid a hesbiaid, teirw pengrych addfwyn a phifis. Y colomennod yn eu pabell yn swnian yn lleddf a rhesi o gwningod yn 'molchi fel cathod. Gobeithio na ddeuai'r saethwr sosbenni heibio. Lleisiau plant yn gymysg â bwhwman, chwerthin a chymeradwyo.

Awst 25

Ar wibdaith efo Cymdeithas capel Gellifor i weld rhai o ryfeddodau Cymru fodern. I'r Bala a thrwy Gwm Tryweryn a gweld gweithgarwch anarferol yno - Corfforaeth Lerpwl yn rhoi triniaeth i'r cwm, tomenfydd ar domennydd o rwbel a phridd, tractorau enfawr, lorïau diddiwedd. Yng nghanol yr holl gyffro safai'r capel. Beth ddywedodd Trebor Roberts yn ei gywydd am mai 'Lle'r mawl fydd llawr y malu'? Daw'r peth yn fyw.

Un o'r ffermwyr yn fy ochr yn dweud, 'Ew! lle da i lyn, ynte?' Dweud wrtho fo mai Dyffryn Clwyd a'i fferm ef yw'r nesaf ar y rhaglen! Newidiodd ei wyneb a'i dôn.

I weld Atomfa Trawsfynydd ar lan y llyn. Adeilad tebyg i rywbeth allan o stori ffuglen, gwaith Basil Spence. Brawd i Meredydd Evans yn ein tywys o gwmpas ac yn egluro popeth mewn Cymraeg coeth a geiriau gwyddonol yn naturiol ar ei fin. Dwy fil yn gweithio yno a'u henw nhw ar y craen enfawr yw 'Ngwas i'. Y mae'r stoc cyntaf o wraniwm yn ddigon i barhau am ugain mlynedd a digon o egni yn hwnnw i oleuo pob tŷ ym Mhrydain!

Wedyn i weld gwaith dŵr Tanygrisiau, y llyn gwneud yn y gwaelod a llyn Stwlan i fyny yn y bryniau. Y mae'r pwmp dŵr y mwyaf yn y byd ac yn pwmpio 40,000 o dunelli o ddŵr bob munud. Gobeithio eu bod nhw'n cofio Dolgarrog.

Medi 11

Problem gyntaf y tymor newydd. Mae Zacharina ar goll. Pymtheg oed ac wedi'i geni yng Nghyprus. Geneth ddrwg iawn, amhosib ei thrin ac yn rhegi fel cath goed ac ymladd fel teigres. Hunllef unrhyw athro yw ei gweld yn dod i'r ysgol. Gwnawn ein gorau i beidio ei hannog yn ormodol! Nid ydym yn poeni'n fawr pan mae hi'n chwarae triwant. Mae ganddi'r ddawn i ddifetha popeth o fewn cyrraedd ac i lwyr ddifrodi pob gwers. Llun ohoni yn y papurau yn edrych mor ddiniwed â durtur. Gobeithio y bydd hi ar goll am sbel go lew inni gael llonydd . . .

Aeth dwy ohonom i Soho heno i chwilio amdani. Crwydro o un seler amheus i'r llall: Ydych chi wedi gweld yr eneth fach hon? Llawer o grechwen a difaterwch. Rhai o'r clybiau tanddaearol yn rhai moethus a phobl reit barchus yn mwynhau eu hunain. Eraill y deifiau mwyaf brawychus, swnllyd, seimllyd ac yn sarhad ar bob merch. Llawn o ddynion boliog yn fysedd i gyd. I fyny'r grisiau wysg ein cefnau. Dim siw na miw o Zacharina.

Ydi hi'n gorwedd yn dreisiedig yn un o'r parciau? Ydi hi'n gorff mewn stryd gefn neu'n degan cudd i un o'r dynion eiriaswaed yna? Cerdded drwy Soho gan ddrwgdybio pob sŵn troed y tu ôl inni - a chael cynnig ffortiwn!

Medi 17

Yr hen bits fach yn ôl yn yr ysgol - mor anystywallt ag erioed. Cafodd ei darganfod yn gweithio mewn bar coffi yn Newcastle. Wedi rhedeg i ffwrdd am fod ei thad yn ei gorfodi i briodi dyn sydd chwarter canrif yn hŷn na ni. Dweud wrthi 'mod i wedi mentro 'mywyd yn Soho yn chwilio amdani. *'I knew you would'* meddai gan feichio wylo.

Medi 20

Mewn andros o helynt unwaith eto yn *Y Faner* ar ôl i mi gollfarnu'r ddau achosodd ddifrod yn Nhryweryn a chyhuddo rhai Pleidwyr o swnio fel John Tyndall neu Colin Jordan, dau genedlaetholwr Saesneg sy'n gwenwyno pobl gyda'u gwladgarwch hiliol.

Meddai D.T. Williams o Firmingham:

Pe bai'r Aifft yn gwneud camlas neu argae yn un o ddyffrynnoedd Lloegr a yw Hafina Clwyd yn credu am eiliad na fyddai'r Saeson yn eu llwyr ddinistrio ac yn ystyried y dinistrwyr, nid fel hwliganiaid, ond fel arwyr?

Ac ebe Geraint Jones (hwn eto?):

. . . llofruddion cenedl ydyw'r Saeson; Harri'r 8fed, Mathew Arnold a Henry Brooks, i enwi dim ond tri. Mae'r iaith yn marw, ond gwell gennyt ti ydyw eistedd yn hapus yn Llundain gan edrych ar y lofruddiaeth yn y modd mwyaf llwfr posibl . . .

Rhoddodd Gwyneth Williams, Pontypridd, ei phig i mewn:

Ymddengys na ŵyr Hafina Clwyd y gwahaniaeth rhwng bradwyr a gwladgarwyr . . . Y diffiniad a geir yn y geiriadur yw: 'Un sy'n cynllunio neu'n gweithredu yn *erbyn* ei wlad, ei frenin, ei grefydd' etc. yw Bradwr. Ar sail hyn y carcharwyd Jordan a Tyndall. Ond gweithredu *dros* eu gwlad a wnaeth Dai Pritchard a Dai Walters . . .

Y pwynt oedd gen i oedd na fydd neb yn cofio'r 'gwladgarwyr' hyn ymhen rhai blynyddoedd ac nid wyf yn credu fod llawer o'u cyd-wladwyr yn meindio'r un gic am Gwm Celyn chwaith.

Ond wele! ymosodiad arall gan Kitty Edwards o Gynwyd:

. . . teimlaf mai gwastraff yw rhoddi colofn o'r *Faner* i hysbysu'n rheolaidd branciau a stranciau prifddinas y Sais. Ni all *Y Faner* ymarfer y fath ynfydrwydd a disgwyl ar yr un pryd i'w ddarllenwyr selog barhau'n ffyddlon. Ni ellir honni bod prinder ysgrifenwyr yng Nghymru.

Mae ateb da iddi hi. Yn gyntaf dywed y golygydd fod *Y Faner* yn gwerthu fel slecs pan mae ffrae fel yr uchod ynddi ac yn ail - ble ar y ddaear y mae'r holl ysgrifenwyr sydd yng Nghymru?

A chynnig gwreiddiol gan Cynog Davies, Talgarreg:

Yr wyf i yn cynnig y dylid ffurfio Ffaniau Hafina Clwyd gyda'r pwrpas o gasglu'r holl berlau doethineb a ddaw oddi wrth ei phen ac oddi ar ei gwefusau . . .

Hydref 1

Ann a Gwyneth wedi bod yn dawnsio yn Neuadd y Dref yn Chelsea ac wedi bod mewn pob math o strach. Rhai broc ydyn nhw! Gwyneth yn gwisgo 'sanau o fath newydd, rhai na wna 'ladro'. Yn anffodus, nid oedd neb wedi dweud wrthi y buasent yn dirwyn (neu 'rôfio' fel y dywedwn yn Nyffryn Clwyd) os byddai twll ynddynt! Fel yr oedd hi'n dawnsio efo rhyw fachgen reit ffroenuchel, dyma hi'n teimlo plwc yn ei choes a sylwi bod dawnsiwr arall wedi bachu yn ei hosan. Yna, fel yr oedd hwnnw'n troelli gyda'i bartner, 'roedd ei hosan yn mynd i'w ganlyn bob yn beth ac yn dirwyn fel y diawl! Yn gynt ac yn gynt y dawnsiai'r ddau fel dau ddiafol o Dasmania, un yn prysur gael ei dihosaneiddio a'r llall yn gwybod dim am y ffiasgo. Ni wyddai Gwyneth beth i'w wneud wrth weld un llinyn hir o'i hosan o gwmpas y llawr dawnsio a phobl yn dechrau cael eu rhwydo yn ei gwe ac yn baglu. Aeth yn gochach, gochach, boethach, boethach, a'i phartner ffroenuchel yn methu dirnad pam ei bod yn dawnsio yn ei dau-ddwbl. 'Roedd hi'n ei dau-ddwbl er mwyn ceisio torri'r edau oedd megis gwifren wydn. O'r diwedd dadfachodd ei hun a rhedeg i 'stafell y merched lle bu hi ac Ann yn edrych yn syn ar yr hanner hosan cyn syrthio i'r llawr yn chwerthin hyd ddagrau. Ac yno y buont yn crio.

Gan adael llond neuadd o ddawnswyr yn gonstrins mewn edau anweledig ac yn beio'i gilydd. Aeth y ddwy adre am eu bywyd. A byw i ddweud yr hanes wrthyf.

Hydref 10

Cael tipyn o hwyl yn *Y Faner* yn canmol y llyfr *Fanny Hill* sy'n cael cryn dipyn o sylw y dyddiau hyn. Yr heddlu wedi meddiannu'r holl gopïau ar ôl i farnwr yn yr uchel lys ddeddfu ei fod yn anllad. Y canlyniad yw marchnad ddu lwyddiannus. Pechod mwyaf y llyfr (meddwn) yw fod Fanny yn mwynhau ei hun - ac nid yw merched i fod i wneud hynny wrth gwrs! Pan gyhoeddwyd *Lady Chatterley's Lover* fe heidiodd y tyrfaoedd i'w brynu a chael eu siomi, oherwydd nid yw D.H. Lawrence yn sgwennu'n syml. Oni bai am yr holl stŵr ni fyddai naw deg y cant wedi clywed sôn amdano na malio chwaith. Pawb yn cofio Mervyn Griffith Jones yn gofyn i'r rheithgor a fuasen nhw'n gadael i'w gwragedd a'u morynion ei ddarllen!

Hydref 11

I barti yn Chelsea mewn tŷ bendigedig yn un o'r sgwariau Sioraidd rheiny sy'n teyrnasu y tu cefn i'r King's Road. Llawer o sêr y ffilmiau yn byw ynddynt - pwy arall all eu fforddio? Hoffaf y tai yn fawr, maent mor gymesur a'u ffenestri tal yn symbol o'u pwysigrwydd hanesyddol. Cwrdd unwaith eto â Jane Asher a Paul McCartney, yn ogystal â Samantha Eggar sy'n berchen y gwallt coch mwyaf gogoneddus.

Hydref 21

Faint o Iddewon Cymraeg sydd tybed? Cyfarfod ag un neithiwr, y Rabbi Berman o Lanelli a fagwyd ar draws y ffordd i D. Hughes Jones, gweinidog Willesden Green. Y mae tebygrwydd rhwng yr Iddewon a'r Cymry - efallai ei fod yn wir mai ni yw'r llwyth coll. Tueddwn i lynu yn ein gilydd ac i anrhydeddu cysylltiadau teuluol. Yn Wembley, Golders Green a Stoke Newington y mae'r Iddewon yn glystyrau. Trafodir achau yn gyson. Er hynny y mae Iddewon ifanc yn cael cryn broblem oherwydd caethiwed y ddeddf yn arbennig os ydynt o deulu uniongred. Mewn llawer swydd rhaid gweithio ar y Sadwrn (y Saboth) a gwn fod drwg-deimlad pan fo ambell feddyg neu nyrs yn gwrthod gweithio shifft ar y diwrnod hwnnw. Ymddengys yn anymarferol iawn yn yr oes hon. Ond y maen nhw'n bobl ddiddorol iawn pan gofiwn am eu traddodiadau hynafol a'r fath ddylanwad a gawsant ar ein byd o Foses i'r Iesu, o Josephus, Einstein, Marx a Freud - i Groucho a'i frodyr!

Hydref 24

Mae un o'm ffrindiau yn yr ysgol wedi priodi dyn o Nigeria ac wedi cael babi bob deng mis byth oddi ar hynny hefyd! Mae o wedi graddio fel cyfreithiwr yn ddiweddar ac wedi mynd yn ôl i'w wlad ei hun ac y mae hithau a'r plantos yn ei ddilyn yr wythnos hon. Yr oedd yn ei dagrau yn yr ysgol heddiw: heb ddigon o bres i brynu clytiau i'r babis yn ystod y fordaith ac yn begio am arian. Y cyfan allwn ei fforddio ei roi i'r druanes oedd pumpunt. Wn i ddim beth ddaw ohoni. Synnwn i ddim nad oes ganddo wraig arall.

Hydref 30

Stori drist a wnaeth i mi chwerthin fel ffŵl. John a Jane wedi prynu ci chihuahua am hanner canpunt - (*hanner canpunt!*) - llond dwrn o nonsens llygadog. Y math o anifail a alwaf yn 'gathgi'. Aethant i'r theatr nos Sadwrn ac erbyn iddyn nhw gyrraedd adre 'roedd y gath wedi bwyta'r ci newydd. Dim ar ôl ond clwstwr o groen a'r gath yn gorymdeithio i fyny ac i lawr a'i chynffon yn syth bin a gwerth £50 o finsmit yn ei chrombil. Y ddau yn adrodd yr hanes yn ddagrau i gyd.

Ann a minnau'n dal llygad ein gilydd ac yn dechrau troi'n biws. Gorfod mynd i'r tŷ-bach i chwerthin. Trueni amdano fe! Ha ha ha! Yr hen beth bach! Hi hi hi! Paid â wherthin! Hw hw hw!

Er fy mod i waethed â neb efo Siani fwyn, y mae rhai pobl yn mynd i eithafion. Clywais yn ddiweddar fod rhyw garfan grancaidd yn yr UDA yn ymgyrchu i gael ceffylau i wisgo trowsusau a buchod i wisgo brâs. A welir y dydd pan orfodir ceiliogod i wisgo hetiau gwellt i guddio eu cribau, hippos mewn gwisg nofio a changarŵs mewn crinolins rhag i lygaid gwancus sbïo i mewn i'w pocedi?

Tachwedd 4

Maurice, aelod blaengar o'r Cwmni Drama, yn methu deall pam fod pawb yn crychu eu trwynau pam mae o gwmpas. Hyd yn oed yn ei swyddfa yn y gwaith gwelir ei gydweithwyr yn cael rhyw gryndod rhyfedd ac yn tueddu i fod yn ddiflanedig pan ddaw i mewn. O'r diwedd cafodd un y nerth i'w hysbysu fod ei draed yn drewi. Yn wir, drewi yn ddychrynllyd. Ond chwarae teg i Maurice nid ar ei draed yr oedd y drwg ond ar ei esgidiau! Mae o'n ddyn mawr iawn a'i draed yn gweddu i'w gorff. Mae o'n gorfod cael esgidiau wedi'u gwneud yn arbennig. Y tro hwn ar yr esgidiau newydd yr oedd y bai: nid oedd y lledr wedi'i gurio'n iawn. Dyna achos y drycsawr hunllefus.

Chwarddodd ef yn uwch na neb am ben ei helbul ei hun. Mae o'n gymeriad a hanner. Actor da. Adroddwr straeon tan gamp a gall fod yn ddoniol tu hwnt. Aeth i briodas Iddewig un tro. 'Sut hwyl gefaist ti?' meddwn. *'Oh! darling! It was all pomp and circumcision!'*

Tachwedd 22

Cerdded i mewn i'r Clwb heno (i roi gwers Gymraeg i Maureen) a gweld criw yn sefyll yn stond o flaen y teledu yn y lolfa. Nid oedd llun ar y sgrin: dim ond pelen y byd yn troi'n araf a distaw. 'Be' sy'n bod? Be' sy' wedi digwydd?' 'Mae Kennedy wedi cael ei saethu!'

Yr oedd ar daith yn Dallas, Texas, ac fe'i saethwyd yn ei gar. Teimlo sioc yn union fel pe bawn yn ei 'nabod yn bersonol.

Yn fuan daeth y newydd ei fod wedi marw. Malwyd ei ben gan fwled a syrthiodd yn llipa i arffed ei wraig. Yr oedd yn olygfa o banic llwyr. Pawb yn teimlo'r drasiedi fawr o golli gŵr oedd â chymaint i'w gynnig. Yr oedd ei wên fawr, nodweddiadol o'i deulu, yn enwog drwy'r byd, a daeth y gair 'carismatig' yn rhan o'n geirfa wrth geisio disgrifio ei bersonoliaeth.

Unwaith eto teimlais yr elfen ryfedd sydd yn y Llundeinwyr ar adegau fel hyn, rhyw ymwybyddiaeth gyffredinol o ddifrifoldeb pethau; fel pe baem yn dal ein gwynt ac yn closio at ein gilydd. Ar amser fel hyn y mae dieithriaid hollol yn siarad efo'i gilydd ar fws a thiwb.

Rhagfyr 1

Diwedd pythefnos digon od. Bu angladd John F. Kennedy yn cael ei deledu a chalon y byd yn chwyddo wrth weld ei fab bychan yn sefyll wrth y bedd, y weddw yn ei du yn edrych mor anobeithiol, a'i frodyr yn eu loes. Cymryd Lee Harvey Oswald i'r ddalfa am yr anfadwaith ond yn sydyn cyn i neb gael cyfle i'w holi fe'i saethwyd yntau gan Jack Ruby. Sibrydion yn dechrau cyniwair fod rhyw gynllwynio mawr wedi bod yn mynd ymlaen a bod llawer o gyfrinachau ym mhlygion yr hanes.

Erbyn hyn y mae Lyndon B. Johnson yn y Tŷ Gwyn. Cymerodd ef y llw ar faes awyr Dallas yng ngŵydd barnwr o'r enw Sarah Evans Hughes . . .

Rhagfyr 6

Cyhoeddi dogfen ddiddorol, *Digest of Welsh Statistics*. Oeddwn i'n gwybod fod ugain mil o dunelli o'r pysgodyn cegddu wedi dod i'r lan ym mhorthladdoedd Cymru a bod chwe miliwn o ddefaid ar ein mynyddoedd? Nac oeddwn!

Allforiwyd llai o athrawon llynedd. Y rheswm pennaf am hyn oedd fod cwrs hyfforddi athrawon wedi newid i fod yn un tair blynedd; dim ond 72 o athrawon ddaeth allan o'r colegau. Teimlodd Llundain y golled. Hefyd y mae'r pwyllgorau addysg yng Nghymru yn dechrau dadebru ac yn ceisio hawlio mwy o athrawon na'r cwota, tra mae awdurdodau Lloegr yn dweud fod un athro ychwanegol yng Nghymru yn golygu un yn llai yn Lloegr. *Tough luck mate!*

Ceir un canlyniad anffodus i'r polisïau hyn dros y blynyddoedd. Tuedda athrawon Cymru i fod yn hen, tra mae athrawon ifanc, llawn hyder ac egni yn gorfod gadael am ddinasoedd Lloegr. Gwelaf y bydd hyn yn medi corwynt ac y bydd ysgolion Cymrû ymhen rhyw ugain mlynedd wedi gwsno a safon yr addysg wedi gostwng.

Nid oes gobaith am swydd yng Nghymru heb ganfasio. Nid wyf yn fodlon gwneud hynny. 'Yne y byddi di felly' meddai Taid.

Rhagfyr 10

Y Côr Ieuenctid wedi bod yn canu yng ngharchar Holloway. Un o'r darnau ganwyd oedd '*All men shall be free*'. Sylweddoli ar y canol beth oeddynt yn 'i ddweud. Terry James yn siglo chwerthin wrth arwain.

Rhagfyr 31

Treulio Nos Galan yn y Ganllwyd efo Gwyn a Marj mewn tywydd stormus. Y coed yn ddu a'r dail yn garped budr. Iago ap Hewyd yn *Y Faner* yn rhestru 'Arwyr 1963'. Digalondid mawr o sylwi 'mod i wedi gostwng o'r 5ed i'r 8fed safle rhagor llynedd! Wna hyn mo'r tro o gwbl. Llynedd 'roeddwn yn uwch nag Aneirin Talfan, Dr Tudur a J.E. Jones! Eleni ildiais fy lle i rai fel Esgob Woolwich, David Frost a Danilo Dolci!

8

1964: Tali Ho

Ionawr 6

Taith oer iawn yn ôl i Lundain ac wrth fynd i mewn i'r fflat teimlais yn wir
annifyr. Ffroenais yr awyr fel merlen fynydd. Oedd, yr oedd rhyw
ddrewdod yn fy nilyn o un stafell i'r llall fel persawr ar lawes - heblaw mai
ogle drwg dychrynllyd oedd o. Digon i sodro rheinoseros i'w unfan. Mae'r
merched eraill yn dal ar eu gwyliau. Chwilio pob man rhag ofn fod Siani
wedi llwyddo i 'nhwyllo neu fod llygoden wedi trigo y tu ôl i'r piano . . .

Beth allai fod? Yr oedd y drewdod erbyn hyn yn dechrau cymryd ffurf -
gallwn ei weld fel rhyw greadur du, gwyrdd, yn crechwenu arnaf o bob
cornel - fel cloncwy, neu feipen yn braenu; neu nythaid o ffwlbartiaid wedi
cartrefu yn y sbensh . . .

Dyna lle bûm fel bytheiast yn dilyn fy nhrwyn o un lle i'r llall nes o'r
diwedd lwyddo i gornelu'r drewdod yn y gegin. Crychu 'nhrwyn. Trywanu
popeth â'm llygaid. Edrych drwy, o dan, tu ôl, rhwng ac ymhlith. Agor
cypyrddau . . . agor drysau . . . Agor y popty . . . ach a fi! Syrthio ar
wastad fy nghefn dan rym y cwmwl o stensh ddaeth allan.

Sylweddoli mai ysgerbwd twrci oedd yno'n ysgyrnygu arnaf. Yn cyhwfan
mewn cynrhon. Anghofio'r cyfan am wyrthiau'r cylch neitrogen ac ni wn o
ble y cefais nerth i'w dynnu allan a'i daflu i'r sbwriel cyn rhedeg i fyny
llwybr yr ardd, i fyny'r lôn gul i'r ffordd dyrpeg, rownd yr orsaf
danddaearol ac yn ôl gan ryfeddu at fy newrder. Y dair arall oedd y
pechaduriaid, wedi bod yn gwledda a mynd adre gan anghofio'r
gweddillion. Ys dywedodd Aneirin Fardd, 'Cyd bai da ei flas, ei gas bu hir'.

Ionawr 7

Llythyr dienw gan rywun o Sir Aberteifi yn dweud fy mod wedi cael fy
riportio i Scotland Yard am fod â chopi o *Fanny Hill* yn fy meddiant. Gafael
ynddo efo bys a bawd a'i roi . . . dan y matres.

Ionawr 24

Wedi symud i fflat arall yn ymyl Tally Ho Corner. Dim cysylltiad rhwng y
symud a'r popty oedd yn parhau i beri problemau diheintio. Gadael y piano

168

ar ôl ac am a wn i, dyna lle bydd hyd dragwyddoldeb a'i ddannedd pŷg yn ysgyrnygu ar y gwagle wrth gofio'r canu fu o'i gwmpas. Pumpunt delais amdano - ac yr oedd hynny'n ormod. Cofio fel y llwyddodd Ryan i dynnu gwyrthiau allan o'r nodau melyn.

Teimlo'n isel-ysbryd wrth ffarwelio â'r hen 'Lysgenhadaeth' lle cafwyd y fath hwyl. Chwalodd y criw. Llawer wedi mynd i Gymru.

John a Mary a chyfeillion eraill yn fy helpu i fudo. Teithio i lawr yr Hendon Way fel teulu Abram Wd a'r fan yn igam-ogamu dan y llwyth. O ble ar y ddaear y daeth yr holl stwff? Sut y medrais i fagu'r fath floneg ar fara sych? Ac i feddwl bod gweinidogion Wesle'n gorfod gwneud hyn bob pum mlynedd?

Mae'n debyg nad yw mudo'n broblem o gwbl i'r rhai calon-galed sy'n ddigon call i beidio â hel llanast dros nifer o flynyddoedd. Ond y mae pioden fel fi wedi cronni llythyrau, cardiau, cylchgronau, dyddiaduron, llond sbensh o atgofion llychlyd a lliwgar.

Cael gwared o bentwr mewn coelcerth ar ben yr ardd a chyfran o 'ngorffennol yn esgyn i awyr Willesden mewn cwmwl o fwg piwslas. Aeth talp o 'mywyd yn shafins. Ac arogl mwg lle bu.

Ymhen pedair neu bum canrif pan godir y leino o dan y carped yn yr hen fflat annwyl fe welir strata o bapurau ag iddynt enwau anghyfarwydd megis *Y Dyfodol*, *Llais y Lli* a'r *Tyst* - dogfennau hanesyddol erbyn hynny. Dychmygaf ryw G.J. Williams yn y dyfodol yn ceisio dyfalu pwy ar y ddaear oedd 'Daniel' yn *Y Faner* neu 'Sodlau Segur' *Y Genhinen*.

Ionawr 28

Cychwyn rhoi gwersi Cymraeg i Freddie. Gŵr anghyffredin ac yn berchen gallu anarferol i ddysgu ieithoedd. Y Gymraeg yw ei 27ain! Yn ystod y rhyfel gweithiai yn gyfrinachol dros y Llywodraeth fel cyfieithydd a bu mewn ambell sefyllfa beryglus drwy orfod cymryd arno fod yn Eidalwr neu Almaenwr, yn ôl y galw. Yr oedd mor rhugl fel y medrai dwyllo unrhyw genedl ei fod yn frodor. Yr oedd ei daid yn berchen pyllau glo yn Swydd Derby ac y mae yntau mewn swydd gyfrifol iawn yn y Gyfnewidfa Arian. Gŵr cefnog a thra diwylliedig, wedi darllen a theithio yn eang.

Wedi gwers o awr aeth â mi allan i swper. Nid i'r 'caff' i lawr y stryd ond i Simpsons yn y Strand! Un o'r gwestai mwyaf moethus yn Llundain. Cefais fy nhrin fel tywysoges yno. Chwedl Llwyd o'r Bryn, 'Bowient i'r ddaear'. Bwyta wyau gwylanod. 'Run fath â wyau iâr wedi'u berwi ond fod blas penwaig arnynt. Ni allaf eu cymeradwyo. Ond mwynhau'r shampen pinc a'r *crêpes suzette*. Freddie yn dweud na welodd neb yn bwyta cymaint â mi. Mae'n rhaid fy mod ar fy nghythlwng, meddai. Oeddwn.

Uwchben y coffi gofynnodd i mi egluro'r Treigladau iddo: agorodd llygaid y cogydd oedd yn sleisio cig eidion coch y tu ôl i mi led y pen wrth glywed y gawod o gytseiniaid yn disgyn fel cenllysg o gwmpas y gwesty.

Wedi mynd drwy gymhlethdodau Llaes a Thrwynol meddyliais y byddai'r ieithydd druan yn danto ac mai hwn fyddai'r pryd olaf yn ei gwmni. 'Mae'r Treigladau' meddai, 'yn ymddangos i mi'n weddol syml. Maen nhw'n hollol *logical*.' A chymrodd at y rheolau fel chwaden at ddŵr. Hei lwc y caf botel arall o shampen pinc, meddwn wrthyf fy hun. 'Hwde' meddai gan stwffio bwndel o bunnoedd i 'mag, 'dos i brynu gwisg newydd erbyn y tro nesaf . . .'

Ac y mae un hwde'n well na dau addewid.

Chwefror 2

Helynt y Mods a'r Rocars yn taro'r penawdau. Mae angen croen eliffant ac amynedd Job i beidio â llindagu rhai ohonyn nhw sy'n dod â'u giamocs i'r ysgol. Dwy garfan elyniaethus tuag at ei gilydd, yn casáu ei gilydd, gydag arferion a geirfa hollol wahanol i'w gilydd ydyn nhw. Ceir geiriau fel *fab* a *gear* a *blocked* yn gymysg â rhai mwy hen ffasiwn Sacsonaidd.

Pan ddywedant eu bod yn *blocked* golygant eu bod dan effaith cyffur a elwir yn galon biws, cymysgedd o *dexamphetamine* a *barbitone*. Gallant achosi pwysedd gwaed, coll cof, calon guro a theimlad anesmwyth. (Swnio'n debyg iawn i athrawon . . .) I'r ieuenctid amrwd eu syniad nhw o Fywyd efo llythrennau bras yw eu bod ar eu traed drwy'r nos yn dawnsio yn y clybiau ac y mae'r calonnau piws yn angenrheidiol yn eu tyb hwy i'w cadw ar ddi-hun am nosweithiau. Teimlant yn hyderus ac ysgyfala a chollant bob swildod a hunan-feirniadaeth.

Yna daw amser pan na allant fyw hebddynt ac y mae'r cyffuriau'n lladd rhai o'u cyneddfau a'r perygl mwyaf yw iddynt flino ar gyffur mor llywaeth a chreu blys am rai mwy pwerus megis heroin. Lawer gwaith y cerddais heibio i fferyllfa fawr Picadili sydd ar agor ddydd a nos a gweld caethion y morffia ac ati yn sefyllian yn ddifywyd, hagr a hurt, yn aros am eu jabs yn un rhes.

Y mae'r Mods yn gwisgo'n ddrud a steil yn newid yn aml. Ond y mae'r Rocars yn casáu dŵr a sebon a'u gwynfyd yw bod yn aelod o giang ac arwres pob dosbarth yw'r un sy'n berchen cariad sy'n berchen beic modur a dillad lledr. Ond 'does ganddyn nhw ddim blewyn o barch tuag at eu merched. Rhyw degan i'w ddefnyddio a'i daflu o'r naill du yw geneth ac yn aml iawn cymerant eu gwala o un ferch, un ar ôl y llall. Gelwir hyn yn *gang bang*.

Gwaith torcalonnus yw delio efo rhai o'r merched bach yma drannoeth y driniaeth. Maent yn gleisiau a'u cnawd brau wedi'i rwygo. Ac os ydynt yn feichiog ni wyddant pwy yw'r tad.

170

Yn sydyn ar ganol gwers, gall ysgarmes ffrwydro'n ddirybudd rhwng y gwahanol garfannau, potiau inc yn gwibio heibio'ch pen, desgiau a llyfrau yn saethu allan drwy'r ffenestri, dyrneidiau o wallt yn addurno'r llawr.

Dadwneir llawer o'r gwaith a wnawn yn yr ysgol gan awyrgylch ddi-hid y cartrefi. Plant yw llawer ohonynt a fagwyd mewn cartrefi lle na wyddant ystyr moes a chymedroldeb, lle mae'r rhieni'n gaeth i hualau alcohol, bingo a theledu. Nid ydynt byth yn eistedd o gwmpas y bwrdd fel teulu i fwyta efo'i gilydd. Nid oes ganddynt rithyn o ddiddordeb yn eu plant heblaw ambell glusten neu reg. Trannoeth, rhai fel fi sy'n gocyn hitio i'w cynddaredd. Trwy ganolbwyntio ar ddangos ffilmiau y mae perygl inni godi mwy o flys gan fod dweud 'Paid' yn esgor ar awydd yn aml. Fel y profodd awdur llyfr Genesis ymhell cyn bod sôn am seicoleg.

Y peth pwysig yw dal y rhai sy'n gwneud ffortiwn ar y farchnad yn gwerthu eu gwenwyn, yn rhoi plentyn ar ben y ffordd i ladrata, puteinio a lladd. Gwnaf fy ngorau i berswadio'r merched eu bod yn cael eu difetha a'u trin fel baw gan y bechgyn. Ond waeth i mi heb â siarad. 'Rydw i'n sgwâr!

Chwefror 8

Ceir a loriau yn rhuthro i lawr Stryd Victoria ac yn codi llwch. Ar un ochr i'r ffordd y mae Abaty Westminster, yn gadarn a hynafol, yma ers dyddiau Edward Gyffeswr pan oedd y Cymry yn dilyn eu tywysogion i ryfela a hela; pan oedd beirdd llys yn moli. Yr ochr arall i'r ffordd y mae'r *Central Hall*, neuadd fawr sy'n perthyn i'r Wesleiaid. Cerdded i mewn i awyrgylch hollol wahanol, sŵn y delyn. Eisteddfod y Cymdeithasau unwaith eto, a'r lle'n orlawn. Bum mlynedd yn ôl 'roedd yr eisteddfod hon ar ei hanadl olaf gyda chynulleidfa o ugain a hanner y rheiny ar y llwyfan. Diolch i lafur S. Wyn Hughes, y gŵr mwyn o Fôn, codwyd y ffenics o'r lludw. Gweithiodd yn ddygn a llwyddodd. Mae'n haeddu medal. Heno 'roedd unarddeg côr, deunaw ar ganu emyn dros 50 oed a dwy ar hugain ar yr unawd soprano. A llais Meic Parry'r arweinydd yn mynd â mi ar fy union i awyrgylch y Genedlaethol.

Heblaw am y canu a'r adrodd yr oedd hefyd arddangosfa o waith llaw a bwrdd gan y Clwb Llyfrau a'r Ysgol Gymraeg. Enillwyd y Gadair gan Gwilym T. Lloyd am gerdd i 'Lundain'. Dylai fod yn gyfarwydd iawn â'r testun gan iddo fod yn blismon yma am flynyddoedd lawer. Brodor o Gynwyd ydyw a'i Gymraeg fel pe na bai erioed wedi gadael Edeirnion. Chwerthin mawr wrth glywed llinell goll fuddugol Elis Aethwy:

Yn y cynfyd bu steddfod ym Mabel
A'i Gorsedd ar garnedd o rwbel,
 Llefodd Seth yr Archdderwydd,
  'Ymdawelwch oherwydd
Dyma Meic efo'r Llywydd ar gamel'.

Mawrth 1

Gwyneth yn rhuthro i'r Clwb yn llawn cyffro. 'Pwy ti'n feddwl weles i ar y tiwb?' Dim syniad - Prins Philip? Harold Wilson? 'Na! pwysicach o lawer. Saunders Lewis!' Yr oedd o wedi dod i mewn yn Harrow on the Hill wedi bod yn gwneud rhaglen radio efo David Jones, y bardd a'r arlunydd, ac yn eistedd gyferbyn â hi. Er bod ganddi ofn gwneud ffŵl ohoni ei hun mentrodd ofyn iddo, 'Esgusodwch fi. Ond Saunders Lewis ydych chi ontefe?' Yntau'n synnu gan ddweud, 'Wel ie! Pwy fase'n meddwl am Gymraes yn fy nghyfarch ar y tiwb yn Llunden ac ar ddydd Gŵyl Ddewi o bob dydd.'

Mawrth 4

Pryd o fwyd bythgofiadwy efo Freddie yn *L'Epicure* yn Soho. Cofiaf tra bwyf byw am y *crêpes suzette* ac amdanynt yn ffrwtian wrth fy mhenelin wrth iddynt gael eu paratoi yn y brandi poeth. A shampen pinc. Mae fy nisgybl deallus yn medru mwynhau Dafydd ap Gwilym erbyn hyn ac wedi cael hwyl arbennig wrth ddarllen 'Trafferth mewn Tafarn'. 'Tipyn o aderyn oedd Dafydd' meddai, 'Ie, Hebog Merched Deheubarth' meddwn, 'Casanova Cymru!'

Beth ddywedai darllenwyr *Y Faner* pe gwelent fi yn y fath le crachaidd, ni wn. Ac ni faliaf fotwm corn. Bu darn dychanol a chrafog yn *Llais y Lli* eto:

> Y Cymmrodorion yw enw'r gangen o'r mudiad chwyldro sy'n ffynnu ymhlith y Cymry ar Wasgar. Cefais sgwrs ag un o arweinwyr y mudiad, Cuthbert Rice Davies mewn tafarn go lwyd ei gwedd ar yr Old Kent Road . . . Cyflwynodd Cuthbert fi i ferch bengoch o'r enw Hafina, ac amlinellodd hithau gynllun dieflig ac ofnadwy i ladd y Gweinidog Materion Cymreig. Bydd ef yn bresennol fel gŵr gwadd yng nghinio Gŵyl Dewi blynyddol Cymdeithas Cymry Llundain a gynhelir eleni yn *Joe's Supper Bar* Soho. Bwriad Hafina yw gwisgo fel un o'r gweinyddesau a chyfnewid yr halen am arsenic yn y seltar halen ar fwrdd y Gweinidog. Felly pan fwyty'r Gweinidog ei bryd danteithiol o god a sglodion tatws fe'i gwenwynir. Chwarddai Hafina'n aflafar wrth feddwl am y peth a dicter erchyll yn serennu o'i llygaid creulon.

Pwy sy'n sgwennu'r fath sothach? Ond fi sy'n gwenu olaf meddyliais, wrth lyfu 'ngweflau wedi'r stêc twrnedos a'r gwin.

Mawrth 7

Stori dda gan Ann heddiw o'r ysgol (Gymraeg). Un o'r pytiau bach yn dweud wrthi'n ddistaw, ' 'Rydw i'n gwybod gair drwg.' 'Beth yw e,

172

cariad?' mentrodd hithau. *'District nurse!'* meddai yntau'n ddistaw. 'Roedd hi wedi bod yn dweud wrthynt fod popeth byw yn tyfu o hadau ac un yn gofyn iddi, 'Pan ddaru mami brynu'r hadau, oedd fy llun i ar y paced?'

Mawrth 16

Eitem anhygoel yn *Tafod y Ddraig*. Mae ffurflenni Rhestr yr Etholwyr yn mynd i bob tŷ cyn hir ac er bod rhai Cymraeg ar gael ni fyddant yn cael eu hanfon gan y byddai hynny'n 'anghwrtais â'r rhai di-Gymraeg' meddai'r bondigrybwyll lefarydd ar eu rhan. Dywedir hefyd fod y *Western Mail* yn mynd i gyhoeddi tudalen gyfan yn Gymraeg unwaith yr wythnos. Beth yw'r ymadrodd Seisnig? Fe'i credaf pan y'i gwelaf.

Mawrth 30

Dyma fi yn ei chanol hi unwaith eto! Wedi rhoi sgwrs ar 'Merched yn Bennaf' ar y radio yn canmol rhagoriaethau Saeson fel gwŷr yn hytrach na'r Cymry. (Sgwrs ysgafn ar Ŵyl Ffolant oedd hi . . .) *Y Cymro* yn cael hanner y stori ac yn dweud fy mod yn rhy hallt. Byth oddi ar hynny y mae'r papur yn frith o lythyrau cynddeiriog:

'Llongyfarchiadau i'r ysgrifwraig ar ei heangfrydedd a brysied y dydd y daw'n ôl i Gymru a llond nyth o gywion Eingl-Gymreig i'w chanlyn' meddai Dafydd Iwan.

'Y mae'r Sais o ran natur yn well person na'r Cymro. Dyn dwl yw'r Cymro, ond mae'r Sais yn ŵr bonheddig, gonest a diwylliedig. Onibai am y Sais ni fuasai gan y Cymry fwyd yn eu boliau, ysgolion i ddysgu Saesneg na chronfeydd dŵr enfawr sydd yn glod i'r genedl Brydeinig' meddai Geraint Jones.

'Cododd Cymru ddynion nid rhyw lobs o bethau fel riwbob o dan bot' meddai Rhiannon Preis.

Ew! maen nhw'n dda! Ond 'rwy'n dal i ddweud ei bod yn gywilydd i'r bechgyn a adwaenaf sy'n anfon eu dillad adre i Gymru i mam druan eu golchi!

Mae hyn yn f'atgoffa am rywbeth ddigwyddodd pan oeddwn adre. Daeth cyfaill o amaethwr am dro i weld fy nhad. Eistedd wrth y tân, catied, paned. 'Wnewch chi aros i swper' meddai Mam. 'Diolch yn fawr' meddai yntau. Swpera. Sgwrs a chatied arall. Ymhen y rhawg meddai'r dyn, 'Wel! gwell i mi ei throi hi am adre - mae'r wraig gen i yn y car yn y buarth . . .'

Ebrill 1

'Does dim fel llythyr darllenadwy i godi calon. Un arall o greadigaethau Twm heddiw yn adrodd hanes priodas ei frawd. Sôn am bantomeim.

'O'n cwmpas 'roedd trefniadau i lansio fy mrawd ar y môr priodasol. Erbyn nos Iau ni chafwyd y teulu at ei gilydd drwy'r dydd gan fod un ohonom yn wastad yn ateb y drws. 'Roedd bywyd megis rhyw gyfres o olygfeydd anferth o ddrama. Am chwarter i naw fore Sadwrn 'roeddwn o flaen y siop ddillad fel meddwyn ar riniog tafarn. Am chwarter wedi naw cyrhaeddodd y co biau'r siop. Egluro iddo fod arnaf eisiau siwt. Estynnodd y tâp mesur. "Un *made to measure?*" gofynnodd. (Ie. Cymro glân ydio.) "Ar bob cyfrif, os gallwch ei gwneud erbyn hanner dydd" atebais.

Mi a brynais un ac a ruthrais i siop y barbwr. Nid oeddwn mor ffodus yn y fan honno gan fod yno ryw frawd a'i holl ogoniant yn ei wallt eisoes wedi sodro ei hun yn y gadair ac yn hawlio holl sylw ac amser y barbwr. Bu'r creadur wrthi am ddeng munud yn egluro sut yr hoffai drin ei flewiach. 'Roedd y cyfarwyddiadau yn rhai manwl ac yn gwneud i mi feddwl am wers a gefais unwaith ar blygu clawdd drain duon. Yna sisyrnu a'r gwalltog wrthi yn dweud am docio wythfed yma, chwarter draw a'r barbwr yn aros bob daliad i ryfeddu at y campwaith. Gwelwn fysedd y cloc yn troi am ddeg. 'Roeddwn hanner awr ar ei hôl hi'n barod. Clywais y Prydferthben yn gwneud ryw ebychiadau o edmygedd a diolchgarwch a chodais yn barod i lamu i'w gadair ond dyma'r crinci difeddwl yn gofyn am siampŵ . . .

Chwarae teg i'r barbwr - rhoddodd gneifiad i mi a fuasai'n ennill medal iddo yn Awstralia. Adre fel mellten. Fel yr oeddwn ar ganol siafio glaniodd haid aflafar o berthnasau ac ymhen chwinciad 'roedd llond y lle o'n brîd ni yn gwau drwy'i gilydd. Cofiaf osgoi modryb oedd â'i bryd ar sodro blodyn a dail rhedyn ar fy llabed. Nid oedd gennyf grys ar y pryd.

. . . y capel yn llenwi, y gweinidog yn cyrraedd. Dim sôn am y cofrestrydd. Aros am hydoedd. Fy mrawd yn gofyn i mi os gallwn ddod yn ôl wythnos nesaf ond dyma ddyn bach gwyllt i mewn efo bocs dan ei gesail. "Yr hen gatholics 'ma. Dim rheswm yn y peth. Popeth wedi drysu. Yr hen gatholics 'ma." Nid oedd yn amlwg yn talu unrhyw sylw i'r Mudiad tuag at Undeb Eglwysig. A minnau bron marw eisiau smôc . . .'

Ebrill 28-30

Tair noson o berfformio *Under Milk Wood* yn y Clwb. Buom wrthi ers wythnosau a chael hwyl, bobol bach, wrth ymarfer a darganfod rhywbeth newydd bob tro. Dros hanner cant ohonom yn y cwmni. Rhan Polly Garter oedd gen i a mwynheais bob munud - mae ganddi linellau gwych. Menter fawr i gwmni amatur oedd hon ond bu'n llwyddiant mawr a'r tŷ'n llawn bob nos. Daeth Donald Houston i'n gweld a bu canmol yn y wasg. 'Perfformiad lliwgar ac egnïol' meddai'r *Daily Post*. 'Mwyniant pur o'r dechrau i'r diwedd' meddai'r *Telegraph*. Canmol hefyd ar oleuo Bryn Richards *('worthy of the West End')* a setiau John Stout *('inspired')* a'r peth a roddodd yr ias fwyaf i mi, *'Polly Garter was brilliant'*. Bu cynhyrchu Reg yn wers ac yn batrwm o drylwyr gyda nodiadau i bob un ohonom am ddillad, ciws a golygfeydd.

Wedi'r holl fisoedd o ymarfer daeth y diwedd fel cadach gwlyb. I foddi ein gofidiau mewn parti yng nghartref Beth (James) yn Clapham. Dwy actores yn eistedd yn y parlwr am bedwar y bore, o bobtu'r tân a bwced o flaen pob un. Meddai un wrth y llall mewn eiliad o ymwybyddiaeth lachar 'Moron ges ti i ginio.' Ymlwybro ar draws Comin Clapham yn y bore llwyd yn wan fel golau cannwyll. Beth ddywedodd P.C. Attila Rees ar y llwyfan neithiwr? *'You'll be sorry for this in the mornin'.'*

Mai 2

Stori glywais neithiwr. Pregethwr o Sais yn lletya gyda ffermwr uniaith Gymraeg. Yr ymwelydd a'i ben mewn llyfr yn y parlwr a'r hen ffermwr a'i wraig eisiau mynd i'r gwely ond ni wyddent sut i ddweud wrtho. 'Wn i beth wnawn ni' meddai Dafydd, 'Gofyn i Rhys y bugail ddod yma. Mae o'n siarad Saesneg efo'r ci newydd yna o'r Alban.' Rhys yn dod i mewn, rhoi'i ben rownd drws y parlwr a gweiddi fel petai o ar ben mynydd, *'Go to* cwtch, y diawl, *go to* cwtch.' Aeth y parchedig i'r cwtch.

Mai 17

Llawenydd mawr ar dudalennau *Barn* am fod Llys Prifysgol Cymru wedi penderfynu cadw undod y Brifysgol yn hytrach na'i rhannu yn bedair. Aeth y bleidlais 103 yn erbyn 33. Bydd Prifysgol Cymru yn parhau i berthyn i'r genedl gyfan. Diddorol yw sylwi ar y rhai a bleidleisiodd dros rannu'r Brifysgol - yn eu plith yr Arglwydd Kenyon a'r Prifathro Charles Evans.

Mai 21-23

Ann a minnau yn mynd yng nghar John Esau i Eisteddfod yr Urdd ym Mhorthmadog. Taith fendigedig a'r ffyrdd yn 'gul gan haf'. Croeso mawr yn y Port. Y ddwy ohonom yn aros mewn tŷ moethus iawn o eiddo perchennog londri yn y fro. Agorodd ein llygaid led y pen wrth weld ein llofft fendigedig.

Ysgrifau'r Goron gan Mary Hughes yn ddarllenadwy iawn ac yn llawn o gyffyrddiadau hyfryd a disgrifio cain. Geraint Lloyd Owen yn cael y Gadair am gerdd i 'Ardudwy' yn cynnwys llinell 'gwlân yn gwmwl yng nghrafanc y ddraenen' sy'n peri inni weld lluniau yn y meddwl. Y ddau feirniad yn dweud fod y safon yn uchel a bod digonedd o bobl ifanc sydd yn creu llenyddiaeth dda a hyn yn argoeli'n dda am y dyfodol.

Hywel D. Roberts yn dweud oddi ar y llwyfan b'nawn Sadwrn y byddai hwliganiaeth y Mods a'r Rocars yn diflannu pe byddai ganddynt rywbeth fel Eisteddfod yr Urdd i weithio tuag ati. Wn i ddim yn wir. Credaf fod y gwenwyn wedi cerdded yn rhy bell i'r corff erbyn hyn ac na welwn byth eto gymdeithas heddychlon ac ysgolion disgybledig.

Llawenydd mawr am fod gwobr am adrodd dan 12 wedi'i chipio gan Janet Griffiths o Ysgol Gymraeg Llundain. Bydd ei thad, gofalwr y Clwb, wedi gwirioni. Hwre fawr i Ann hefyd gafodd ail am adrodd dan 25. Ond dim llwyddiant i John Esau - wedi crygu wrth ganu bob cam o Lundain. Efallai!

Un nodyn cras: llawer o Gymraesneg yn cael ei siarad yn yr ardal hon.

Mai 26

Wedi bod mewn cyfarfod cyhoeddus i benderfynu a ddylid gwahodd yr Eisteddfod Genedlaethol i Lundain yn 1968. Syr D. Hughes Parry yn y gadair a gwelwyd yn syth fod dwy farn bendant. Euthum yno i siarad yn erbyn gan ddweud ei fod yn syniad twp. Meic Parry yn siarad gyntaf, yn gryf o blaid, am fod beirdd a chantorion Llundain wedi cyfrannu iddi'n gyson, ac nid oes gennym hawl i'w mwynhau heb fod yn fodlon ei chynnal hefyd. Byddai'n llwyddiant mawr ac yn llesol inni.

'Roedd Mati Prichard yn teimlo y gwnâi fwy o les i Lundain nag a wnâi mewn mannau Seisnig fel Glynebwy. Eraill yn dweud ei bod yn haws i Gymry ddod yma o'r Gogledd na mynd i Gaerdydd. Mae Llundain yn cael ei chyfrif yn 14eg sir. Annoeth yw rhoi terfynau daearyddol ar genedl a bod Cymry Llundain yn gymaint rhan o'r genedl â Chymry Aberafan.

'Roeddwn yn gwrando ar hyn i gyd yn barlys o anghrediniaeth: oedden nhw o ddifri yn dweud mai Llundain yw cartre'r Eisteddfod a bod y plentyn bob amser yn rhedeg at ei fam? Er budd Cymru y mae'r ŵyl nid er budd prifddinas Lloegr. 'Caewch eich hen geg baganaidd' ysgythrodd Elis Aethwy arnaf.

Diolch am ddau ddaeth i'r adwy. Dafydd Wigley yn dweud fod Merthyr Tydfil wedi gwahodd dro ar ôl tro a methu â'i chael. Gwarth fyddai i Ferthyr neu'r Barri neu unrhyw le arall yng Nghymru golli'r cyfle am fod Llundain ei heisiau. Meddyliai Ben Jones y byddai'r baich yn ormod ac y byddai cymdeithasau eraill yn cael eu tlodi am fod y gweithwyr selog yn brysur efo'r Eisteddfod.

'Fydd dim angen seremoni Cymry ar Wasgar' meddwn i, 'bydd miloedd ohonom ar wasgar go iawn.' 'Byddwch ddistaw yr hen hulpen wirion,' arthiodd un arall. Aeth yn boethach yno hyd nes i'r cadeirydd ein hanfon i gyd adre i feddwl dros bethau. Gobeithio mai dyna ddiwedd ar y fath syniad. Fel y dywedodd fy hen gyfaill Eifion, 'Y peth nesa mi fyddan nhw am drio cael y Proms ar draeth Borthygest.'

176

Mehefin 6

Y criw drama i gyd yn mynd i weld rhannau o wahanol ddramâu Shakespeare yn cael eu hactio yn yr awyr agored mewn buarth y tu ôl i dafarn y *George* yn Southwark. Dyma'r dafarn hynaf yn y ddinas a'r fan lle'r oedd y Goets Fawr yn cychwyn am Brighton a mannau eraill. Y tu mewn y mae 'stafell goffi lle byddai Dickens yn cadw pen rheswm efo'i gyfeillion. Nid nepell y mae'r *Tabard Inn* lle cychwynnodd pererinion Chaucer ar eu taith i Gaergaint. Ceir sôn amdani hefyd yn *Little Dorrit*. Ond Tuduraidd oedd yr awyrgylch heddiw yn yr heulwen a chawsom gryn hwyl yn gweld un 'ohonom ni' sef Maurice yn actio Othello. Mae o'n dalentog ac ar y llwyfan y dylai fod yn hytrach na gweithio yn y Gwasanaeth Suful.

Mehefin 7

Y stori fawr yng Nghymru yw am fyfyrwyr wedi llwyddo i dwyllo pawb gyda'r ddrama *Y Ffynnon* gan Eugène Ionesco, cyfieithiad Gareth Miles, yn yr Ŵyl Ddrama flynyddol. Y gwybodusion a'r wasg wedi canmol i'r cymylau gan ddweud ei bod yn ddrama fawr ac yn cynnwys gwirioneddau sylfaenol am y natur ddynol. Ond twyll oedd i gyd! Myfyrwyr Bangor a'i sgwennodd linell am linell!

Gohebydd y *Western Mail* yn mynnu ymddiheuriad ac wedi gwylltio'n gaclwm. Teimla iddo gael ei sarhau. Ha ha, ddywedaf i, a marciau llawn i Rhiannon Preis a'i chriw am roi pin mewn ambell swigen. Dywed rywbeth hefyd am waith Ionesco, wrth gwrs; mae ei waith mor afresymol o ddireswm fel na ellir yn wir feio neb am dderbyn rwtsh fel efengyl.

Mehefin 13

Wedi rhoi'r wers olaf Cymraeg Lefel A i Ieuan. Gobeithio y caiff hwyl ar ei arholiadau gan ei fod yn haeddu llwyddo. Gadawodd yr ysgol yn ifanc a mynd i'r Llu Awyr. Rŵan yn chwech ar hugain y mae arno flys mynd i'r brifysgol a chafodd ei dderbyn yng Nghaerlŷr. Bu'n astudio tri phwnc yn ei amser hamdden. Un o Wynfe wrth droed y Mynydd Du yw ac yr wyf wedi mwynhau paratoi gwersi ar T. Gwynn Jones, Kate Roberts, Morgan Llwyd a'r hen Ddaniel.

Teligram yn Gymraeg o Ddinas Mecsico! Mae Freddie yno ar ei wyliau. 'Nos Lun Amhosib' meddai'r neges. Ai dyma'r teligram Cymraeg cyntaf o'r fan honno tybed?

Cymdeithas Sir Ddinbych am dro heddiw i ardal Leatherhead, Dorking ac i Hindhead lle cawsom de braf drwy garedigrwydd Arthur Williams (ei fam o Dderwen) a mab John Williams a fu ar un adeg yn olygydd *Y Ddolen* ac awdur *Hynt Gwerinwr*. Ein tywysydd oedd John Hooson, dyn gwybodus am hanes ei sir, brodor o Ddinbych. Wedi gobeithio cael gweld 'Bron y De', cartref Lloyd George yn Churt, ond mae'r tŷ wedi newid dwylo. Ond cawsom weld y dafarn *Pride of the Valley* gydag arwydd y dafarn yn dangos Ll.G. efo'i ffon yn mynd am dro yn y wlad.

Trwy rosydd lliwgar o redyn a phinwydd i Frensham Ponds ac i Pirbright lle mae colofn goffa i H.M. Stanley, un arall o blant Dinbych. Ysgrifennydd y Gymdeithas yw Sam Gee, ŵyr i Thomas. Nid yw S. Gee yn siarad Cymraeg. Dywedodd mai Saesneg oedd iaith aelwyd Thomas Gee. Methaf â chredu!

Gorffennaf 1

Fy mhenblwydd unwaith eto! Cefais oriawr aur gan Freddie - welais i erioed ddim byd mor hardd. Criw ohonom i ddathlu i *Trattoria Pescatori* yn Charlotte Street a dadlau, trafod, ymwylltu am oriau uwch y gosodiad a wnaed gan ddyn o ynys Creta. 'Brodor o Greta wyf i. Mae pawb o Greta yn gelwyddgi.'

Os yw pawb yn anwireddus, yna 'roedd yntau'n gelwyddgi. Felly nid oedd yn dweud y gwir. Os felly *nid* yw pobl Creta'n gelwyddgwn . . . Ac felly ymlaen nes mynd i bwll tro. Os oedd o'n dweud y gwir, yna nid un o Greta oedd o - nes oedd ein pennau'n troi. Y dynion yn mwynhau'r ymarfer, y merched yn meddwl be' di'r ots.

Gorffennaf 10

Un o aelodau'r Aelwyd yw Jeff Diamond - o Gydweli 'dwi'n meddwl - bachgen croenddu. Ann a Gwyneth yn teithio adre yn ei gwmni ar y tiwb y noson o'r blaen ac yn siarad Cymraeg wrth gwrs. Wedi i Jeff fynd allan, dyma ddyn yn troi atynt a gofyn, *'How come you speak his language so well?'*

Awst 3-8

Eisteddfod Abertawe. Bryn Williams yn cael y Gadair am awdl i 'Batagonia'. Neb yn edliw ei lwyddiant iddo. Fel y dywedodd D.J. Davies yn ei feirniadaeth, 'Y mae'n llefaru o'i wybodaeth a'i brofiad ei hun.' 'Roeddwn yn 'nabod Bryn Williams pan oedd yn weinidog yn Rhuthun a bu'n berson rhamantus i mi ers blynyddoedd. Bûm â diddordeb mawr yn y Wladfa ers cyn cof. Ni wn pam. Heblaw fy mod yn ymwybodol fod y criw a hwyliodd ar y *Mimosa* yn 1865 yn bobl anarferol a dewr iawn.

Enillwyd y Goron gan Rhydwen Williams. Y testun oedd 'Ffynhonnau'. Pryddest ddarllenadwy iawn, dogfen hanesyddol yn dangos y llwyddiant sy'n lladd:

Ma' Morgan wedi cael B.A.,
Neis i gweld nhw'n dod mlân,
Ma' Megan wedi cael headship yn Stoke,
Roedd hi'n dda gyda'r plant yn Saron.
Ma' Percy yn giwrat yn Stepney,
Siwtio'r elite i'r dim.

Fel yna; yn dirwyn o un cameo i'r llall yn lliwgar a lleddf, yn herfeiddiol a hiraethus, ac yn llwyddo i bortreadu trasiedi diboblogi a'r colledion a ddaw 'wrth ddod ymlaen yn y byd'. Ci corddi'r Gymru fodern.

Testun yr englyn oedd 'Gwagle'. Anfonodd un bardd 132 englyn i mewn. Rhaid edmygu ei ffydd, ei ddyfal-barhad a di-bendrawder ei allu cynganeddol. Trueni na chafodd wobr am yr un inni gael gwybod pwy oedd o! Y buddugol oedd Alun Williams o Fachynlleth. Y disgrifiad o'r 'gwagle' a gafwyd gan un bardd oedd:

Gair yw hwn am bygyr ôl.

Parodd hyn chwerthin mawr wrth gwrs. Ond credaf fod y gair yna ymysg y gwaethaf y gellid ei ddefnyddio mewn 'cwmni parchus'. A yw'r rhai sy'n ei ddefnyddio yn gwybod ei ystyr?

Rhiannon Davies Jones gafodd y Fedal am nofel *Lleian Llan Llŷr* ond yr hyn a gafodd y sylw mwyaf oedd yr ail-orau, nofel na wêl byth olau dydd meddir, dan y teitl *Ienctid yw 'Mhechod*. Stori am draserch rhwng gweinidog a merch ifanc 'rywle yng Nghymru'. Meddai'r Dr Glyn Ashton, 'Byddai'r llyfr hwn yn *sensation* yn Saesneg. Yn frig werthwr. Y mae'n llenyddiaeth dda.' Cael fy nghyhuddo ar hyd a lled y maes mai fi oedd yr awdur. 'Roeddwn yn falch pan ddatgelwyd mai John Rowlands oedd yn euog! 'Nofel fudr yn brawychu'r beirniaid!' meddai'r pennawd. 'Sioc yr ŵyl' meddai un arall. 'Angen Sensor yn y Genedlaethol' oedd bref y llall. Hyd yn oed papurau Llundain wedi deffro o'u trymgwsg cyn belled ag y mae materion Cymru'n bod.

Yn Heol Sant Helen yr oedd un tŷ o'r golwg dan faner enfawr - y Ddraig Goch. Y drws nesaf yng nghudd dan boster anferthol yn datgan, *'God bless our lovely queen'*. Pwy gychwynnodd tybed?

Buom ninnau'n brysur hefyd gyda'r Cwmni Drama yn perfformio *Yr Aflonyddwr* gan Gwilym T. Hughes, prifathro yn Surrey a brodor o Lyn Ceiriog. Rhai o'n hactorion yn gorfod rhuthro o'r rihyrsal i fynd i ganu efo'r Côr Ieuenctid. Un yn actio rhan caethwas mewn gwregys ac wedi'i goluro o'i ben i'w fodiau. Felly yr aeth i ganu - mewn dillad siŵr! . . . Cyn i'r côr ddod oddi ar y llwyfan yr oedd y colur wedi dod drwy'i grys gwyn yn gyfeddach o fapiau brown. Y tu cefn i'r llwyfan yn Theatr y Grand 'roedd tri gŵr hynaws o Swydd Efrog yn gyrru'r injian oleuadau ac wedi gosod cerdyn ar y wal, 'Ici on parler Yorkshire'.

Amryw o droeon trwstan yn ystod y ddrama ond er gwaethaf yr hwyl derbyniad go lugoer a gawsom: llawer yn cwyno ei bod yn rhy hir ac yn rhy sych. Meddai J. Ellis Williams yn *Y Cymro*, 'Cafwyd cyflwyniad da gan Gwmni Cymry Llundain, golygfeydd rhagorol, dillad amryliw, goleuo sgilgar, amrywiaeth dymunol mewn amseriad a grwpio a chwaraewyd y prif ran, Socrates, gan Ryan Davies, gyda'i artistri arferol'.

Os oedd pobl yn gweld y ddrama yn rhy hir, yn rhy sych ac yn rhy undonog, efallai y dylent ofyn pam ei bod wedi cael y wobr llynedd yn y gystadleuaeth cyfansoddi drama hir!

Ni wyddai neb, wrth lwc, am y ddrama y tu cefn i'r ddrama! Ni wyddent fod y criw ohonom y tu cefn i'r llwyfan yn gorwedd chwerthin wrth weld Dafydd Lewis yn cymryd rhan y dienyddiwr o ddifrif a'i fod yn ysu am dorri pennau dirif. Ni wyddai neb hanes torcalonnus un o'r gwahanglwyfion oedd yn cael ei lusgo gerfydd bawd ei droed ar draws y llwyfan llychlyd. Enw'r gwahanglwyf anffodus oedd Jo Harvey. Tipyn o gymeriad. Cocni rhonc wedi dysgu Cymraeg. Bu yn fy nosbarth am flynyddoedd yn ynganu'n llafurus a'i lygaid yn serennu mewn angerdd wrth gwblhau brawddeg. Ymbiliodd ar Reg am ran yn y ddrama. Mae o wedi gwirioni'n lân am fod ganddo ran. Fel gwahanglwyf. Prin y medrem gadw wynebau syth wrth weld ei gorff tenau, melyn, yn cael ei lusgo megis ciaman farw ar draws llwyfan y Genedlaethol.

Cofiaf fynd i gadw noson lawen efo'r Aelwyd i gapel Falmouth Road. Jo yn adrodd 'Molawd Merched Cymru'. Pob cytsain yn cael ei dyblu. Pob llafariad yn berl. Ann a Gwyneth a minnau yn stwffio cadachau poced i'n cegau. Llygaid Jo yn tanio yn nerth ei edmygedd o ferched Gwlad y Gân. Gwyneth wedi dod â ffrind o Saesnes efo hi (i weld sut mae'r Cymry'n mwynhau eu hamser hamdden rhwng gŵyl a gwaith) ac ar ddiwedd y noson yn gofyn iddi beth oedd wedi'i fwynhau fwyaf. '*The comedian*' meddai. Golygai Jo druan gyda'i berfformiad o farddoniaeth! Yn y gaeaf y mae o'n gwisgo dwy siwt.

Beth arall ddigwyddodd? W.D. Williams yn beirniadu'r englyn digrif heb bwt o bapur. Cyfarfod o'r *Guild of Welsh Writers* yn y *Dolphin*. Harri Webb yn annerch. Meic Stephens yn tarfu'r colomennod drwy ddweud nad oedd gennym hawl i gychwyn mudiad o'r fath yn Llundain. Tudor David yn ateb, 'Pam na f'asech chi wedi meddwl am y peth a'i gynnal yng Nghaerdydd te?'

Un o gwestiynau mawr yr wythnos oedd: Ble mae Coron Abertawe 1926? Dewi Emrys oedd yr enillydd ond dywedir ei fod wedi ei gwystlo yn Llundain. Ond ble mae hi? Mae gen i gwestiwn arall. Ble mae Cadair

Abertawe 1907? Enillwyd hi gan hanner-brawd i fy hen-daid! Thomas Davies oedd ei enw, 'Bethel' ei enw barddol. Gweinidog yng nghapel Bethel, Bedyddwyr Saesneg, Mount Stuart Square yng Nghaerdydd. Testun yr awdl oedd 'John Bunyan' ac awdl anhraethol sych yw hi hefyd. Ond ble mae'r Gadair?

Testun y delyneg oedd 'Adlais'. Anfonais un i mewn o ran hwyl. Saith deg un yn cystadlu a Dafydd Jones, Ffair Rhos, yn fy ngosod ymhlith yr wyth yn y dosbarth cyntaf!

Medi 10

A dyma fi'n ôl ar gychwyn fy seithfed flwyddyn. I ble'r aeth yr eneth fach swil honno efo'r gwallt cynffon merlen? Dyletswydd gyntaf yma oedd cyfarfod blynyddol y Clwb Llyfrau Cymraeg sy'n un ar ddeg oed eleni. Emlyn Evans, golygydd *Barn*, oedd y golofn dân yn yr anialwch ac ef yw'r llywydd presennol. Daeth yma heno bob cam o Landybïe. Gadawyd ni'n syn a phryderus gan ei araith. Bu dadl yn y Tŷ yn ddiweddar ynglŷn â grantiau i gyhoeddi llyfrau Cymraeg a dywedodd Keith Joseph y bydd y rhain yn gorffen yn Ebrill '65. Oni fydd gwyrth ni ddaw ceiniog arall gan y Llywodraeth i gwmnïau cyhoeddi Cymru.

Medi 14

Ysgol. Cofrestr newydd. Rhedeg fy llygad i lawr y rhestr a sylwi ar un enw yn arbennig, Olwen Morgan. Cymraes! Cardi efallai? Cerdded i mewn i'r ffau sef yr ystafell ddosbarth. 'Pwy ydi Olwen Morgan?' 'Fi madam' taranodd llais dan fy nhrwyn. Ac wele yn sefyll glamp o ferch gwmpasog ddu a dwy lachar res o ddannedd gwyn yn fflachio. Llyncu poer a chofio am Harri Morgan.

Medi 18

Parti Llidiardau yn dod i agor tymor Cymdeithas Meirion. Deuddeg ffermwr yn canu fel angylion a Beti a Carys Puw yn canu ac edrych fel angylion. Braf oedd clywed y cyfarchiad nodweddiadol, 'Sut wyt ti wa?' Pentre bach yw Llidiardau yn swatio wrth droed yr Arenig ar y ffordd dros y Migneint o'r Bala i Ffestiniog. Mae yno draddodiad cerdd dant cryf a dylanwad Caradog Puw yn parhau er ei farwolaeth annhymig pan laddwyd ef gan darw yn 1956. Mae yno feirdd hefyd. Robert Thomas, Cloddiau, biau'r llinell, 'Tyrfa ola Tairfelin' a ddywedwyd wrth borth mynwent Llanycil ddydd ei gladdu. Bardd arall oedd Huw Dafydd Puw, brawd Caradog. Ef biau'r englyn i'r *Death Rider* a welodd yn Ffair y Bala:

O lwybrau ingol anghall - anturia
Ar hynt wrol gibddall,
O ddyn gwych, hawdd iawn y gall
Foduro i fyd arall.

Mae gennyf atgofion lu am y fro a gwelaf fy hun yn eistedd ar ochr mynydd Nodol yn gwylio'r cysgodion symudliw yn croesi'r caeau. Llyn Tegid yn y pellter a'r ffordd fel rhuban arian yn mynd i lawr heibio croesffordd y Llannerch, Maes y Waen, heibio stand laeth Pentre Duldog, y Fedw Arian, dros Bont Ffrydan ac i'r Bala.

Gwelaf giât Tŷ'n y Mynydd lle bûm ar gefn beic am y tro cyntaf. A'r tro olaf. Collais bob rheolaeth ar y beic ac arnaf fy hun a phlymiais i ffos yn llawn o ddanadl poethion a dŵr budr. Nid oedd balm yn Ngilead na dail tafol ym Mhenllyn allai leddfu'r plorod a'r balchder cleisiog.

I'r cyfeiriad arall y mae mawnogydd y mynydd a hen dafarn Rhydyfen, y lle y bu Rhys Lewis yn aros er mawr syndod i Tomos Bartley.

Medi 23

Wedi ennill £10 am ysgrif mewn cystadleuaeth ar raglen 'Llwybrau Llên' ar y teledu! 'Hysbysebu' oedd y testun. Mor ddiniwed oeddwn yn 'sgwennu ymosodiad ar hysbysebu mewn cystadleuaeth ar y teledu annibynnol. Wrth lwc, ni chymerodd Idris Foster unrhyw sylw o eironi'r sefyllfa.

Medi 29

Wedi cael llythyr gan Aneirin Talfan sydd wedi gorfod neidio i'r adwy fel golygydd *Barn* am fod Emlyn Evans wedi ymddiswyddo am ryw reswm. Clywir si fod rhyw wahaniaeth 'barn' wedi bod! Y mae trafodaeth ar hyn o bryd yn y cylchgrawn dan y pennawd 'Pabyddiaeth yn erbyn Realiti' fel canlyniad i ddatganiad y Dr John Heenan, Archesgob Westminster, yn pwysleisio 'pechadurusrwydd' atal cenhedlu.

Y golygydd newydd eisiau i mi sgwennu erthygl o safbwynt merch. Wedi chwilota am ystadegau a ffeithiau meddygol yn llyfrau Andrew mi es ati i ddatgan fy marn a'm safbwynt yn onest. Ymosodais ar erthygl 'hen lanc' y Dr Harri Pritchard Jones. Yn 1924 fe wrthododd y *Times* hysbysu geni mab i Marie Stopes oherwydd ei daliadau hi ynglŷn â rheoli nifer y teulu. Faint callach ydym ni erbyn hyn? Rhagfarn y Pabyddion sy'n gwarafun hysbysebu clinigau atal cenhedlu ond y mae clinig newydd yn agor bob pythefnos a llawer Pabyddes ar ben ei thennyn yn rhuthro yno.

Y mae gan bob merch yr hawl i reoli faint o straen a roddir ar ei chorff, debygaf i. Cyril Connolly ddywedodd, 'Gellir barnu pa fath o gymeriad yw'r gŵr wrth edrych ar iechyd ei wraig.'

Cymerodd yr Eglwys amser hir i dderbyn anasthetig fel rhywbeth da a chymeradwy hyd nes i'r Frenhines Victoria ei fynnu adeg geni ei phlant. Tan hynny fe waharddwyd ei ddefnydd oherwydd geiriau Genesis, 'Mewn poen y dygi blant . . .' Rhoddwyd Adda mewn trymgwsg er mwyn tynnu'r asen o'i ochr felly nid oedd dim o'i le mewn defnyddio anasthetig i roi llaw-driniaeth i ddynion!

Dyna'n fras yr hyn a fwriadaf ei ddweud. Ac 'rwy'n siŵr o ddau beth; bydd llythyrau'n anghydweld; a dynion fydd eu hawduron.

Hydref 10

Mae fy ffrind Nesta ar y staff wedi bod yn absennol o'r ysgol ers rhai dyddiau. Neb yn gwybod ble'r oedd. Hyd heddiw. Cafodd pawb ffit o'i gweld yn addurno tudalen flaen pob papur newydd mewn gwisg ymdrochi ac yn plymio i'r môr yn Brighton a holl gŵn y wasg o Fleet Street yno efo'u camerâu. Ymddengys mai hi yw ymgeisydd y Blaid Ryddfrydol yn y dref honno yn yr Etholiad sydd ar y trothwy. Cafodd ganiatâd i golli ysgol. Ond ni wyddai'r Brif. mo hynny, meddai hi. Aeth yn gandryll. Sgrechiodd arnom i gyd. Clepiodd ddrysau a bygwth tân a brwmstan i neb a siaradai â Nesta pan ddaw'n ôl. Ond nid ydym yn cymryd y Brif. o ddifrif bellach, y *gin* sy'n llefaru fwyaf y dyddiau hyn.

Hydref 15

Etholiad Cyffredinol. Harold Wilson i mewn gyda mwyafrif bychan. Gwylio'r teledu drwy'r nos yng nghwmni tair Tori rhonc, gorfod brathu 'nhafod ond glafoeriwn bob tro 'roedd aelod Toriaidd yn llyfu'r llawr.

Y darlledu gystal ag unrhyw nofel gan Agatha Christie, stori pwy-ddaru gyda thro yn ei chynffon. Richard Dimbleby yn gwneud gwaith tan gamp a'r compiwtars yn gweithio nerth gwifrau eu pen. Y tro cyntaf i'r peiriannau hyn gael eu defnyddio. Dywedid y byddent yn gallu proffwydo pwy fyddai'n ennill o fewn ugain eiliad i'r canlyniad cyntaf. Ond bu agos iddynt jamio pan ddaeth newyddion o Billericay a Cheltenham i falu eu damcaniaethau.

Pleidleisiau Plaid Cymru wedi gostwng yn arswydus. Pobl ag ofn pleidleisio i'r Blaid 'rhag gadael rhywun arall i mewn'. Hefyd yr oedd rhai o ymgeiswyr y Blaid yn ifanc a dibrofiad iawn a byddent fel ieir ar y glaw pe caent eu hunain yn San Steffan. Llawer hefyd yn methu dygymod â'r lleiafrif anheddychlon sy'n chwythu pethau i fyny. Mae arnaf ofn nad oes dim i'w ennill drwy fynd yn afreolus.

Onid callach fyddai canolbwyntio ar un etholaeth neu ddwy? Rhoi'r holl adnoddau ym Meirion neu Arfon dyweder? Hoffwn weld mwy o bwyslais ar yr iaith hefyd. Mae honno'n bwysicach na chael senedd. Collwyd £3,150 mewn ernesau, arian da yn diflannu fel mwg.

Yn ystod yr ymgyrch dywedwyd rhai pethau pur drawiadol neu ddoniol 'Myfi yw ceidwad fy mrawd' meddai George Brown. 'Pam fy mod i'n pwysleisio pwysigrwydd y Llynges?' gofynnodd Harold W. mewn araith. 'Am eich bod yn Chatham,' gwaeddodd heclwr. 'Os ydych yn mynd i bleidleisio i'r Blaid Lafur, 'rydych yn *bonkers*' meddai Quintin Hogg. 'Yr Arlywydd Johnson sy'n mynd i ennill' meddai Alec Douglas Home.

Hydref 24

Diwrnod mawr. Gadael y fflat a symud i mewn at Helen a Cliff yn Haringay namyn tafliad carreg o'r lle bu Angharad a minnau mewn cymaint o helyntion efo'r landledi oedd fel pry copyn yn gwylio pob symudiad. Helen druan mewn helynt. Mae hi'n ddilefrith yn ddyddiol am fod rhywun yn dwyn ei pheint oddi ar y rhiniog cyn iddi gyrraedd adre o'r ysgol.

Hydref 30

Y Brif. yn feddw yn y gwasanaeth y bore 'ma.

Tachwedd 11

Mynd bob cam i Slough (y lle y dymunai John Betjeman i'r bomiau ddisgyn arno - a phwy all ei feio) i recordio rhaglen o 'Barn y Bobl'. Siaredais yn eithafol am mai dyna pam y gofynnwyd i mi fod ar y rhaglen!

Tachwedd 12

Ennill y rownd gyntaf o 'Sêr y Siroedd' yn erbyn Morgannwg. Cefais hanner awr i baratoi penillion telyn ar y testun 'Hen Ferch':

> Cynnes haul ar Alban Hefin,
> Cynnes croeso hen gynefin,
> Cynnes oriau llwybrau serch,
> Ond nid cynnes byd hen ferch.

a dau bennill arall gwerth eu hanghofio.

Tachwedd 13

I Aberystwyth i gymryd rhan yng Ngŵyl Gelfyddydau'r Brifysgol gyda drama un act - *Cyffro yn y Cosmos* (Gwilym T. Hughes) ac Ann yn cynhyrchu. Y peth cyntaf aeth o'i le oedd i mi golli fy nant blaen. Gan fy mod yn actio rhan y blaned Fenws 'roedd y peth braidd yn atgas. 'Myfi yw Fenwth!' meddwn yn hanner pan yn y rihyrsal nes oedd y lleill yn eu dyblau. Llwyddo i gael gafael mewn deintydd dof o'r diwedd a gwnaeth waith smentio dros dro.

Yna yn y perfformiad a'r cast i gyd wedi rhewi mewn gwahanol ystumiau o dan rym rhyw lewyrch rhyfedd, gollyngodd Dafydd B. wynt yn syth i wyneb Gwyneth. Ni allai hi symud o ffordd y rhyferthwy nac osgoi'r persawr post prandial 'Chinese Takeaway' heb ddifetha rhin a naws y tablô ar y llwyfan. Bu bron iddi lewygu.

Tachwedd 30

Mae Syr John Cecil-Williams wedi marw yn 72 oed. Er mai yn Llundain y ganwyd o, un o Gerrigydrudion oedd ei dad. Rhoddodd wasanaeth mawr i achosion Cymreig a bu'n Ysgrifennydd y Cymmrodorion am gyfnod maith ac yn ystod ei 'deyrnasiad' cynyddodd yr aelodaeth o 300 i dros ddwy fil. Dyn agos-atoch chi. Yn perthyn rywsut neu'i gilydd i Hugh Evans, Cwm Eithin.

Rhagfyr 10-11

Perfformiad gwerth chweil o Y Cymro Cyffredin (Tom Richards). Ryan, wrth gwrs, oedd yn y brif ran ac yn wych fel arfer. Mae ganddo'r ddawn i wneud ystumiau a gall edrych yn ddiniwed ac yn ddwys ar yr un pryd.

Rhagfyr 22

Diwrnod olaf y tymor a dyma fi'n eistedd yn fy swyddfa. Cludwyd y Brif. allan o'r ysgol ryw bythefnos yn ôl a'i thraed yn gyntaf ac yn sgrechian yn orffwyll a byth oddi ar hynny rhoddwyd dyletswyddau'r Dirprwy i mi. Neilltuo hanner awr i gael sgwrs efo athrawes ifanc fydd yn dechrau yma y tymor nesaf. Clywed sŵn traed ifanc, nerfus, ar y grisiau carreg a chnoc ar fy nrws. 'Enter!' meddwn mewn llais fel pelydr laser. Merch ifanc bengoch yn crynu yn ei 'sgidiau yn sefyll o 'mlaen. Gorfod dweud wrthi mai Daearyddiaeth fydd ar ei thaflen amser. Llyfodd ei gwefusau. Gwyddwn mai Ffrangeg oedd ei phwnc. Aeth allan wysg ei chefn megis o ŵydd brenhines.

'Poor cow!' meddai'r Ysgrifenyddes wrth roi paned o goffi ar fy mwrdd oedd bron â chyrraedd y nenfwd dan bapurau, llyfrau a ffurflenni. Ac aeth fy meddwl yn ôl at eneth bengoch nerfus arall yn chwysu'n oer o flaen y Brifathrawes honno yn Chelsea efo'r llais fel laser a'r aeliau fel yak. Fi oedd y 'poor cow' yr adeg honno. 'Run fath â buwch wedi crwydro ar y lein ar fferm

Taid a Nain ers talwm, crwydrais innau lwybrau perygl heb wybod pa bryd y deuai rhyw drên anferth i 'nghyfarfod a 'nharo oddi ar fy echel. Er gwaethaf llawer munud o ddychryn cibddall ac ambell hergwd greulon, yma 'rwyf i, yn dal ar y rêls.

Ac fel y dywedodd Jacob gynt, 'Rŵan am y saith mlynedd nesa . . .'

British Library Cataloguing in Publication Data
Clwyd, Hafina
   Buwch ar y lein.
   1. London (England) — Social life and
   customs — 20th century
   I. Title
   942. 1085'5092'4   DA688

ISBN 1-870206-01-0

Buwch ar y Lein